# Level 2

# ¡Avancemos!

## Cuaderno para hispanohablantes

**McDougal Littell**

A DIVISION OF HOUGHTON MIFFLIN COMPANY

**Evanston, Illinois • Boston • Dallas**

ISBN-13: 978-0-618-76599-7
ISBN-10: 0-618-76599-9

2 3 4 5 6 7 8 9 - CKI - 10 09 08 07

# Table of Contents

To the Student . . . . . . . . . . . . . . . . . . . . . . . . v

**UNIDAD 1**
**Lección 1**
    Vocabulario . . . . . . . . . . . . . . . . . . . . . . . .1
    Vocabulario adicional. . . . . . . . . . . . . . . . . . .4
    Gramática. . . . . . . . . . . . . . . . . . . . . . . . . .5
    Gramática adicional . . . . . . . . . . . . . . . . . . .11
    Integración: Hablar, Escribir . . . . . . . . . . . . .12
    Lectura . . . . . . . . . . . . . . . . . . . . . . . . . . .14
    Escritura . . . . . . . . . . . . . . . . . . . . . . . . . .18
    Cultura . . . . . . . . . . . . . . . . . . . . . . . . . . .21
**Lección 2**
    Vocabulario . . . . . . . . . . . . . . . . . . . . . . . .24
    Vocabulario adicional. . . . . . . . . . . . . . . . . .27
    Gramática. . . . . . . . . . . . . . . . . . . . . . . . . .28
    Gramática adicional . . . . . . . . . . . . . . . . . . .34
    Integración: Hablar, Escribir . . . . . . . . . . . . .35
    Lectura . . . . . . . . . . . . . . . . . . . . . . . . . . .37
    Escritura . . . . . . . . . . . . . . . . . . . . . . . . . .41
    Cultura . . . . . . . . . . . . . . . . . . . . . . . . . . .44
**Comparación cultural** . . . . . . . . . . . . . . . . . . .47

**UNIDAD 2**
**Lección 1**
    Vocabulario . . . . . . . . . . . . . . . . . . . . . . . .50
    Vocabulario adicional. . . . . . . . . . . . . . . . . . 53
    Gramática. . . . . . . . . . . . . . . . . . . . . . . . . .54
    Gramática adicional . . . . . . . . . . . . . . . . . . .60
    Integración: Hablar, Escribir . . . . . . . . . . . . .61
    Lectura . . . . . . . . . . . . . . . . . . . . . . . . . . .63
    Escritura . . . . . . . . . . . . . . . . . . . . . . . . . .67
    Cultura . . . . . . . . . . . . . . . . . . . . . . . . . . .70
**Lección 2**
    Vocabulario . . . . . . . . . . . . . . . . . . . . . . . .73
    Vocabulario adicional. . . . . . . . . . . . . . . . . .76
    Gramática. . . . . . . . . . . . . . . . . . . . . . . . . .77
    Gramática adicional . . . . . . . . . . . . . . . . . . .83
    Integración: Hablar, Escribir . . . . . . . . . . . . .84
    Lectura . . . . . . . . . . . . . . . . . . . . . . . . . . .86
    Escritura . . . . . . . . . . . . . . . . . . . . . . . . . .90
    Cultura . . . . . . . . . . . . . . . . . . . . . . . . . . .93
**Comparación cultural** . . . . . . . . . . . . . . . . . . .96

**UNIDAD 3**
**Lección 1**
    Vocabulario . . . . . . . . . . . . . . . . . . . . . . . .99
    Vocabulario adicional. . . . . . . . . . . . . . . . . .102
    Gramática. . . . . . . . . . . . . . . . . . . . . . . . . .103
    Gramática adicional . . . . . . . . . . . . . . . . . . .109
    Integración: Hablar, Escribir . . . . . . . . . . . . .110
    Lectura . . . . . . . . . . . . . . . . . . . . . . . . . . .112
    Escritura . . . . . . . . . . . . . . . . . . . . . . . . . .116
    Cultura . . . . . . . . . . . . . . . . . . . . . . . . . . .119
**Lección 2**
    Vocabulario . . . . . . . . . . . . . . . . . . . . . . . .122
    Vocabulario adicional. . . . . . . . . . . . . . . . . .125
    Gramática. . . . . . . . . . . . . . . . . . . . . . . . . .126
    Gramática adicional . . . . . . . . . . . . . . . . . . .132
    Integración: Hablar, Escribir . . . . . . . . . . . . .133
    Lectura . . . . . . . . . . . . . . . . . . . . . . . . . . .135
    Escritura . . . . . . . . . . . . . . . . . . . . . . . . . .139
    Cultura . . . . . . . . . . . . . . . . . . . . . . . . . . .142
**Comparación cultural** . . . . . . . . . . . . . . . . . . .145

**UNIDAD 4**
**Lección 1**
    Vocabulario . . . . . . . . . . . . . . . . . . . . . . . .148
    Vocabulario adicional. . . . . . . . . . . . . . . . . .151
    Gramática. . . . . . . . . . . . . . . . . . . . . . . . . .152
    Gramática adicional . . . . . . . . . . . . . . . . . . .156
    Integración: Hablar, Escribir . . . . . . . . . . . . .159
    Lectura . . . . . . . . . . . . . . . . . . . . . . . . . . .161
    Escritura . . . . . . . . . . . . . . . . . . . . . . . . . .165
    Cultura . . . . . . . . . . . . . . . . . . . . . . . . . . .168
**Lección 2**
    Vocabulario . . . . . . . . . . . . . . . . . . . . . . . .171
    Vocabulario adicional. . . . . . . . . . . . . . . . . .174
    Gramática. . . . . . . . . . . . . . . . . . . . . . . . . .175
    Gramática adicional . . . . . . . . . . . . . . . . . . .181
    Integración: Hablar, Escribir . . . . . . . . . . . . .182
    Lectura . . . . . . . . . . . . . . . . . . . . . . . . . . .184
    Escritura . . . . . . . . . . . . . . . . . . . . . . . . . .188
    Cultura . . . . . . . . . . . . . . . . . . . . . . . . . . .191
**Comparación cultural** . . . . . . . . . . . . . . . . . . .194

**UNIDAD 5**

**Lección 1**

Vocabulario . . . . . . . . . . . . . . . . . . . . . . .197

Vocabulario adicional. . . . . . . . . . . . . . . . .200

Gramática. . . . . . . . . . . . . . . . . . . . . . . . .201

Gramática adicional . . . . . . . . . . . . . . . . .207

Integración: Hablar, Escribir . . . . . . . . . . .208

Lectura . . . . . . . . . . . . . . . . . . . . . . . . . .210

Escritura . . . . . . . . . . . . . . . . . . . . . . . . .214

Cultura . . . . . . . . . . . . . . . . . . . . . . . . . .217

**Lección 2**

Vocabulario . . . . . . . . . . . . . . . . . . . . . . .220

Vocabulario adicional. . . . . . . . . . . . . . . . .223

Gramática. . . . . . . . . . . . . . . . . . . . . . . . .224

Gramática adicional . . . . . . . . . . . . . . . . .230

Integración: Hablar, Escribir . . . . . . . . . . .231

Lectura . . . . . . . . . . . . . . . . . . . . . . . . . .233

Escritura . . . . . . . . . . . . . . . . . . . . . . . . .237

Cultura . . . . . . . . . . . . . . . . . . . . . . . . . .240

**Comparación cultural** . . . . . . . . . . . . . . . . . .243

**UNIDAD 6**

**Lección 1**

Vocabulario . . . . . . . . . . . . . . . . . . . . . . .246

Vocabulario adicional. . . . . . . . . . . . . . . . .249

Gramática. . . . . . . . . . . . . . . . . . . . . . . . .250

Gramática adicional . . . . . . . . . . . . . . . . .256

Integración: Hablar, Escribir . . . . . . . . . . .257

Lectura . . . . . . . . . . . . . . . . . . . . . . . . . .259

Escritura . . . . . . . . . . . . . . . . . . . . . . . . .263

Cultura . . . . . . . . . . . . . . . . . . . . . . . . . .266

**Lección 2**

Vocabulario . . . . . . . . . . . . . . . . . . . . . . .269

Vocabulario adicional. . . . . . . . . . . . . . . . .272

Gramática. . . . . . . . . . . . . . . . . . . . . . . . .273

Gramática adicional . . . . . . . . . . . . . . . . .279

Integración: Hablar, Escribir . . . . . . . . . . .280

Lectura . . . . . . . . . . . . . . . . . . . . . . . . . .282

Escritura . . . . . . . . . . . . . . . . . . . . . . . . .286

Cultura . . . . . . . . . . . . . . . . . . . . . . . . . .289

**Comparación cultural** . . . . . . . . . . . . . . . . . .292

**UNIDAD 7**

**Lección 1**

Vocabulario . . . . . . . . . . . . . . . . . . . . . . .295

Vocabulario adicional. . . . . . . . . . . . . . . . .298

Gramática. . . . . . . . . . . . . . . . . . . . . . . . .299

Gramática adicional . . . . . . . . . . . . . . . . .305

Integración: Hablar, Escribir . . . . . . . . . . .306

Lectura . . . . . . . . . . . . . . . . . . . . . . . . . .308

Escritura . . . . . . . . . . . . . . . . . . . . . . . . .312

Cultura . . . . . . . . . . . . . . . . . . . . . . . . . .315

**Lección 2**

Vocabulario . . . . . . . . . . . . . . . . . . . . . . .318

Vocabulario adicional. . . . . . . . . . . . . . . . .321

Gramática. . . . . . . . . . . . . . . . . . . . . . . . .322

Gramática adicional . . . . . . . . . . . . . . . . .328

Integración: Hablar, Escribir . . . . . . . . . . .329

Lectura . . . . . . . . . . . . . . . . . . . . . . . . . .331

Escritura . . . . . . . . . . . . . . . . . . . . . . . . .335

Cultura . . . . . . . . . . . . . . . . . . . . . . . . . .338

**Comparación cultural** . . . . . . . . . . . . . . . . . .341

**UNIDAD 8**

**Lección 1**

Vocabulario . . . . . . . . . . . . . . . . . . . . . . .344

Vocabulario adicional. . . . . . . . . . . . . . . . .347

Gramática. . . . . . . . . . . . . . . . . . . . . . . . .348

Gramática adicional . . . . . . . . . . . . . . . . .354

Integración: Hablar, Escribir . . . . . . . . . . .355

Lectura . . . . . . . . . . . . . . . . . . . . . . . . . .357

Escritura . . . . . . . . . . . . . . . . . . . . . . . . .351

Cultura . . . . . . . . . . . . . . . . . . . . . . . . . .354

**Lección 2**

Vocabulario . . . . . . . . . . . . . . . . . . . . . . .367

Vocabulario adicional. . . . . . . . . . . . . . . . .370

Gramática. . . . . . . . . . . . . . . . . . . . . . . . .371

Gramática adicional . . . . . . . . . . . . . . . . .377

Integración: Hablar, Escribir . . . . . . . . . . .378

Lectura . . . . . . . . . . . . . . . . . . . . . . . . . .380

Escritura . . . . . . . . . . . . . . . . . . . . . . . . .384

Cultura . . . . . . . . . . . . . . . . . . . . . . . . . .387

**Comparación cultural** . . . . . . . . . . . . . . . . . .390

Marcadores de consulta . . . . . . . . . . . . . . . .393

## TO THE STUDENT:

Your workbook, **Cuaderno para hispanohablantes**, is similar to *Cuaderno: Práctica para todos*, but it has been especially designed for you as a student with some degree of experience with Spanish. The leveled vocabulary and grammar activities cover the material taught and practiced in each lesson of your textbook. In each lesson, two pages of additional vocabulary and grammar (which are not found in the *Cuaderno*) present more advanced concepts such as complex grammar, spelling difficulties, and advanced vocabulary. Other workbook pages use the vocabulary and grammar from the lesson to target a specific skill such as listening, reading or writing.

These are the sections in the **Cuaderno para hispanohablantes** for each lesson:

- **Vocabulario**
  Has two to three activities that practice the vocabulary taught in that lesson.

- **Vocabulario adicional**
  Provides additional vocabulary lessons relevant to you as a heritage learner.

- **Gramática**
  Follows the same pattern as the **Vocabulario** section and reinforce the grammar points taught in each lesson.

- **Gramática adicional**
  Teaches an advanced grammar concept, such as punctuation, verb forms, and more complex sentence structures.

- **Integración: Hablar**
  This page includes a single activity and is not leveled. It asks you to respond orally to a single question, based on information that you will receive. The information comes from two sources. One is a written source and the other is a short audio. You must comprehend the information coming from both sources and put it together in order to answer the question. The question can usually be answered in a few sentences.

- **Integración: Escribir**
  This page is like the previous one, except that you will provide your answer in written form.

- **Lectura**
  Contains short readings comprehension activities to practice your understanding of written Spanish.

- **Escritura**
  In this section you are asked to write a short composition. There is a pre-writing activity to help you prepare your ideas and a rubric to check how well you did.

- **Cultura**
  Focuses on the cultural information found throughout each lesson.

- **Comparación cultural**
  In lesson 2: non-leveled pages provide writing support for the activities in the student text.

# Vocabulario A  ¡Vamos de viaje!

> **¡AVANZA!**  **Goal:** Discuss travel plans and vacations.

**1** Vas a viajar a Centroamérica. Marca con una X lo que necesitas llevar.

|  | Sí | No |  | Sí | No |
|---|---|---|---|---|---|
| la aduana |  | X | el traje de baño |  |  |
| el pasaporte |  |  | el aeropuerto |  |  |
| la pantalla |  |  | el itinerario |  |  |

**2** Ana planea su viaje a Centroamérica. Llena el espacio con la palabra correcta del vocabulario. Después escribe una letra para ordenar lo que Ana debe hacer antes de viajar.

**Modelo:**    *Tener*  el pasaporte _____ .

1. _____ las maletas _____ .

2. _____ por seguridad _____ .

3. _____ cola en el aeropuerto _____ .

4. _____ un taxi al aeropuerto _____ .

5. _____ el equipaje _____ .

6. _____ el boleto de ida y vuelta _____ .

**3** Benjamín viaja a Costa Rica y necesita llevar algunas cosas. Completa las oraciones con la palabra correcta.

**Modelo:**        Necesito llevar el  *traje de baño.*

  **1.**       **2.**       **3.**       **4.**       **5.**

1. Necesito llevar _____ para ir a Costa Rica.

2. Necesito facturar_____ en el aeropuerto.

3. Necesito mostrar _____ al abordar el avión.

4. Necesito mostrar _____ para pasar por seguridad.

5. Necesito llevar mi _____ para saber el día y la hora de salida.

# Vocabulario B ¡Vamos de viaje!

> **¡AVANZA!**  **Goal:**  Discuss travel plans and vacations.

**1** Te vas de vacaciones a Centroamérica. Tu amigo(a) te llama por teléfono y te hace preguntas sobre tu viaje. Escribe la respuesta a sus preguntas en el espacio.

   **1.** ¿Qué necesito comprar para abordar el avión? _____

   **2.** ¿Qué necesito para poder salir del país? _____

   **3.** ¿Qué necesito para saber las horas del vuelo? _____

   **4.** ¿Dónde espero para abordar el avión? _____

   **5.** ¿Qué hago con mi equipaje en el aeropuerto antes del vuelo?

   _____

**2** Florencia escribe todo lo que hace desde que sale de su casa. Completa cada oración con la expresión correspondiente.

| hacer cola    ir al reclamo de equipaje    pasar por seguridad    facturar el equipaje    tomar un taxi |
|---|

   **1.** Para llegar al aeropuerto, debemos _____ .

   **2.** Al llegar al aeropuerto, los pasajeros deben _____ .

   **3.** Los pasajeros deben _____ para recibir la tarjeta de embarque.

   **4.** Nosotros debemos _____ antes de subir al avión.

   **5.** Al llegar al destino debemos _____ .

**3** Tu hermanito José no sabe qué pasos son necesarios para planificar un viaje. Escribe tres oraciones completas para explicarle lo que tiene que hacer antes del viaje y tres oraciones sobre lo que tiene que hacer cuando está en el aeropuerto.

**Antes de hacer el viaje:**

_____

_____

_____

**En el aeropuerto:**

_____

_____

_____

# Vocabulario C  *¡Vamos de viaje!*

*Level 2 Textbook* pp. 36–40

**¡AVANZA!**  **Goal:**  Discuss travel plans and vacations.

**1** Contesta las preguntas con oraciones completas.

**1.** Cuando vas de viaje, ¿cómo te preparas?

_____

**2.** ¿Te gusta viajar en avión? ¿Por qué sí o por qué no?

_____

**3.** ¿Compras tus boletos de avión en una agencia de viajes o en otro lugar?

_____

**4.** ¿Qué otros modos de transporte usas cuando viajas?

_____

**2** Te vas de viaje a Centroamérica con tu mejor amigo(a). Escribe oraciones completas para explicar qué pasos tienen que hacer tu amigo(a) y tú antes de salir de viaje.

**1.** _____
**2.** _____
**3.** _____
**4.** _____
**5.** _____

**3** Vas a una agencia de viajes para hacer los planes para tu viaje a Costa Rica. Escribe el diálogo entre tú y el agente con la siguiente información: (1) información sobre los vuelos y los boletos, y (2) los pasos a seguir en el aeropuerto.

**Agente de viajes:** Buenos días. ¿En qué puedo servirle?

**Tú:** Me gustaría hacer un viaje a Costa Rica.

**Agente de viajes:** _____
**Tú:** _____
**Agente de viajes:** _____
**Tú:** _____
**Agente de viajes:** _____
**Tú:** _____
**Agente de viajes:** _____
**Tú:** _____
**Agente de viajes:** _____
**Tú:** _____

# Vocabulario adicional

> **¡AVANZA!**  **Goal:** Use words from different countries to talk about vacations.

## Variaciones regionales

El español se distingue por su gran variedad de palabras para referirse a una misma cosa. Esto se debe en gran parte a la diversidad de culturas y regiones geográficas. Por ejemplo: Un "coche" en México es un "auto" en España y un "carro" en Colombia.

Lee algunas variaciones regionales relacionadas con un viaje:

| | |
|---|---|
| boleto / billete / pasaje | almacén / centro comercial |
| maleta / valija | ordenador / computadora |
| traje de baño / malla | autobús / micro / microbús |
| hacer cola / hacer la fila | subte / metro / subterráneo |
| hablar / platicar / charlar | auxiliar de vuelo / azafata |
| autopista / carretera | cafetería / café / bar |
| ofertas / gangas / baratijas | tiendas / negocios / almacén |

**1** Encierra en un círculo la palabra correcta para completar las oraciones sobre la excursión de Elsa y Nuri al centro comercial.

**Modelo:**

Elsa y Nuri toman el (autobús / subte) para ir al centro comercial.

**1.**  **2.**  **3.**  **4.**

1. Elsa y Nuri entran en el (ordenador / almacén) para ir de compras.
2. Elsa y Nuri van al (metro / café) a tomar un refresco.
3. Elsa y Nuri entran en la (tienda / maleta) a comprar zapatos.
4. Elsa y Nuri miran las (baratijas / carreteras) de la tienda nueva.

UNIDAD 1 Lección 1
Vocabulario adicional

**4**

Unidad 1, Lección 1
Vocabulario adicional

**¡Avancemos! 2**
Cuaderno para hispanohablantes

# Gramática A  *Direct object pronouns*

> **¡AVANZA!**  **Goal:**  Use direct object pronouns to talk about vacations.

**1** Laura y su mamá hablan por teléfono sobre el viaje a Centroamérica. Subraya el pronombre de objeto directo correcto para completar los diálogos.

**1. Laura:** ¿Necesitamos la dirección para llegar al hotel?

   **Mamá:** Sí, (las / la) necesitamos.

**2. Laura:** ¿Necesitamos los boletos de ida y vuelta?

   **Mamá:** Sí, (lo / los) necesitamos.

**3. Laura:** ¿Necesitamos el itinerario de viaje?

   **Mamá:** Sí, (lo / los) necesitamos.

**4. Laura:** ¿Necesitamos las maletas para la ropa?

   **Mamá:** Sí, (las / los) necesitamos.

**2** Contesta con una oración completa cada pregunta sobre los planes para el viaje. Reemplaza los objetos directos subrayados con el pronombre de objeto directo correcto.

**Modelo:**  ¿Debemos buscar el itinerario en la agencia de viajes?

   Sí, *lo* debemos buscar.

**1.** ¿Vas a comprar los boletos?

   Sí, _____ voy a comprar.

**2.** ¿Tiene que hacer mamá las maletas?

   Sí, _____ tiene que hacer.

**3.** ¿Mandas tú la tarjeta postal desde Costa Rica?

   Sí, _____ mando desde Costa Rica.

**4.** ¿Llama papá el taxi?

   Sí, Papá _____ llama.

**3** Emilia le hace preguntas a Victoria sobre su viaje. Usa los pronombres de objeto directo.

**1.** Emilia: ¿Tienes mi pasaporte?

   Victoria: _____

**2.** Emilia: ¿Tienes el itinerario?

   Victoria: _____

**3.** Emilia: ¿Tienes mi maleta?

   Victoria: _____

**4.** Emilia: ¿Tienes mi identificación?

   Victoria: _____

UNIDAD 1 Lección 1

Gramática A

# Gramática B  *Direct object pronouns*

| ¡AVANZA! | **Goal:** Use direct object pronouns to talk about vacations. |

**1** Antes de salir de viaje con tu hermano mayor, le haces algunas preguntas. Escribe en la línea la letra que corresponde a la respuesta. Subraya el pronombre de objeto directo.

1. ¿Tienes los boletos de ida y vuelta? _____      **a.** Sí, la tengo.
2. ¿Tienes el libro para leer en el vuelo? _____   **b.** Sí, lo tengo.
3. ¿Tienes la identificación para pasar por seguridad? _____   **c.** Sí, las tengo.
4. ¿Tienes las maletas facturadas? _____   **d.** Sí, los tengo.

**2** Escribe oraciones completas sobre lo que se deben hacer antes de un viaje. Usa los pronombres de objeto directo.

**Modelo:** Tenemos que comprar los boletos.

*Los tenemos que comprar. / Tenemos que comprarlos.*

1. Dos días antes del viaje, tenemos que llamar a nuestro agente de viajes.

_____

2. Tenemos que buscar los pasaportes.

_____

3. Tenemos que tomar un taxi para llegar al aeropuerto.

_____

4. Al llegar al aeropuerto, tenemos que facturar el equipaje.

_____

5. Antes de subir al avión, tenemos que mirar la pantalla de los vuelos.

_____

**3** El señor Rojas te hace preguntas en la agencia de viajes. Explícale lo que tiene que hacer con cada una de las cosas. Escribe oraciones completas y usa el pronombre de objeto directo correcto.

**Modelo:** el itinerario

*Usted lo necesita para saber la información del vuelo.*

1. el agente de viajes _____
2. el pasaporte _____
3. el equipaje _____
4. las maletas _____
5. la tarjeta _____

# Gramática C  *Direct object pronouns*

> **¡AVANZA!**   **Goal:**   Use direct object pronouns to talk about vacations.

**1** Escribe dos oraciones para decir 1) lo que tú y tus amigos compran y 2) para qué lo compran. Usa el pronombre de objeto directo que corresponda.

**Modelo:**   José     *José compra un boleto de avión. Lo compra para viajar a España.*

| Nombre | Compra... | Para... |
|--------|-----------|---------|
| **1.** Yo | | ir a nadar |
| **2.** Francisco | | jugar en el avión |
| **3.** Lucila y tú | | leer en el viaje |
| **4.** Nosotros | | mandar a sus amigos |

**1.** _____

**2.** _____

**3.** _____

**4.** _____

**2** Tus padres te hacen preguntas acerca de tu viaje. Responde a sus preguntas con oraciones completas. Usa pronombres de objeto directo en cada oración.

**Modelo:**   ¿Para qué necesitas un agente de viajes?  *Lo necesito para comprar el boleto.*

**1.** ¿Para qué necesitas un pasaporte? _____

**2.** ¿Por qué necesitas tantas maletas? _____

**3.** ¿Para qué necesitas tomar un taxi? _____

**4.** ¿Por qué necesitas un itinerario? _____

# Gramática A  *Indirect object pronouns*

| ¡AVANZA! | **Goal:** Use indirect object pronouns to replace indirect object nouns. |
|---|---|

**1** Encierra en un círculo el pronombre de objeto indirecto que corresponde para describir todo lo que pasa durante tu viaje.

**Modelo:** El agente de viajes (te /(le) da el itinerario al cliente.

1. El agente de viajes (me / te) dice que necesito pasaporte.

2. (Les / Nos) mandan a nosotros los boletos a casa.

3. El agente de seguridad (le / me) pide a mi mamá la tarjeta de embarque.

4. El auxiliar de abordo (te / nos) trae el equipaje a mi hermano y a mí.

**2** Mi familia planea un viaje. Escribe el pronombre del objeto directo que corresponde para completar las oraciones.

**Modelo:** Papá _le_ pide a mamá que llame a la agencia de viajes.

1. Mamá _____ pide los boletos al agente de viajes.

2. Papá _____ dice que tenemos que hacer cola.

3. Papá _____ habla al auxiliar de vuelo.

4. Mamá _____ pregunta a un señor por la parada de los taxis.

5. Papá _____ dice que tengo que facturar mi equipaje.

**3** Escribe oraciones completas para indicar lo que hacen todos para su viaje a Costa Rica.

**Modelo:** Linda: prestar sus videojuegos a mí

_Linda me presta sus videojuegos._

1. Amalia: explicar el itinerario a nosotros

_____

2. Papá y Mamá: hacer preguntas a los auxiliares de abordo

_____

3. Nosotros: compramos maletas a Rita

_____

4. Tú: enseñar el pasaporte al agente de la aduana.

_____

5. Miguel: decir dónde está la puerta de embarque a ustedes.

_____

# Gramática B  *Indirect object pronouns*

---

**¡AVANZA!**  **Goal:** Use indirect object pronouns to replace indirect object nouns.

---

**1** Escribe el pronombre de objeto indirecto que corresponde para describir cómo vas ayudar a tu familia a preparar las vacaciones.

**1.** Comprar el traje de baño a mi hermana.

_____ compro el traje de baño a mi hermana.

**2.** Pedir los boletos a la agente de viajes.

_____ voy a pedir los boletos a la agente de viajes.

**3.** Tener listos los pasaportes a mis padres.

_____ tengo listos los pasaportes.

**4.** Regalar a mi hermano menor un videojuego para el viaje.

_____ regalo un videojuego para el viaje a mi hermano menor.

**5.** Decir a mis padres a qué hora sale el vuelo.

_____ digo a mis padres a qué hora sale el vuelo.

**2** Lee el siguiente párrafo sobre las vacaciones de Victoria. Completa los espacios en blanco con pronombres de objeto indirecto.

Mis padres **1.** _____ dan una fiesta a mis abuelos para su aniversario de bodas.

Mi papá **2.** _____ compra dos boletos para viajar a Costa Rica. A ellos

**3.** _____ da mucha alegría. Mi mamá **4.** _____ compra a mi abuela

un bonito traje de baño. A mi abuelo **5.** _____ compra un libro, porque a él

**6.** _____ gusta leer. Yo **7.** _____ pido que nos envíen una tarjeta postal. A

mis abuelos **8.** _____ gustan mucho los regalos. Ellos **9.** _____ dan las

gracias a mis padres y a mí **10.** _____ dan un beso.

**3** Durante las vacaciones les compraste regalos a tus amigos de la lista. Combínalos con las palabras de la caja para formar oraciones. Usa pronombres de objeto indirecto.

**Modelo:**  *A Graciela le compro una mochila.*

| Graciela | Lucía | Martín | Alberto y Raquel | María y Susana |
|---|---|---|---|---|

| videojuegos | tarjetas postales | radio | discos compactos | libro | mochila |
|---|---|---|---|---|---|

**1.** _____

**2.** _____

**3.** _____

**4.** _____

**5.** _____

# Gramática C  *Indirect object pronouns*

| ¡AVANZA! | **Goal:** Use indirect object pronouns to replace indirect object nouns. |

**1** Te vas de viaje con tu familia a Costa Rica Escribe cinco oraciones completas acerca de lo que hace cada uno para preparar el viaje. Usa pronombres de objeto indirecto en cada oración.

**Modelo:** Mamá / Joaquín / maleta  *Mamá le ayuda a Joaquín a hacer la maleta.*

**1.** Teresa / yo / mi pasaporte: _____

**2.** Clara / nosotros / el itinerario: _____

**3.** Yo / María y tú / la maleta: _____

**4.** Tú / yo / los boletos: _____

**5.** Nosotros / Carlos / una tarjeta postal: _____

_____

**2** Después de volver de vacaciones, ¿qué recomendaciones les darías a tus amigos para que las tengan en cuenta antes de salir de viaje? Usa pronombres de objeto indirecto en las oraciones y el vocabulario de la lección.

**Modelo:** (a Carlos y David)  *Si van a otro país, les recomiendo llevar los pasaportes.*

**1.** (A ti) _____

**2.** (A Juan y María) _____

**3.** (A usted) _____

**4.** (A ustedes) _____

**5.** (A Alba) _____

**3** Tus hermanos Raúl y Elisa se van de vacaciones. Escribe un párrafo para indicar qué les recomiendas para planificar su viaje. Usa verbos como **recomendar**, **decir** y **sugerir** para indicar tus recomendaciones. Escribe cinco oraciones completas y usa pronombres de objeto indirecto en cada oración.

_____

_____

_____

_____

_____

# Gramática adicional *Por qué, porque*

> **¡AVANZA!**    **Goal:**    Learn the difference between **por qué** and **porque**.

La combinación de las palabras **por** y **que** puede representar problemas al escribirse. Usa las siguientes pistas para saber la diferencia entre **por qué** y **porque**.

- Se usa **por qué** cuando la oración tiene un sentido interrogativo. Fíjate que en este caso la palabra qué lleva acento escrito.

    **¿Por qué** me llamaste?             **¿Por qué** trabajas tanto?

- Se usa **porque** cuando la oración tiene un sentido explicativo.

    Te llamé **porque** te necesitaba.        Trabajo tanto **porque** me gusta.

**1** Angelina escribió una nota para su esposo. Escribe en la línea si la oración tiene un sentido interrogativo (I) o un sentido explicativo (E).

1. La entrenadora dijo que no viene hoy porque tiene catarro. _____

2. Delia quiere saber por qué no fuimos a la fiesta. Llámala. _____

3. ¿Sabes tú por qué Ana María necesita mil dólares? _____

4. Sergio quiere que lo llames porque necesita hablar contigo. _____

5. No tomo vacaciones porque no tengo tiempo. _____

6. Voy a la tienda porque no tenemos nada en el refrigerador. _____

**2** Escribe cinco oraciones con el uso correcto de **por qué** y **porque**.

_____

_____

_____

_____

_____

# Integración: Hablar

 **Goal:** Respond to written and oral passages discussing preparations for a trip.

Lee el siguiente boleto del viaje de ida a Costa Rica de Ana María Merino.

Fuente 1 Leer

---

http://www.aerocaribe.com/ebooking.htm  **GO**

✈ **Aero Caribe**   HOME | PACKAGES | BOOKING | MY ACCOUNT | LOGOUT

**ANA MARÍA MERINO**
**Asignado: 07DEC**
**Confirmación de boleto electrónico. Récord de localización: EO43GVNK**
**Tarifa: $5432.00**

|  | Aeropuerto | Fecha | Hora | Vuelo |
|---|---|---|---|---|
| Salida | México, D. F. | 27 de diciembre | 11:35 | AeroCaribe 154 |
| Llegada | San José, C Rica | 27 de diciembre | 14:30 | |
|  |  |  |  | Asiento: 11D |

Gracias por viajar por Aerolíneas Caribe, miembro de la Alianza Internacional de Vuelo.

Hora de registro en aeropuerto varía de acuerdo a las ciudades de salida y llegada. Llame a la línea de servicio al cliente o visítenos en Internet en www.aerocaribe.com

Si usted viaja con un boleto electrónico puede utilizar los monitores de auto-registro en la terminal hasta 2 horas antes del vuelo. Use el récord de localización arriba para hacer cambios de asiento y obtener su pase de abordo. Antes de la hora de salida, usted debe presentar una identificación oficial en el aeropuerto.

---

Escucha el mensaje que Sonia le deja a Ana María. Puedes tomar notas mientras escuchas y luego completa la actividad.

Fuente 2 Escuchar

### HL CD 1, tracks 1–2

De acuerdo al audio ¿qué información necesita Sonia? ¿Qué puede hacer solucionar su problema?

**UNIDAD 1 Lección 1**

Integración: Hablar

Unidad 1, Lección 1
Integración: Hablar

**12**

**¡Avancemos! 2**
Cuaderno para hispanohablantes

# Integración: Escribir

| ¡AVANZA! | **Goal:** Respond to written and oral passages discussing preparations for a trip. |
|---|---|

Fiona quiere trabajar como auxiliar de vuelo. Lee el siguiente folleto que le dio el consejero escolar.

Fuente 1 Leer

## EMPIEZA UNA CARRERA DE ALTURA

### Escuela de sobrecargos y técnicos de aviación Maricruz Rivas

- Mantenimiento de aeroplanos
- Mecánico de aeroplanos
- Sobrecargo

### ¡Con nosotros das un paso adelante!

Como técnico de aviación aprenderás a mantener aviones, avionetas y helicópteros en perfectas condiciones de vuelo. La industria de la aviación crece constantemente y en pocos años llegará a niveles más altos. Como sobrecargo aprenderás a ser la cara amiga de tu aerolínea. También aprenderás inglés y conocerás el mundo.

Solicita hoy mismo más información. Pregunta por nuestra ayuda económica. Además, muchos de nuestros estudiantes trabajan ya en la industria de la aviación y sus empresas pagan por su entrenamiento. Tú podrías ser uno de ellos.

Teléfonos: **(433) 555-3450** o visítanos en Internet
**www.maricruzrivasaviacion.com**

Escucha el mensaje que dejó Gabriel en el contestador de Fiona. Toma notas. Luego completa la actividad.

Fuente 2 Escuchar

### HL CD 1, tracks 3–4

Escribe un párrafo para darle a Gabriel la información que necesita. Dale todos los detalles posibles.

_____

_____

_____

UNIDAD 1 Lección 1    Integración: Escribir

# Lectura A

> **¡AVANZA!**    **Goal:**   Read about vacations.

**1** Lee cómo comienza el viaje de una familia y lo que hicieron en el aeropuerto. Luego, contesta las preguntas y compara su experiencia con la tuya.

Hoy Ricardo y su familia se van de vacaciones a Costa Rica. Ayer se acostaron tarde preparando las maletas y esta mañana no se despertaron temprano. El avión sale a las 10:30 de la mañana y ya son las 8:00. ¡Tienen que darse prisa!

La familia toma un taxi para ir al aeropuerto. Cuando llegan, hay muchísima gente en el aeropuerto  y Ricardo y su familia tienen que hacer cola por casi una hora para poder facturar el equipaje. Todos están nerviosos.

El empleado que factura las maletas les dice que los pasajeros empezaron a subir al avión hace unos minutos. Cuando ellos suben al avión, ya todos los pasajeros están dentro. Un auxiliar de vuelo les muestra sus asientos, ¡y en unos minutos ya están volando!

El día es soleado y Ricardo se entretiene mirando las nubes y luego el mar. Cuando el avión empieza a bajar, todos admiran el azul del mar y el verde de la vegetación.

Antes de bajar del avión, el auxiliar de vuelo les explica dónde tienen que recoger las maletas. Enseguida las encuentran. Luego, los agentes que miran sus pasaportes y sus maletas les dicen: «¡Bienvenidos a Costa Rica! ¡Felices vacaciones!». Ricardo está seguro de que pasará unas vacaciones maravillosas.

**2** **¿Comprendiste?** Escoge la frase o palabra que completa cada oración correctamente.

1. Ricardo y su familia llegan tarde al aeropuerto porque _____
   a. hicieron las maletas.
   b. fueron en taxi.
   c. se despertaron tarde.
   d. tuvieron que hacer la cola.

2. Ricardo y su familia abordan el avión _____
   a. antes de facturar las maletas.
   b. con todos los otros pasajeros.
   c. con el auxiliar de vuelo.
   d. cuando ya todos los otros pasajeros están en el avión.

3. El auxiliar de vuelo les explica a Ricardo y a su familia dónde está _____
   a. el reclamo de equipaje.
   b. la puerta de salida.
   c. la parada de autobús.
   d. la aduana.

**3** **¿Qué piensas?** ¿Has llegado tarde alguna vez para un viaje en avión, tren, barco o autobús? Describe brevemente ésta u otra anécdota que hayas tenido en un viaje.

_____

_____

_____

UNIDAD 1 Lección 1

Lectura A

Unidad 1, Lección 1
Lectura A

**14**

**¡Avancemos! 2**
Cuaderno para hispanohablantes

# Lectura B

> **¡AVANZA!**  **Goal:** Read about vacations.

**1** Lee la carta que Ricardo le envió a su abuela hablándole sobre los preparativos de su viaje a Costa Rica. Luego, contesta las preguntas de comprensión y piensa cómo te sentirías tú sí tuvieras que viajar solo(a).

West Palm Beach, FL, 23 de junio de 2009

Querida abuela:

¡Ya tengo todo preparado para el viaje! Ayer fui a la agencia de viajes con papá y compramos el boleto de ida y vuelta. Voy a tomar un avión que sale el día 12 del aeropuerto de Miami. El vuelo sale a las siete y cuarto de la tarde y el avión tarda dos horas y media en llegar al aeropuerto de San José. Espero que vengas a buscarme aunque sea un poco tarde. ¿Te imaginas a qué hora tengo que levantarme? Mamá me va a llevar al aeropuerto y va a estar conmigo para ayudarme a facturar el equipaje. Luego tendré que pasar por seguridad yo solo y abordar. Pero no creas que estoy nervioso, me parece que va a ser un viaje muy divertido. Ya empecé a hacer las maletas ¡No quiero olvidarme de nada! También voy a llevar el traje de baño para ir a la playa con mis primos.

Quiero verte pronto y te mando un abrazo muy grande.

Ricardo

**2** **¿Comprendiste?** Responde a las siguientes preguntas con oraciones completas:

1. Ricardo dice que compró un boleto de ida y vuelta para viajar. ¿Cuál será el itinerario de su viaje?

   _____

2. ¿Por qué Ricardo no compró un boleto para el vuelo de la mañana?

   _____

3. Ricardo dice que ya empezó a hacer las maletas. ¿Por qué crees que Ricardo hace las maletas tan pronto?

   _____

   _____

**3** **¿Qué piensas?** ¿Cuándo fue la última vez que viajaste? ¿Viajaste solo(a)? ¿Te gustaría viajar solo? ¿Por qué?

   _____

   _____

   _____

# Lectura C

| ¡AVANZA! | **Goal:** Read about vacations. |
|---|---|

**1** Juan Carlos y su famila acaban de regresar de sus vacaciones en Costa Rica. Su amigo Arturo acaba de llamar por teléfono a Juan Carlos para preguntarle sobre las vacaciones. Lee la conversación entre los dos amigos. Luego contesta las preguntas de comprensión y habla sobre tu viaje ideal.

**ARTURO:** ¿Cómo les fue de vacaciones?

**JUAN CARLOS:** ¡Muy bien! Estuvimos en Costa Rica y de allí tomamos un crucero.

**ARTURO:** ¿Dónde compraste los boletos para el crucero?

**JUAN CARLOS:** Los compré en Costa Rica; el crucero sale de allí y visita las costas de Costa Rica, Panamá y Nicaragua.

**ARTURO:** ¡Pero un crucero para cinco personas es carísimo! ¿No?

**JUAN CARLOS:** No, los niños menores de doce años no pagan. Sólo pagamos el boleto mío y el de Marta.

**ARTURO:** ¡Qué bien! ¿Y llevaste la cámara de fotos?

**JUAN CARLOS:** Sí, la llevé. Tengo unas fotografías estupendas. Después te las envío por correo electrónico.

**ARTURO:** ¡Ya tengo ganas de verlas! ¿Y que les dieron de comer durante el viaje?

**JUAN CARLOS:** ¡Nos dieron muchas cosas ricas! ¡En el barco hay dos restaurantes de comida internacional y tres cafeterías!

**ARTURO:** Conociéndote, me imagino que los visitaste todos.

**JUAN CARLOS:** Pues sí. Hay muy buenos servicios en el crucero, además hay actividades programadas y cuando el barco está en un puerto hay excursiones a la jungla, a varias playas y a lugares históricos.

**ARTURO:** ¿Y a tus hijos también les gustó el crucero?

**JUAN CARLOS:** Sí, porque también hay muchos juegos y actividades para los niños y piscina infantil. El primer día estaban aburridos porque no tenían traje de baño. Yo me olvidé de ponerlos en la maleta pero compramos otros en la tienda del barco.

**ARTURO:** ¿Y qué venden en la tienda?

**JUAN CARLOS:** Venden muchas cosas. Yo les compré regalos a mis amigos. Cuando Marta vio todo lo que yo había comprado se enojó un poco, pero ella también compró.

**ARTURO:** ¿Qué fue lo que más les gustó?

**JUAN CARLOS:** Yo creo que lo mejor es la buena cocina y la tranquilidad. A Marta le gustaron las excursiones y las playas. Y los niños se pasaron todo el viaje nadando y jugando en el agua. ¡Ya vas a verlos en las fotos!

> **ARTURO:** Pero los camarotes son pequeños, ¿no?
>
> **JUAN CARLOS:** No, yo los encontré espaciosos y cómodos; tienen aire acondicionado, televisión y teléfono. Oye, ¿por qué no vienen mañana a cenar y así seguimos hablando?
>
> **ARTURO:** De acuerdo. Tengo ganas de verlos a todos ustedes. Dale un abrazo a Marta y a los niños y acuérdate de las fotos, no te olvides de mandarlas.
>
> **JUAN CARLOS:** No, no me olvido.

**2** **¿Comprendiste?** Responde a las siguientes preguntas:

**1.** ¿Qué países y lugares se visitan durante el viaje?

_____

_____

**2.** ¿Qué olvidó Juan Carlos cuando hizo la maleta? ¿Cómo lo solucionó?

_____

_____

**3.** ¿Crees que este viaje es bueno para familias con niños? ¿Por qué?

_____

_____

**4.** ¿Cómo son los camarotes del barco?

_____

_____

**3** **¿Qué piensas?** ¿Te gustaría hacer un crucero? ¿Adónde irías? ¿Por qué? ¿Preferirías un viaje en barco, en avión, en tren, en autobús o en auto? ¿Por qué? Escribe un párrafo de cinco oraciones para responder a estas preguntas.

_____

_____

_____

_____

# Escritura A

> **¡AVANZA!**  **Goal:** Write about planning trips and taking vacations.

**1** Prepara una hoja de información para estudiantes que van a viajar a tu ciudad. Completa la tabla escribiendo en la columna de la derecha la información que se pide.

| | |
|---|---|
| **a.** Dónde encontrar información sobre vuelos y dónde comprar los boletos. | |
| **b.** Qué hacer para saber si el vuelo va a salir el día y a la hora prevista. | |
| **c.** Qué documentos hay que tener antes de salir para el aeropuerto. | |
| **d.** Qué es lo primero que hay que hacer en el aeropuerto. | |
| **e.** Cómo saber cuándo hay que abordar el avión. | |

**2** Escribe un párrafo para explicar a un nuevo viajero cómo prepararse para hacer un viaje internacional. Usa la información de la tabla y escribe por lo menos tres oraciones completas.

_____

_____

_____

_____

_____

_____

**3** Evalúa tu respuesta a la Actividad 2 usando la siguiente información.

| | **Crédito máximo** | **Crédito parcial** | **Crédito mínimo** |
|---|---|---|---|
| Contenido | Escribiste las tres oraciones completas y las recomendaciones son claras. | Escribiste menos de tres oraciones completas y las recomendaciones no son claras. | Escribiste solo una o ninguna oración completa. La recomendación no es clara. |
| Uso correcto del lenguaje | Las oraciones no tienen errores de ortografía y hay un buen uso del lenguaje. | Las oraciones contienen algunos errores en el uso del lenguaje y la ortografía. | Las oraciones contienen muchos errores de ortografía y gramática. |

UNIDAD 1 Lección 1

Escritura A

# Escritura B

| ¡AVANZA! | **Goal:** Write about planning trips and taking vacations. |
|---|---|

Una turista llega a tu barrio y te pide información sobre algunos lugares.

**1** Piensa en tu barrio. Escribe una descripción breve de los siguientes lugares de interés.

**Lugares de interés en mi barrio:**

1. edificios públicos _____

2. parques _____

3. restaurantes _____

4. cines _____

5. museos _____

**2** Escribe una carta breve a un amigo que no conozca tu barrio. Describe los lugares de interés que anotaste en la tabla anterior. Escoge cuáles de estos sitios debe visitar durante una visita. Usa oraciones completas.

_____

_____

_____

_____

_____

_____

**3** Evalúa la Actividad número 2 de acuerdo a la tabla.

| | **Crédito máximo** | **Crédito parcial** | **Crédito mínimo** |
|---|---|---|---|
| Contenido | Escribiste tu carta con la información requerida en la actividad 2. | En términos generales, la carta presenta la información requerida en la actividad 2. | Tu carta no contiene oraciones completas. No contiene todas las partes requeridas en la actividad 2. |
| Uso correcto del lenguaje | Las oraciones no contienen errores de ortografía y tienes un buen uso del lenguaje. | La carta contiene algunos errores de ortografía y gramática. | El diálogo contiene muchos errores de ortografía y gramática. |

# Escritura C

> **¡AVANZA!**   **Goal:**   Write about planning trips and taking vacations.

Maira va a ir a visitar a su amiga que vive en Guatemala. Acaba de llegar de la agencia de viajes en la que ha reservado el boleto y éste es el documento de confirmación de la reservación que le han dado a Maira en la agencia de viajes.

| AGENCIA DE VIAJES INTERAMÉRICA | 1847 SUNSET DRIVE | TELÉFONO 432-15 12 11 |
|---|---|---|

RESERVACIÓN DE VIAJE                    Pasajero(a): González, Maira        Pasaporte n° 87309485Z

DE HOUSTON, TX (IAH) A CIUDAD DE GUATEMALA, GUATEMALA (GUA)

| Vuelo 710 | | Salida | Llegada | Duración del vuelo |
|---|---|---|---|---|
| Aerolíneas Taca | 2 de junio | 9:35 am | 12:24 pm | 2 h. 49 min. |

DE CIUDAD DE GUATEMALA, GUATEMALA (GUA) A HOUSTON, TX (IAH)

| Vuelo 729 | | Salida | Llegada | Duración del vuelo |
|---|---|---|---|---|
| Aerolíneas Taca | 17 de junio | 1:15 pm | 4:08 pm | 2 h. 35 min. |

Le recordamos que:

Tiene 30 días para pagar y recoger su boleto. Debe llamar 2 días antes del viaje para confirmar la hora del vuelo. Debe estar en el aeropuerto 3 horas antes del vuelo.

**1** Escribe una carta breve de Maira a una amiga suya hablándole del viaje. Incluye todos los detalles posibles.

_____

_____

_____

_____

**2** Evalúa tu actividad usando la información de la tabla.

| | Crédito máximo | Crédito parcial | Crédito mínimo |
|---|---|---|---|
| Contenido | La carta que escribiste incluye detalles importantes. | La carta que escribiste está bien enfocada, pero no incluye todos los detalles importantes. | La carta que escribiste no está muy enfocada y no incluiste ningún detalle importante. |
| Uso correcto del lenguaje | La carta no contiene errores de ortografía y en general hay un buen uso del lenguaje. | La carta contiene algunos errores en el uso del lenguaje y la ortografía. | La carta contiene muchos errores de ortografía y gramática. |

# Cultura A

> **¡AVANZA!**    **Goal:** Apply and strengthen knowledge about Costa Rica.

**1** Ayuda a Mariano a conocer más acerca de Costa Rica. Relaciona las dos columnas. Usa la información de tu libro para responder.

1. _____ Es la capital de Costa Rica.
2. _____ También se llama así a los costarricenses.
3. _____ Aquí la gente puede disfrutar jardines tropicales y jugar en las aguas termales.
4. _____ En este parque la gente puede observar la mariposa morfo azul.
5. _____ Es una de las artesanías más conocidas de Costa Rica.

a. él Jardín de Cataratas
b. Tabacón en Arenal
c. San José
d. la carreta de madera
e. ticos

**2** Sarah está estudiando para un examen sobre Costa Rica. Ayúdala a escoger la respuesta correcta.

1. El _____ es una área protegida de la naturaleza.
   a. San José
   b. Jardín de Cataratas
   c. Resorte Tabacón

2. Al este de Costa Rica se localiza el _____ .
   a. Golfo de México
   b. Océano Atlántico
   c. Mar Caribe

3. Uno de los volcanes activos de Costa Rica se llama _____ .
   a. Arenal
   b. Alajuela
   c. Tico

4. La moneda costarricense es el _____ .
   a. dólar
   b. colón
   c. peso costarricense

**3** ¿Para qué usan la frase «pura vida» los costarricenses? Escribe 3 diferentes saludos o expresiones que conozcas y explica cómo y con quién los usas.

_____

_____

| Saludo | | Lo use con... |
|---|---|---|
| **Modelo:** | ¿Cómo está Ud.? | *Lo uso para saludar a la gente de mayor edad* |
| **1.** | | |
| **2.** | | |
| **3.** | | |

# Cultura B

> **¡AVANZA!**    **Goal:**   Apply and strengthen knowledge about Costa Rica.

**❶** Robert está de visita en Costa Rica. Tiene algunas preguntas acerca del Parque Nacional Jardín de Cataratas La Paz. Contesta sus preguntas con oraciones completas.

**1.** ¿Qué es el Jardín de Cataratas La Paz?

_____

**2.** ¿Qué hay en el Jardín de Cataratas La Paz?

_____

_____

**3.** ¿Por qué crees que se llama Jardín de Cataratas?

_____

**❷** Un grupo de turistas llegó a Costa Rica. Escribe una oración completa para mencionar el lugar a donde pueden ir o las cosas que pueden hacer de acuerdo a su interés.

| volcán Arenal | el resorte Tabacón de Arenal | Alajuela |
|---|---|---|
| las carretas de madera | Jardín de cataratas | |

**1.** Louise: las artesanías _____

**2.** Paul: las mariposas _____

**3.** Ralph: los volcanes _____

**4.** Marie: las aguas termales _____

**❸** Para los costarricenses la frase "Pura vida" significa optimismo, tranquilidad y felicidad. Define con oraciones completas qué significan para ti cada una de esas características. Puedes incluir ejemplos si lo deseas.

**1.** Optimismo _____

_____

**2.** Tranquilidad _____

_____

**3.** Felicidad _____

_____

UNIDAD 1 Lección 1

Cultura B

**22**   Unidad 1, Lección 1
Cultura B

**¡Avancemos! 2**
Cuaderno para hispanohablantes

# Cultura C

> **¡AVANZA!**   **Goal:**   Apply and strengthen knowledge about Costa Rica.

**1** Para la clase de arte tienes que hablar el arte a través de la cultura costarricense. Mira la obra de Adrián Gómez y las carretas de madera. Describe cómo estas obras de arte reflejan la cultura de Costa Rica.

_____

_____

_____

_____

_____

**2** Tu hermano menor Julio necesita información sobre Costa Rica para completar su tarea. Escribe dos oraciones completas acerca de las siguientes cosas.

**1.** El Jardín de Cataratas La Paz _____

_____

**2.** El resorte de Tabacón _____

_____

**3.** El volcán Arenal _____

_____

**4.** El equipo de fútbol Los Ticos _____

_____

**3** ¿Qué expresa la frase «pura vida» los costarricenses? ¿Qué frase o palabra expresa tu identidad? Explica con cinco oraciones completas lo que significa esa frase o palabra y por qué es importante para ti.

_____

_____

_____

_____

_____

_____

_____

# Vocabulario A  *Estar de vacaciones*

**¡AVANZA!**   **Goal:**   Talk about what you and others do when you are on vacation.

**1** Lee las descripciones de las vacaciones. Escribe la letra de la oración de la segunda columna que corresponde la oración de la primera columna.

1. _____ Piensas ser artista algún día.

2. _____ Visitas San José con tu familia.

3. _____ Quieres comprar unos aretes pero son demasiado caros.

4. _____ No tienes tarjeta de crédito.

5. _____ No puedes encontrar la llave de tu habitación.

a. Necesitas hablar con la recepción.

b. Vas a pedir una habitación doble.

c. Pagas con dinero en efectivo.

d. Debes visitar un museo.

e. Tienes que regatear por un buen precio.

**2** Escoge la palabra o expresión correcta de la lista para describir las actividades que hacen los Gómez cuando están de vacaciones.

| tomar fotos | dar una caminata | ir a pescar | acampar | mandar tarjetas postales |

1. El padre acaba de comprar una canoa y quiere _____ en el lago.

2. Carmela tiene una cámara nueva y piensa _____ de la familia.

3. A José y a Carlos les gusta dormir al aire libre y van a _____ .

4. Miguel quiere escribirles a sus amigos y va a _____ .

5. A la madre le gusta hacer ejercicio y espera _____ todos los días.

**3** Mira los siguientes dibujos de la familia González. Describe la actividad de cada persona con una oración completa.

  **1.**          **2.**          **3.**          **4.**

1. Teresa: _____

2. Papá: _____

3. Abuelo: _____

4. Mamá: _____

# Vocabulario B  *Estar de vacaciones*

> **¡AVANZA!**  **Goal:**  Talk about what you and others do when you are on vacation.

**1** Indica con una X qué actividades haces al aire libre y qué actividades haces adentro normalmente.

| Actividad | Al aire libre | Adentro |
|---|---|---|
| **Modelo:** pescar | X | |
| **1.** hablar con la recepción | | |
| **2.** montar a caballo | | |
| **3.** dar un paseo | | |
| **4.** subir a la habitación | | |
| **5.** acampar | | |
| **6.** usar el ascensor | | |

**2** Lee las siguientes descripciones de actividades diferentes. Identifica qué actividad corresponde a la descripción. Usa el vocabulario de la lección y sigue el modelo.

**Modelo:**  Si quiero escribirles a mis amigos de mis vacaciones, me gusta
*mandar tarjetas postales* .

**1.** Si un recuerdo es caro, me gusta _____ .

**2.** Si quiero salir del pueblo para ver otras atracciones, me gusta _____ .

**3.** Si quiero comprar un recuerdo del viaje, me gusta _____ .

**4.** Si quiero ver las obras de los grandes artistas, me gusta _____ .

**3** Contesta las siguientes preguntas sobre las vacaciones. Escribe oraciones completas y usa el vocabulario de la lección.

**1.** Cuando te quedas en un hotel, ¿qué tipo de habitación prefieres?

_____

**2.** ¿Qué tipo de actividad te gusta hacer más en las vacaciones?

_____

**3.** ¿Qué cosas prefieres pagar con efectivo y qué prefieres comprar con tarjeta de crédito?

_____

**4.** Cuando quieres comprar un recuerdo para tu profesor(a), ¿qué buscas?

_____

**5.** ¿Qué puedes comprar en un mercado al aire libre?

_____

# Vocabulario C *Estar de vacaciones*

> **¡AVANZA!**  **Goal:** Talk about what you and others do when you are on vacation.

**1** Mateo está de vacaciones y quiere comprar recuerdos para su madre. Mira los dibujos y describe con cinco oraciones completas lo que hace.

**Modelo:**  *Toma un taxi en frente del hotel.*

1.     2.     3.     4.     5.

1. _____
2. _____
3. _____
4. _____
5. _____

**2** Contesta las siguientes preguntas sobre tus vacaciones con cinco oraciones completas. Usa el vocabulario de la lección en cada respuesta.

1. ¿Qué tipo de alojamiento te gusta más? _____
2. ¿Qué tipo de habitación quieres? _____
3. Cuando estás al aire libre, ¿qué actividad haces? _____
4. ¿Prefieres usar el ascensor o las escaleras? ¿Por qué? _____
5. ¿Te gusta regatear cuando vas de compras? ¿Por qué? _____

**3** Imagina que puedes planear un día de vacaciones perfecto. Con cuatro oraciones completas, describe en orden cronológico lo que vas a hacer. Usa el vocabulario de la lección en cada oración.

1. _____
2. _____
3. _____
4. _____

UNIDAD 1 Lección 2

Vocabulario C

Unidad 1, Lección 2
Vocabulario C

**26**

**¡Avancemos! 2**
Cuaderno para hispanohablantes

# Vocabulario adicional *El dinero de los países hispanohablantes*

| ¡AVANZA! | **Goal:** Talk about currency units of Spanish-speaking countries. |

Cada país hispanohablante tiene un nombre para su moneda nacional.

| | |
|---|---|
| Argentina: | peso |
| Bolivia: | boliviano |
| Costa Rica: | colón |
| Ecuador: | suere |
| España: | peseta |
| Guatemala: | quetzal |
| Honduras: | lempira |
| Paraguay: | guaraní |
| Perú: | sol |
| Venezuela: | bolívar |

**1** Carlos vive en los Estados Unidos y decide viajar a varios países hispanohablantes durante sus vacaciones. Indica con el número qué moneda corresponde a cada país.

**Modelo:** Sol ⟶ Perú

**1.** Colón          **a.** Paraguay _____

**2.** Peso          **b.** Guatemala _____

**3.** Guaraní          **c.** Argentina _____

**4.** Bolívar          **d.** Costa Rica _____

**5.** Quetzal          **e.** Venezuela _____

**2** Escribe en el espacio en qué país compró cada artículo según la moneda que usó Claudia.

**1.** Una entrada al espectáculo de tango: 30 pesos _____ .

**2.** Una entrada para el partido de fútbol en el estadio de Boca Juniors: 51 guaraníes
_____ .

**3.** Una entrada a un concierto de rock: 45 quetzales _____ .

**4.** Dos noches en un hotel: 300 sucres _____ .

**5.** Un refresco en un café: 2 colones _____ .

**6.** Un collar en el mercado al aire libre: 60 bolívares _____

# Gramática A  *Preterite of regular -ar verbs*

┌─────────────────────────────────────────────────────────────────────────────┐
│ **¡AVANZA!**   **Goal:**   Use the preterite tense of regular **-ar** verbs to speak about past events. │
└─────────────────────────────────────────────────────────────────────────────┘

**1** Empareja con una línea las personas de la columna de la izquierda, con lo que hicieron durante las vacaciones, de la columna de la derecha.

1. Roberto _____
2. Marisela y yo _____
3. Tú _____
4. Yo _____
5. Ustedes _____

a. acamparon
b. paseaste
c. montó a caballo
d. tomamos fotos
e. canté

**2** Lee el siguiente párrafo sobre el cumpleaños de Ernesto. Completa la siguiente historia con la forma correcta de los verbos correspondientes.

┌─────────────────────────────────────────────────────────────────────────────┐
│ **pescar**    **tomar**    **regalar**    **montar**    **preparar**    **nada**    **jugar** │
└─────────────────────────────────────────────────────────────────────────────┘

Mis amigos y yo **1.** _____ el cumpleaños de Ernesto. Gabriel **2.** _____

fotos de cada persona presente. Tomás **3.** _____ a caballo, Elisa **4.** _____

en la piscina, Gerardo y Matías **5.** _____ al fútbol, y Victoria y yo **6.** _____

en el lago. Entre todos **7.** _____ un álbum de fotografías que le **8.** _____

a Ernesto. ¡Qué contento estaba!

**3** Escribe oraciones completas sobre lo que Alberto y sus amigos hicieron durante sus vacaciones.

**Modelo:**   Tú / escuchar música durante todo el viaje.
   *Tú escuchaste música durante todo el viaje.*

1. Alberto / llamar al hotel para pedir una habitación doble.

   _____

2. Enrique y Cristina / comprar una máquina de fotos para sus vacaciones.

   _____

3. Nosotros / acampar cerca del lago.

   _____

4. Juan / pagar el hotel con tarjeta de crédito.

   _____

5. Gustavo / estudiar el mapa del museo.

   _____

6. Susana, Marta y yo / mandar tarjetas postales a los amigos.

   _____

UNIDAD 1 Lección 2

Gramática A

# Gramática B  *Preterite of regular -ar verbs*

> **¡AVANZA!**   **Goal:**   Use the preterite tense of regular **-ar** verbs to speak about past events.

**①** Mira la foto de la familia Álvarez durante sus vacaciones en la playa. Elige la descripción que corresponde a cada número. Sigue el modelo.

**Modelo:**    Sofía _nadó_ .

**1. Alejandro y Lucía**   **2. Abuelito**   **3. Mamá Elba y Tía Beatriz**   **4. Abuelita**   **5. Papá Antonio**

**1.** Alejandro y Lucía _____   **a.** hablaron

**2.** Abuelito _____   **b.** descansó

**3.** Mamá Elba y tía Beatriz _____   **c.** caminó

**4.** Abuelita _____   **d.** pescaron

**5.** Papá Antonio _____   **e.** escuchó la radio

**②** Mi familia pasó un hermoso fin de semana. ¡Cuántas cosas hicimos! Completa las siguientes oraciones con el pretérito del verbo que está entre paréntesis.

**Modelo:**   ¿Qué _compró_ (comprar) Sofía cn la tienda de artesanías?

**1.** Papá y mamá _____ (mirar) mi película favorita.

**2.** Elena y yo _____ (caminar) en la playa durante dos horas.

**3.** El sábado, Víctor y yo _____ (nadar) en la piscina del club.

**4.** Yo _____ (montar) a caballo con mi hermanito.

**5.** Y tú, ¿ _____ fotos de los abuelitos?

**6.** El tío Joaquín _____ (visitar) el museo de Bellas Artes.

# Gramática C  *Preterite of regular -ar verbs*

> **¡AVANZA!**    **Goal:**  Use the preterite tense of regular **-ar** verbs to speak about past events.

**1** Mira los dibujos y escribe oraciones completas sobre lo que hizo la familia de Ricardo durante su tiempo libre.

**Modelo:**   Jaime  *compró*  recuerdos en la tienda.

**1.**      **2.**      **3.**      **4.**      **5.**

**1.** Yo _____

**2.** Papá y Ana _____

**3.** Amanda _____

**4.** Nosotros _____

**5.** Tú _____

**2** Escribe las preguntas que corresponden a las respuestas sobre las vacaciones.

**Modelo:**    Alberto y Rita,  *¿caminaron Uds. durante las vacaciones?*
    Sí, nosotros caminamos por la playa.

**1.** Señora Ruíz, _____
    Sí, yo compré muchos regalos.

**2.** José Antonio, _____
    No, no escuché música.

**3.** Julita y Anita, _____
    No, nosotras no manejamos el carro. Papá lo manejó.

**4.** Doctora Prado, _____
    Sí, visité el museo.

**5.** Cristina, _____
    No, no monté a caballo.

# Gramática A
Preterite of irregular verbs: **hacer**, **ser**, **ir** , **dar** and **ver**

> **¡AVANZA!** **Goal:** Use the preterite tense of irregular verbs **hacer**, **ser**, **ir**, **dar** and **ver** to talk about past events.

**1** Lee cada oración y encierra con un círculo si el verbo es **ir** o **ser**.

1. Fueron al centro.                      ser        ir
2. Fue un día fantástico.                 ser        ir
3. ¿Cómo fue la fiesta?                   ser        ir
4. ¿Cómo fueron al centro?                ser        ir
5. ¿Dónde fue el concierto?               ser        ir
6. ¿A qué hora fuiste a la escuela?       ser        ir

**2** Escribe la forma correcta del verbo en cada una de las preguntas sobre las vacaciones de Natalia.

1. ¿Qué _____ tú por las noches?
2. ¿ _____ ustedes un taxi para ir al centro comercial?
3. ¿ _____ ustedes las tortugas en la playa?
4. ¿ _____ tú a nadar todas las mañanas?
5. ¿Le _____ tu amiga la tarjeta a Carlitos?

**3** Escribe oraciones completas con la información que se ofrece para contarle a tu mejor amiga todas tus actividades.

**Modelo:**  Yo / ir a la casa de mi abuelita.
   *Yo fui a la casa de mi abuelita.*

1. ¿Adónde ir / Uds. el fin de semana?

   _____

2. Clara y Luz / ver el collar para mamá en la tienda

   _____

3. Tú / hacer unos aretes rojos para tu hermana.

   _____

4. ¿Tú y tus amigos / ir de vacaciones?

   _____

5. Adrián / ver un recuerdo bonito en la tienda.

   _____

# Gramática B   *Preterite of irregular verbs: **hacer**, **ser**, **ir**, **dar** and **ver***

**Level 2 Textbook** pp. 70–72

> **¡AVANZA!**   **Goal:** Use the preterite tense of irregular verbs ***hacer***, ***ser***, ***ir***, ***dar*** and ***ver*** to talk about past events.

**1** Anita le escribe una carta a su abuelito y le cuenta de sus vacaciones con sus amigos. Completa la carta con los verbos en paréntesis usando el pretérito.

---

Querido abuelito:

¡Qué lindas vacaciones pasé! _____ (ir) con mis amigos a las montañas. Nosotros _____ (ver) muchos animales extraños. Mi amiga Carla _____ (hacer) la comida todos los días. Todos nosotros _____ (dar) una caminata en el parque y yo les _____ (dar) alimentos a los pájaros del lugar. Juan y Roberto _____ (ver) un tucán en un árbol muy alto. Y tú, ¿ _____ (ver) un tucán alguna vez? Hablamos pronto y te mando un abrazo.

Tu nieta,

Anita

---

**2** Escribe lo que hicieron las personas de los dibujos. Usa la forma correcta de **hacer**, **ser**, **ir**, **dar** o **ver** en el pretérito para completar cada oración.

**Modelo:**

**Manuel y Ezequiel**

*Manuel y Ezequiel hicieron galletas.*

**1. Flor**      **2. Rosa**      **3. Lucía**      **4. Gerardo y Victoria**      **5. Ramiro**

1. _____ al museo.

2. _____ las tarjetas postales.

3. _____ el mar.

4. _____ al parque.

5. _____ al médico.

# Gramática C  *Preterite of irregular verbs:* **hacer**, **ser**, **ir**, **dar** *and* **ver**

> **¡AVANZA!**  **Goal:** Use the preterite tense of irregular verbs **hacer**, **ser**, **ir**, **dar** and **ver** to talk about past events.

**1** Tú y tus amigos Claudio y María se fueron de vacaciones y escriben una lista de las cosas que ya hicieron. Escribe lo que hicieron según el modelo.

   **Modelo:**    Nosotros: comprar los boletos.

   *Nosotros compramos los boletos.*

   **1.** Claudio: ir a la agencia de viajes _____

   **2.** Yo: hacer las maletas _____

   **3.** Nosotros: ver el mapa con las direcciones _____

   **4.** María: ver a su familia antes del viaje _____

   **5.** Yo: darles el itinerario a mis padres _____

**2** Al salir del hotel, el recepcionista les hace unas preguntas a ti y a tu familia para saber qué opinan del lugar. Escribe las preguntas que te hace, usando la forma correcta de **hacer**, **ser**, **ir**, **dar** o **ver** en el pretérito.

   **1.** ¿ _____ alguna excursión por la ciudad?

   **2.** ¿ _____ mucho calor durante su estadía?

   **3.** ¿ _____ al Parque Nacional?

   **4.** ¿ _____ una caminata por el «Parque de los Recuerdos»?

   **5.** ¿ _____ ustedes los que se perdieron en el cerro?

**3** Contesta las siguientes preguntas con oraciones completas.

   **1.** ¿Adónde fuiste en tus últimas vacaciones?

   _____

   **2.** ¿Qué vieron tú y tu familia en ese lugar?

   _____

   **3.** ¿Cuál fue la cosa más interesante que hizo tu familia en ese lugar?

   _____

   **4.** ¿Cómo fue el viaje en general?

   _____

   **5.** Les diste regalos a tus amigos cuando regresaste?

   _____

# Gramática adicional ¿Qué? vs ¿Cuál?

> **¡AVANZA!** **Goal:** Distinguish between interrogative words *¿qué?* and *¿cuál?*

Como en inglés, en español hay una diferencia entre **¿Qué?** *(What...?)* y **¿Cuál?** *(Which...?)*. Generalmente **qué** precede un sustantivo y se usa para referirse a las cosas en general. Se usa **cuál** para distinguir un objeto de un grupo de objetos específicos.

**Ejemplos:** ¿**Qué** refresco te gusta más? (en general)

¿**Cuál** de estos refrescos te gusta más? (de una selección de refrescos)

**Qué** no varía según el número:

**Ejemplo:** ¿**Qué** deporte te gusta?

¿**Qué** deportes te gustan?

**Cuál** puede variar según el número:

**Ejemplo:** ¿**Cuál** es tu deporte favorito? (singular)

¿**Cuáles** son tus deportes favoritos? (plural)

**1** Completa las preguntas que te hace tu amigo Arturo con **qué** o **cuál** según el contexto.

1. ¿ _____ color es tu auto?

2. ¿ _____ es tu color preferido?

3. ¿ _____ día es tu cumpleaños?

4. ¿ _____ es el día de tu graduación?

5. ¿ _____ es tu número de teléfono?

6. ¿ _____ clase te gusta más?

**2** Gloria siempre ve doble. Escribe las siguientes preguntas en el singular para corregirla.

**Modelo:** ¿Cuáles de estos chicos son tus hermanos?

*¿Cuál de estos chicos es tu hermano?*

1. ¿Cuáles son las ciudades que más te gustan?

_____

2. ¿Qué actividades te gusta hacer durante las vacaciones?

_____

3. ¿Cuáles son tus playas favoritas?

_____

4. ¿A qué parques fuiste?

_____

5. ¿Cuáles son tus hoteles favoritos?

_____

Nombre _____ Clase _____ Fecha _____

# Integración: Hablar

| ¡AVANZA! | Goal: | Respond to written and oral passages talking about activities while on vacation. |

Lee con atención la información que Anesa encontró en Internet para llevar a sus sobrinos de vacaciones.

Fuente 1 Leer

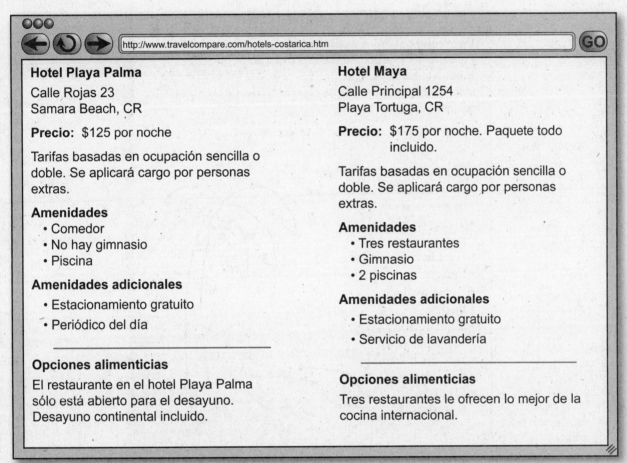

http://www.travelcompare.com/hotels-costarica.htm

**Hotel Playa Palma**
Calle Rojas 23
Samara Beach, CR

**Precio:** $125 por noche

Tarifas basadas en ocupación sencilla o doble. Se aplicará cargo por personas extras.

**Amenidades**
- Comedor
- No hay gimnasio
- Piscina

**Amenidades adicionales**
- Estacionamiento gratuito
- Periódico del día

**Opciones alimenticias**
El restaurante en el hotel Playa Palma sólo está abierto para el desayuno. Desayuno continental incluido.

**Hotel Maya**
Calle Principal 1254
Playa Tortuga, CR

**Precio:** $175 por noche. Paquete todo incluido.

Tarifas basadas en ocupación sencilla o doble. Se aplicará cargo por personas extras.

**Amenidades**
- Tres restaurantes
- Gimnasio
- 2 piscinas

**Amenidades adicionales**
- Estacionamiento gratuito
- Servicio de lavandería

**Opciones alimenticias**
Tres restaurantes le ofrecen lo mejor de la cocina internacional.

Escucha el mensaje que el señor Vargas le dejó a su esposa. Toma apuntes y luego completa la actividad.

Fuente 2 Escuchar

### HL CD 1, tracks 5–6

¿Qué hotel de la tabla le recomendarías a la señora Vargas? ¿Por qué?

# Integración: Escribir

> **¡AVANZA!**  **Goal:** Respond to written and oral passages talking about activities while on vacation.

Lee con cuidado el siguiente folleto de un club de veraneo en Costa Rica.

**Fuente 1 Leer**

### 🐦 HOTEL LOMALINDA 🐦

Bienvenidos al *Hotel Lomalinda Resort* en la costa noroeste del Pacífico, su paraíso en Costa Rica. Mundialmente conocido por sus cómodas instalaciones, el hotel le brinda a usted las blancas arenas de las playas costarricenses.

El *Hotel Lomalinda Resort* le ofrece:

- Playa privada
- 200 cuartos con vista al mar
- Aire acondicionado en todas las habitaciones
- Tienda de recuerdos y farmacia
- Guardería para infantes
- Embajador de entretenimiento
- Paseos a caballo
- Piscina
- Salón de belleza y spa con equipo aeróbico
- Servicio de correo y café Internet
- Excursiones ecoturísticas

Escucha el mensaje que Alberto Reséndiz dejó en el contestador del administrador del Hotel Lomalinda. Toma notas y luego realiza la actividad.

**Fuente 2 Escuchar**

### HL CD 1, tracks 7–8

Imagina que eres el administrador del Hotel Lomalinda Resort. Escríbe una carta al señor Alberto Reséndiz pidiéndole disculpas por la poca atención que él y su esposa recibieron en el hotel.

_____

_____

_____

Nombre _____ Clase _____ Fecha _____

# Lectura A

| ¡AVANZA! | **Goal:** Read about where to go and what to do on vacation. |

**1** Ricardo y su familia llegan a un hotel de Costa Rica para pasar sus vacaciones. En el hotel hablan con la recepcionista. Lee su diálogo y contesta las preguntas de comprensión.

**LA RECEPCIONISTA:** ¡Buenos días! ¡Bienvenidos! ¿Tienen reservaciones en nuestro hotel?

**EL PADRE:** Sí, somos la familia Hernández, de Virginia, Estados Unidos.

**LA RECEPCIONISTA:** Sí, sí, aquí está. Ustedes tienen reservadas dos habitaciones dobles: una para usted y su esposa y otra para los chicos.

**LA MADRE:** Exacto. ¿En qué piso están las habitaciones?

**LA RECEPCIONISTA:** Están en el segundo piso, encima del jardín. Aquí tienen las llaves.

**RICARDO:** Oiga, por favor, ¿dónde puedo comprar tarjetas postales? ¿Qué museos hay por aquí cerca?

**EL HERMANO:** No, por favor, museos no. ¿Podría decirnos dónde podemos ir a pescar? ¿Hay algún lugar para hacer excursiones a caballo?

**EL PADRE:** Tranquilos. Primero vamos a subir a las habitaciones y descansar un poco.

**LA RECEPCIONISTA:** Pueden tomar el ascensor que está al lado de la puerta. Un empleado les trae su equipaje.

**RICARDO:** Gracias, pero me gustaría llevar mi maleta porque tengo todos mis CDs dentro.

**2** **¿Comprendiste?** Escribe oraciones completas.

**1.** ¿Dónde viven Ricardo y su familia?

_____

**2.** ¿Cuántas habitaciones reservó la familia de Ricardo?

_____

**3.** ¿A cuál de los dos chicos le gustan más las actividades al aire libre, a Ricardo o a su hermano?

_____

**3** **¿Qué piensas?** Imagina que vas de vacaciones a otro país. ¿Qué haces al llegar al hotel?

_____
_____
_____

# Lectura B

> **¡AVANZA!**  **Goal:** Read about where to go and what to do on vacation.

**1** Lee las siguientes ofertas de excursiones de una agencia de viajes de Costa Rica.

| Paseo por San José | Excursión a Puerto Viejo de Sarapiquí | Viaje en yate a la isla Tortuga |
|---|---|---|
| Usted va a visitar los lugares más importantes de la capital. Nuestros guías le hacen revivir la historia de San José en lugares como los Tribunales de Justicia, la Casa Amarilla, el Teatro Nacional y los barrios antiguos de San José. El paseo incluye visitas al Museo del Oro, al Museo Nacional y a la Plaza Esmeralda, donde se compran artesanías de cerámica y joyas. | La excursión comienza con un viaje en bote por el río Sarapiquí, en medio de un bosque tropical en el que viven animales, como cocodrilos, monos, tucanes y perezosos. Después, en el bosque tropical se puede disfrutar de la experiencia extraordinaria del *canopy,* que consiste en una caminata por las copas de los árboles, entre plataformas construidas a gran altura. | En este viaje usted va a disfrutar de toda la belleza del golfo de Nicoya, nadar y tomar el sol en una de las playas más hermosas del Pacífico con aguas claras de color turquesa, ideales para practicar submarinismo. En la isla también se puede remar en canoa y caminar por sus bellos senderos. |

**2** **¿Comprendiste?** Tu familia quiere ir de viaje a Costa Rica. Ayuda a tu familia a planificar el viaje y responde a las siguientes preguntas de tus familiares. Escribe oraciones completas.

**1.** Quiero hacer un viaje en barco pero el mar me da miedo. ¿Cuál es la mejor excursión para mí? ¿Por qué?

_____

_____

**2.** ¿Qué museos puedo visitar si voy a San José?

_____

**3.** Me gusta mucho la aventura y la naturaleza. ¿Cuál es la mejor excursión para mí? ¿Por qué?

_____

_____

**3** **¿Qué piensas?** Para ti, ¿cuál de las tres excursiones es la más atractiva? ¿Por qué?

_____

_____

_____

_____

# Lectura C

> **¡AVANZA!**   **Goal:**   Read about where to go and what to do on vacation.

**1** Costa Rica es famosa en todo el mundo por sus bellos paisajes, su naturaleza y sus parques y reservas naturales. Lee este texto informativo sobre la Reserva Biológica de Carara y responde a las preguntas que siguen.

---

### Reserva Biológica de Carara

La oferta turística es cada vez más variada, lugares distintos atraen a distintos tipos de turistas. Mucha gente viaja a Costa Rica para disfrutar de su naturaleza. Uno de los lugares que atrae a más turistas es la Reserva Biológica de Carara situada en la Provincia de Puntarenas, a 66 kms de San José y de fácil acceso por la carretera.

La Reserva fue creada como lugar de investigación de la naturaleza y la vida silvestre y es conocida por su gran biodiversidad. En un área relativamente pequeña podemos observar diferentes ecosistemas: pastizales, bosque, ciénagas que se forman por las inundaciones del río Tárcoles, una laguna y varios tipos de bosques. La temperatura allí varía entre 24º y 27º C y la humedad es muy elevada. En esta reserva existe una zona de transición del bosque tropical seco (al Norte) al bosque tropical húmedo (al Sur).

La vida silvestre es rica y variada. En las ciénagas viven numerosas especies de aves (como las garzas rosadas, los gallitos de agua y distintas especies de patos), anfibios y reptiles (como cocodrilos de hasta 3 metros de largo, lagartos e iguanas). En estas zonas pantanosas crece el lirio acuático o jacinto de agua. En otras zonas de la Reserva también hay muchos otros animales como tucanes, papamoscas, colibríes y macaos. Caracara es uno de los escasos lugares en los que se puede ver la «lapa roja», ave de bello y colorido plumaje prácticamente desaparecida del Pacífico seco. Entre los mamíferos están pumas, jaguares, coyotes, armadillos y varias especies de monos. La Reserva se considera un laboratorio viviente para el estudio de los diferentes ecosistemas tropicales y sus interrelaciones.

---

**2** **¿Comprendiste?** Responde a las siguientes preguntas con oraciones completas.

**1.** ¿Es fácil o difícil llegar hasta la Reserva Biológica de Carara? Explica.

_____

_____

**2.** ¿Con qué finalidad se creó la Reserva?

_____

_____

**3.** ¿Cuál es la planta típica de las zonas pantanosas de Carara?

_____

_____

**4.** ¿Cuáles son los principales atractivos de la Reserva?

_____

_____

_____

**3** **¿Qué piensas?** ¿Te gustaría visitar la Reserva Biológica de Carara? ¿Por qué? ¿Qué es lo que más te atrae de un destino turístico?

_____

_____

_____

_____

# Escritura A

| ¡AVANZA! | **Goal:** Write about tourist attractions. |
|---|---|

**1** Piensa en los lugares y atracciones de tu ciudad o región que visitaste durante tus vacaciones. Escribe lo que viste y lo que hiciste en cada lugar. Completa la tabla:

| Lugares y atracciones | Cosas que yo vi | Cosas que yo hice |
|---|---|---|
| Paisajes | | |
| Museos y cultura | | |
| Diversiones y espectáculos | | |
| Comida | | |
| Artesanía y compras | | |

**2** Escribe un párrafo para explicar cómo pasaste tus vacaciones. Describe los lugares que visitaste y las cosas que hiciste. Usa la información de la tabla para ayudarte.

_____
_____
_____
_____
_____
_____
_____
_____
_____

**3** Evalúa tus respuestas a las Actividades 1 y 2 usando la siguiente información:

| | Crédito máximo | Crédito parcial | Crédito mínimo |
|---|---|---|---|
| Contenido | Escribiste oraciones completas que incluyen toda la información necesaria. | No escribiste oraciones completas, por lo que falta alguna información necesaria. | Escribiste pocas oraciones, completas o incompletas, y falta casi toda la información necesaria. |
| Uso correcto del lenguaje | Tuviste muy pocos errores o ninguno en el uso del lenguaje y la ortografía. | Tuviste muchos errores en el uso del lenguaje y la ortografía. | Tuviste un gran número de errores en el uso del lenguaje y la ortografía. |

# Escritura B

> | ¡AVANZA! | **Goal:** Write about tourist attractions. |

Tienes tres semanas de vacaciones para ir a cualquier lugar del mundo, alojarte en tu hotel preferido y hacer todas las excursiones posibles. ¿Adónde vas? ¿Qué haces?

**1** Completa la siguiente ficha con los datos de tus vacaciones ideales.

| | |
|---|---|
| Fecha: de _____ a _____ | |
| Destino: | Medio de transporte: |
| Hotel preferido: | |
| Visitas y excursiones: | |
| Otras actividades: | |
| Otras cosas que quiero incluir en mi viaje: | |

**2** Usa la información de la Actividad 1 para escribir un correo electrónico a tu amigo sobre los vacaciones. Explica con detalle el viaje que hiciste y los planes que tuviste.

**A:**

**Tema:** Mi viaje ideal

_____

_____

_____

_____

_____

**3** Evalúa tu respuesta a la Actividad 2 usando la siguiente información.

| | Crédito máximo | Crédito parcial | Crédito mínimo |
|---|---|---|---|
| Contenido | Escribiste oraciones completas con la información necesaria. | No escribiste oraciones completas y falta información necesaria. | Escribiste pocas oraciones, completas o incompletas, y falta casi toda la información necesaria. |
| Uso correcto del lenguaje | Tuviste muy pocos errores o ninguno en el uso del lenguaje y la ortografía. | Tuviste muchos errores en el uso del lenguaje y la ortografía. | Tuviste un gran número de errores en el uso del lenguaje y la ortografía. |

UNIDAD 1 Lección 2

Escritura B

# Escritura C

| ¡AVANZA! | **Goal:** Write about tourist attractions. |

La familia de tu amigo(a) va vacaciones al mismo lugar del año pasado. Tu amigo(a) no quiere ir porque piensa que no es un buen lugar para ir de vacaciones pero tú piensas que fue un buen lugar. ¡Tú lo pasaste estupendamente allí!

**1** Escribe una lista de las cosas divertidas que hiciste en el lugar según las categorías a continuación. Usa el pretérito y escribe oraciones completas.

LUGAR: _____

Excursiones _____

Gente _____

Puntos de interés _____

Comidas _____

Actividades culturales _____

Compras _____

Eventos especiales _____

**2** Ahora, con tu lista de Actividad 1, escríbele una nota breve para tu amigo(a) para explicarle por qué crees que es un buen lugar para ir de vacaciones. Usa el pretérito y escribe oraciones completas.

_____

_____

_____

_____

_____

**3** Evalúa tus respuestas a las Actividades 1 y 2 usando la siguiente información:

| | **Crédito máximo** | **Crédito parcial** | **Crédito mínimo** |
|---|---|---|---|
| Contenido | Escribiste oraciones completas que incluyen toda la información necesaria. | No escribiste oraciones completas, por lo que falta alguna información necesaria. | Escribiste pocas oraciones, completas o incompletas, y falta casi toda la información necesaria. |
| Uso correcto del lenguaje | Tuviste muy pocos errores o ninguno en el uso del lenguaje, el pretérito y la ortografía. | Tuviste muchos errores en el uso del lenguaje, el pretérito y la ortografía. | Tuviste un gran número de errores en el uso del lenguaje, el pretérito y la ortografía. |

# Cultura A

> **¡AVANZA!**  **Goal:**  Use and consolidate cultural information about Costa Rica.

**1** ¿Son ciertas o falsas estas oraciones sobre *De vacaciones*: Costa Rica y Chile? Encierra en un círculo la respuesta correcta. Usa la información de tu libro para responder.

| | |
|---|---|
| **1.** En Costa Rica el clima nunca es frío. | C    F |
| **2.** Costa Rica tiene una costa al este y otra costa al oeste. | C    F |
| **3.** En Costa Rica están las montañas de los Andes. | C    F |
| **4.** En Chile el verano es de junio a septiembre. | C    F |
| **5.** Los turistas pueden esquiar en la nieve en Chile. | C    F |

**2** Miguel necesita estudiar sobre Costa Rica para un examen. Ayúdalo subrayando la respuesta correcta.

**1.** En Costa Rica parece que siempre es _____ por su clima cálido y húmedo.

    **a.** verano            **b.** invierno            **c.** carnaval

**2.** Al este de Costa Rica se localiza el _____ .

    **a.** Océano Atlántico     **b.** Océano Pacífico     **c.** Mar Caribe

**3.** Los turistas pueden ver un _____ en el Parque Nacional Volcán Rincón de la Vieja.

    **a.** parque de diversiones     **b.** volcán activo     **c.** arrecife

**4.** Los turistas van a Chile a _____ de junio a septiembre.

    **a.** bucear en el mar     **b.** nadar en las playas     **c.** esquiar en la nieve

**3** Mira las ilustraciones y haz una lista de cinco cosas que la gente puede hacer en las costas de Costa Rica.

    **1.**               **2.**               **3.**               **4.**               **5.**

_____

_____

_____

_____

# Cultura B

| ¡AVANZA! | **Goal:** Use and consolidate cultural information about Costa Rica. |
|---|---|

**1** Completa la siguiente tabla con información sobre Costa Rica y Chile. Marca las cosas que son características de cada lugar.

|  | **Costa Rica** | **Chile** |
|---|---|---|
| Clima cálido y húmedo todo el año |  |  |
| Diferentes lugares turísticos |  |  |
| Meses de invierno de junio a septiembre |  |  |
| Costa con el Océano Pacífico |  |  |
| Se puede esquiar en la nieve |  |  |
| Se puede nadar todo el año |  |  |

**2** El Parque Nacional Volcán Rincón de la Vieja en Costa Rica y el Parque Nacional Torres del Paine en Chile tienen algunas cosas en común y otras que son diferentes. Compáralos y completa el siguiente esquema.

**Parque Nacional Volcán Rincón de la Vieja**   **Similitudes**   **Parque Nacional Torres del Paine**

_____   _____   _____

_____   _____   _____

_____   _____   _____

_____   _____

**3** ¿Por qué crees que los gobiernos deciden proteger áreas de la naturaleza? Escribe un párrafo corto con tu opinión.

_____

_____

_____

_____

_____

# Cultura C

> **¡AVANZA!** **Goal:** Use and consolidate cultural information about Costa Rica.

**1** Mira la pintura «Familia en el Volcán Arenal» de Jeannette Carballo en la página 66 de tu libro. Describe la pintura y explica la manera en que la artista refleja la cultura y geografía de Costa Rica.

_____

_____

_____

_____

_____

_____

**2** Usa la información sobre el Jardín de las Cataratas La Paz y sobre el Parque Nacional Rincón de la Vieja y haz lista con los atractivos que ofrece cada lugar. Escribe oraciones completas y detalladas.

| Jardín de las Cataratas La Paz | | Parque Nacional Rincón de la Vieja |
|---|---|---|
| 1. **Modelo:** | *En el Jardín de las Cataratas La Paz la gente puede admirar la mariposa morfo.* | 1. |
| 2. | | 2. |
| 3. | | 3. |
| 4. | | 4. |
| 5. | | 5. |

**3** Escribe un párrafo atractivo para describir al clima y las actividades que los turistas pueden hacer en Costa Rica. Puedes incluir información de tu libro.

_____

_____

_____

_____

_____

_____

# Comparación cultural: De vacaciones...
## Lectura y escritura

Después de leer los párrafos sobre dónde y cómo Laura, Lucas y Francisco pasaron sus vacaciones, escribe un párrafo sobre una de tus vacaciones. Usa la información del mapa semántico para escribir un párrafo que describe tus vacaciones.

## Paso 1

Completa el mapa semántico con el mayor número de detalles sobre tus vacaciones.

## Paso 2

Ahora usa los detalles del mapa semántico para escribir una oración para cada uno de los temas.

_____

_____

_____

UNIDAD 1 Comparación cultural

# Comparación cultural: De vacaciones...

## Lectura y escritura
*(continuación)*

## Paso 3

Ahora escribe tu párrafo usando las oraciones que escribiste como guía. Incluye una oración de introducción y utiliza verbos como **hacer**, **ver**, **ir** y **visitar** en el pretérito para escribir sobre tus vacaciones.

_____

_____

_____

_____

_____

_____

_____

### Lista de verificación

Asegúrate de que...

☐ incluyes todos los detalles del mapa semántico sobre tus vacaciones en el párrafo;

☐ usas los detalles sobre tus vacaciones para describir lo que hiciste;

☐ utilizas los verbos en el pretérito y las nuevas palabras de vocabulario.

### Tabla

Evalúa tu trabajo con la siguiente tabla.

| Criterio de escritura | Excelente | Bueno | Necesita mejorar |
|---|---|---|---|
| **Contenido** | Tu párrafo incluye todos los detalles sobre tus vacaciones. | Tu párrafo incluye algunos de los detalles sobre tus vacaciones. | Tu párrafo incluye muy poca información sobre tus vacaciones. |
| **Comunicación** | La mayor parte de tu párrafo está organizada y fácil de entender. | Partes de tu párrafo están organizadas y son fáciles de entender. | Tu párrafo está desorganizado y es difícil de entender. |
| **Precisión** | Tu párrafo tiene pocos errores de gramática y de vocabulario. | Tu párrafo tiene algunos errores de gramática y de vocabulario. | Tu párrafo tiene muchos errores de gramática y de vocabulario. |

UNIDAD 1

Comparación cultural

**48** Unidad 1
Comparación cultural

**¡Avancemos! 2**
Cuaderno para hispanohablantes

# Comparación cultural: De vacaciones...
## Compara con tu mundo

Ahora escribe un párrafo comparando tus vacaciones con las de uno de los tres estudiantes de la página 83. Organiza tu comparación por temas. Primero, compara los lugares que has visitado, después las actividades que realizaste y por último tus reacciones.

### Paso 1

Usa la tabla para organizar la comparación por temas. Escribe los detalles de cada uno de los temas sobre tus vacaciones y los detalles de las vacaciones del (de la) estudiante que escogiste.

|  | Mis vacaciones | Las vacaciones de _____ |
|---|---|---|
| Lugar(es) |  |  |
| Actividades |  |  |
| Reacción |  |  |

### Paso 2

Ahora usa los detalles de la tabla para escribir la comparación. Incluye una oración de introducción y escribe sobre cada tema. Utiliza verbos como **hacer, ver, ir** y **visitar** en el pretérito para describir tus vacaciones y las del (de la) estudiante que escogiste .

_____
_____
_____
_____
_____
_____
_____
_____

# Vocabulario A  *La Copa Mundial*

| ¡AVANZA! | **Goal:** Discuss sports and ways to be healthy. |
|---|---|

**1** Escribe la letra de la frase de la derecha que se relaciona con la frase de la izquierda.

1. _____ la red
2. _____ estar empatado
3. _____ el uniforme
4. _____ el premio
5. _____ meter un gol
6. _____ la pista

a. el lugar donde corre un atleta
b. lo que recibe el equipo ganador
c. tener el mismo número de puntos
d. ganar un punto
e. la ropa de los jugadores
f. el lugar donde se mete el gol

**2** Escoge la palabra correcta para completar las oraciones sobre los deportes y la salud.

| ciclismo | deportistas | una dieta balanceada | el campeonato | los Juegos Olímpicos |
|---|---|---|---|---|

1. Los jugadores de fútbol son mis _____ favoritos.
2. Para ser activa, Sol participa en competencias de _____ .
3. A todos los equipos les gustaría ganar _____ en la Copa Mundial.
4. Para ser musculoso(a) necesito comer _____ .
5. Muchos atletas internacionales quieren competir en _____ .

**3** Completa las oraciones para decir lo que necesitas hacer para estar saludable.

**Modelo:** **Es buena idea** *dormir ocho horas cada noche.*

1. **Hay que** _____
2. **Es importante** _____
3. **Es necesario** _____
4. **Es bueno** _____

# Vocabulario B  *La Copa Mundial*

> **¡AVANZA!**  **Goal:**  Discuss sports and ways to be healthy.

**1** Escribes un artículo para el periódico escolar sobre un partido de fútbol. Haz un círculo en la palabra que completa la oración.

**1.** (Los deportistas / El campeonato) están listos para jugar.

**2.** Los dos equipos quieren ganar (los atletas / el campeonato) regional.

**3.** (La pista / El premio) es un trofeo muy grande.

**4.** Todos los españoles gritan: ¡(«Ay, Por favor / Bravo»)!

**5.** En los primeros minutos un jugador español (mete un gol / está empatado).

**6.** Si los mexicanos meten un gol, los equipos están (activos / empatados).

**2** Contesta las preguntas sobre los deportes con oraciones completas.

**1.** ¿De qué color(es) es el uniforme de tu equipo favorito?

_____

**2.** ¿En qué lugar juegan los atletas al fútbol?

_____

**3.** ¿Cómo se llama el deporte de andar en bicicleta?

_____

**4.** ¿Qué tienes que hacer para ser musculoso?

_____

**3** Martín quiere saber cuáles son tus recomendaciones sobre la salud. Escribe tres oraciones completas para decirle qué debe hacer.

**Modelo:**  *Es necesario andar en bicicleta.*

**1.** _____

**2.** _____

**3.** _____

# Vocabulario C *La Copa Mundial*

> **¡AVANZA!** **Goal:** Discuss sports and ways to be healthy.

**1** Escribe oraciones completas para describir la situación en cada dibujo.

**1. Manuel**      **2. Rosa**      **3. Diana**      **4. Gustavo**

1. _____
2. _____
3. _____
4. _____

**2** Contesta las preguntas sobre los deportes con oraciones completas.

1. ¿Compites en algún deporte? _____
2. ¿Juegas solo(a)? _____
3. ¿Qué recibes cuando ganas un campeonato? _____
4. ¿Cuál es la competencia más importante del fútbol? _____
5. ¿Cómo son los pasos de una persona que está cansada? _____
6. ¿Cómo son los pasos de una persona que tiene prisa? _____

**3** Para terminar su día de trabajo, Alfredo entrevistó a un(a) deportista famoso(a). Escribe 5 oraciones en las que describas qué acciones o rutinas saludables realiza el / la deportista famoso(a).

_____
_____
_____
_____
_____

# Vocabulario adicional *El español de los Estados Unidos*

> **¡AVANZA!**    **Goal:** Use the correct word instead of a Spanglish term.

El español de los Estados Unidos tiene muchas influencias del inglés. Las siguientes palabras del *Spanglish* (la mezcla de los dos idiomas) tienen un término en el español oficial.

| Las que olvidamos | | | |
|---|---|---|---|
| taxes | impuestos | cash | efectivo |
| baby | bebé | freezer | congelador |
| babysit | cuidar niños | manager | gerente |

| Las que inventamos | | | |
|---|---|---|---|
| brekas | frenos | marketa | mercado |
| carpeta | alfombra | parkear | estacionar |
| lonche | almuerzo | yarda | patio |
| espelear | deletrear | troca | camioneta |

**1** Ana trabaja los fines de semana cuidando niños. Empareja con una línea las palabras en español que Ana no recuerda.

    **1.** Este fin de semana voy a babysit a los niños Gonzáles.      **a.** gerente

    **2.** Los señores Gonzáles siempre me pagan con cash.      **b.** bebé

    **3.** El baby es muy lindo y no llora mucho.      **c.** cuidar

    **4.** La señora Gonzáles es manager de una tienda de ropa.      **d.** impuestos

    **5.** Como no gano mucho dinero, no pago taxes.      **e.** efectivo

**2** Marcos Rojas no habla inglés. Explícale con una oración que significan las siguientes palabras que el oyó en *Spanglish*.

    **1.** espelear: _____

    **2.** brekas: _____

    **3.** yarda: _____

    **4.** marketa: _____

# Gramática A  *Preterite of -er, -ir verbs*

> **¡AVANZA!**  **Goal:**  Use the preterite to talk about activities in the past.

**❶** ¿Quiénes hicieron cada actividad? Empareja el sujeto con la forma correcta del verbo.

1. _____ Rosa
2. _____ Yo
3. _____ Nosotros
4. _____ Tú
5. _____ Ustedes

a. bebieron mucha agua antes del partido.
b. escribí un correo electrónico.
c. aprendimos a jugar al béisbol.
d. metió un gol.
e. conociste al deportista famoso.

**❷** El equipo de fútbol tuvo una semana horrible. Usa la forma correcta del pretérito del verbo indicado en la primera oración para completar las oraciones.

1. Hoy el equipo no va a **perder** el partido. La semana pasada el equipo _____ el partido 0 a 5.

2. Los jugadores van a **meter** muchos goles. La semana pasada ellos no _____ ningún gol.

3. Tú vas a **comer** comida saludable.  La semana pasada tú _____ muchas hamburguesas antes del partido.

4. Mis amigos y yo vamos a **beber** agua durante el partido. La semana pasada _____ jugo de naranja.

5. Hoy yo voy a **correr** rápidamente.  La semana pasada yo _____ lentamente.

**❸** Escribe oraciones completas para describir cómo fue el cumpleaños de Jaime.

**Modelo:**  Jaime / comer / mucho / su cumpleaños
            *Jaime comió mucho en su cumpleaños.*

1. Jaime / abrir los regalos / lento

   _____

2. Yo / meter un gol / fácil

   _____

3. Después del partido / nosotros / beber / jugo de naranja

   _____

4. Los invitados / comer pastel / alegre

   _____

UNIDAD 2 Lección 1
Gramática A

Unit 2, Lección 1
Gramática A

54

¡Avancemos! 2
Cuaderno para hispanohablantes

# Gramática B  *Preterite of -er, -ir verbs*

**¡AVANZA!**  **Goal:** Use the preterite to talk about activities in the past.

**1** Indica lo que las personas hicieron en la fiesta de Jorge. Subraya la forma correcta del verbo que completa cada oración.

1. En la fiesta, yo (bebí / bebiste) jugo de naranja.

2. ¿(Comiste / Comieron) tú y Miguel pastel y helado?

3. Tú (conociste / conoció) a la hermana de Jorge, ¿no?

4. Jorge (abrí / abrió) los regalos de sus amigos.

5. Juan y yo (salió / salimos) a las once.

**2** Observa los dibujos. Escribe lo que pasó. Usa las expresiones de la caja.

| beber | comer | conocer | escribir | recibir |
|-------|-------|---------|----------|---------|

1. Rafael _____ una invitación de su amiga Graciela.

2. En casa de Graciela, Rafael _____ por primera vez a los padres de Graciela.

3. Todos _____ arroz con pollo y _____ agua mineral.

4. Al día siguiente, Rafael les _____ una carta a los padres de Graciela.

**3** Escribe un resumen del partido de fútbol que tu equipo ganó ayer. Escribe oraciones completas y verbos en pretérito terminados en **-er**, **-ir**.

_____

_____

_____

_____

# Gramática C  *Preterite of -er, -ir verbs*

> **¡AVANZA!**  **Goal:**  Use the preterite to talk about activities in the past.

**1** Explica lo que pasó ayer en la clase de español. Escribe oraciones completas con los verbos indicados.

> **Modelo:**  **los alumnos** / aprender
>
> *Ayer en la clase de español, los alumnos aprendieron a hablar de su familia.*

1. **yo** / escribir _____

2. **el(la) maestro(a)** / escribir _____

3. **nosotros** / entender _____

4. **Alejandra y Miguel** / perder _____

5. **tú** / aprender _____

**2** Mira el dibujo de un día en el parque. Escribe oraciones completas con un verbo de la lista para decir lo que hicieron estas personas.

| beber | comer | correr | subir | vender |
|-------|-------|--------|-------|--------|

1. _____

2. _____

3. _____

4. _____

5. _____

**3** Vas a escribir un artículo para la sección de deportes del diario de tu escuela. Escribe lo que pasó durante la competencia de ciclismo.

_____

_____

_____

_____

# Gramática A  *Demonstrative Adjectives and Pronouns*

> **¡AVANZA!**  **Goal:** Use the demonstrative adjectives and pronouns.

**1** Lee el párrafo sobre el almuerzo. Encierra en un círculo los adjetivos demostrativos. Subraya los pronombres demostrativos.

Usualmente, como no tengo mucho dinero, siempre almuerzo en lugares de comida rápida. Mis amigos y yo no encontramos esta comida muy saludable pero igual compramos ésta. Prefiero comer aquella hamburguesa. A mi amigo Jorge no le gusta ese tipo de comida pero le gusta comer esa ensalada. No me gusta ésa porque no me gustan las verduras. Cuando termina nuestro almuerzo, hay que volver con aquellos alumnos a la escuela. Con aquéllos corrimos a la clase para no llegar tarde. Esa maestra es muy estricta.

**2** La profesora necesita ayuda. Completa el diálogo con el adjetivo o pronombre demostrativo según corresponda. Usa el pronombre en paréntesis como guía.

**Profesora:** Carlos, dame **1.** _____ (ese) cuadernos, por favor.

**Carlos:** ¿ **2.** _____ (este)?

**Profesora:** No, no necesito **3.** _____ (aquel) cuadernos, necesito **4.** _____ (ese) rojos.

**Profesora:** Lupe, siéntate en **5.** _____ (aquel) silla.

**Lupe:** ¿ **6.** _____ (este)?

**Profesora:** Sí. Y tú Marcos, siéntate en **7.** _____ (ese) silla.

**Profesora:** Jorge, dame **8.** _____ (aquel) mochilas, por favor.

**Jorge:** ¿ **9.** _____ (este)?

**Profesora:** Sí, dame **10.** _____ (ese).

**3** Contesta las preguntas con oraciones completas de forma afirmativa o negativa. Usa un pronombre demostrativo en cada respuesta.

**Modelo:** ¿Estos son tus lápices? (no)   *No, éstos no son míos.*

**1.** ¿Estos pantalones son bonitos? (no) _____

**2.** ¿Te gustan estos coches? (sí) _____

**3.** ¿Te pondrías aquellos zapatos? (no) _____

**4.** ¿Necesitas esa mochila? (no) _____

**5.** ¿Quieres comprar este libro? (sí) _____

# Gramática B  *Demonstrative Adjectives and Pronouns*

*Level 2 Textbook* **pp. 100–102**

---

**¡AVANZA!**   **Goal:**   Use the demonstrative adjectives and pronouns.

---

**1** Patricio trabaja en una tienda de muebles. Rellena los espacios en blanco con la forma correcta del pronombre o adjetivo demostrativo para completar lo que dice a sus clientes.

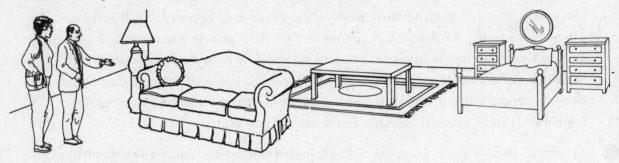

**Cliente:** —Me gusta **1.** _____ sofá.

**Patricio:** —Ah, **2.** _____ es muy cómodo y el juego con **3.** _____ lámpara es muy popular. Hacen de cualquier rincón un área de lectura.

**Cliente:** —Me gustaría combinarlo con **4.** _____ mesita.

**Patricio:** —¿ **5.** _____? ¿la de caoba?

**Cliente:** —Sí, **6.** _____ .

**Patricio:** — **7.** _____ mesita va muy bien con **8.** _____ alfombra persa. Con **9.** _____ cama, **10.** _____ cómodas y **11.** _____ espejo completa usted todo su apartamento.

**Cliente:** —¿Qué muebles? ¿ **12.** _____ al fondo de la tienda?

**Patricio:** —Sí, **13.** _____ .

**2** Para juntar fondos para tu escuela, estás vendiendo muchas cosas en una venta de garaje. Escribe un diálogo con un cliente. Usa los adjetivos y pronombres demostrativos para mostrar y comparar tus cosas al cliente.

_____

_____

_____

_____

_____

UNIDAD 2 Lección 1
Gramática B

**58**   Unit 2, Lección 1
Gramática B

**¡Avancemos! 2**
Cuaderno para hispanohablantes

# Gramática C  *Demonstrative Adjectives and Pronouns*

**Level 2 Textbook** pp. 100–102

> **¡AVANZA!**   **Goal:**   Use the demonstrative adjectives and pronouns.

**①** Contesta las preguntas según el modelo. En tu respuesta, usa un pronombre demostrativo.

**Modelo:**   ¿Te gustan esos jeans?   *No, no me gustan **ésos** porque son viejos.*

**1.** ¿Te gusta esta camiseta? _____

**2.** ¿Te gustan estos calcetines? _____

**3.** ¿Te pondrías aquellos zapatos? _____

**4.** ¿Usarías esos pantalones cortos? _____

**②** Carla y su padre están en el garaje. Van a vender unas cosas que no necesitan más. Observa el dibujo y completa el diálogo con formas apropriadas de **este, ese** y **aquel**.

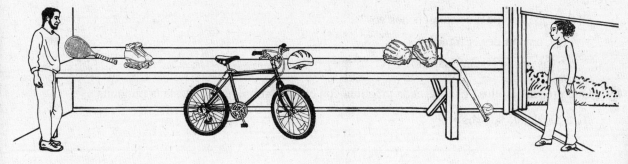

**Papa:** Carla, ¿quieres vender **1.** _____ bate, **2.** _____ guantes, y **3.** _____ pelota?

**Carla:** ¿ **4.** _____ bate, **5.** _____ guantes y **6.** _____ pelota? Sí, quiero venderlos. Papá, ¿y **7.** _____ bicicleta y **8.** _____ casco?

**Papa:** Sí, **9.** _____ bicicleta y **10.** _____ casco, también quiero venderlos. ¿Quieres vender **11.** _____ raqueta y **12.** _____ patines en línea?

**Carla:** ¿ **13.** _____ raqueta y **14.** _____ patines en línea? ¡No! Los uso de vez en cuando.

**③** Carlos Téllez organiza una mini-olimpiada en su escuela. Usa los adjetivos y pronombres demostrativos para escribir cuatro instrucciones que les da a los equipos participantes.

**Modelo:**   *Los equipos de natación van a **aquel** gimnasio, los de béisbol a **éste**.*

**1.** _____

**2.** _____

**3.** _____

**4.** _____

UNIDAD 2 Lección 1   Gramática C

# Gramática adicional

| ¡AVANZA! | **Goal:** El voseo |
|---|---|

En algunos países hispanohablantes, se usa el pronombre **vos** en lugar del pronombre **tú**. Hay otras formas de conjugar los verbos que corresponden al pronombre **vos**. Compara las formas verbales de **vos** con las formas verbales de **tú**:

| Vos | Tú |
|---|---|
| vos hablás | tú hablas |
| vos conocés | tú conoces |
| vos vivés / vos vivís | tú vives |
| vos sos | tú eres |

Ejemplos:

¿Qué tipo de música escuchás vos?

¿Comprendés el francés?

Vos sos de Nicaragua, ¿no?

**1** ¿Qué preguntan ellos? Escribe cada pregunta con el pronombre tú y contesta la pregunta.

**1.** ¿De dónde sos vos?

_____

**2.** ¿Tenés teléfono móvil?

_____

**3.** ¿Hablás por teléfono frecuentemente?

_____

**4.** ¿Jugás vos al fútbol?

_____

**5.** ¿Qué querés hacer este fin de semana?

_____

**6.** ¿Vivís vos en una casa o en un apartamento?

_____

**2** Escríbele cinco preguntas a un amigo en Argentina sobre sus experiencias en su escuela. Usa el pronombre **vos** y la forma del verbo que corresponde.

_____

_____

_____

_____

# Integración: Hablar

| ¡AVANZA! | **Goal:** Respond to written and oral passages talking about sporting events. |
|---|---|

Lee el siguiente programa del torneo intramuros de una secundaria en México.

Fuente 1 Leer

### ✂ School Sports Program ✂

|  | Cancha de fútbol | Campo principal (Básquetbol) | Gimnasio |
|---|---|---|---|
| **8:00** | Bienvenida | | |
| **9:00** | Liebres VS Cebras | Azules VS Marcadores | Judo / Tae Kwon Do |
| **10:00** | Tigres VS Cobras | Copetes VS Potros | Lucha grecorromana |
| **11:00** | 9:00 (P) VS 10 (P) | 9:00 (P) VS 10 (P) | Final de voleibol |
| **12:00** | 9:00 (G) VS 10 (G) | 9:00 (G) VS 10 (G) | Gimnasia |

**Nota:** La ceremonia de clausura y premiación será a las 2:00 en el campo principal. Agradecemos a la pizzería Ardovano por sus donaciones y a Deportes Gus por su apoyo con, los jueces y las camisetas.

Escucha el anuncio que don Pedro Pérez, el director de la escuela, transmitió el día anterior al torneo. Toma apuntes y completa la actividad.

Fuente 2 Escuchar

### HL CD 1, tracks 9–10

Explica la información más importante del programa a un(a) compañero(a) que no asistió a la escuela el viernes.

**¡Avancemos! 2**
Cuaderno para hispanohablantes

UNIDAD 2 Lección 1

Integración: Hablar

Unidad 2, Lección 1
Integración: Hablar **61**

# Integración: Escribir

Lee con atención el siguiente artículo sobre la participación argentina en la Copa Mundial del año 2006.

Fuente 1 Leer

## Los hinchas argentinos apoyan a su equipo

Todo está listo para el Mundial de Fútbol 2006. El equipo de Argentina está preparado para competir en la primera ronda contra Holanda, Serbia y Montenegro, y Costa de Marfil. El técnico José Pekerman cree que no será difícil para los argentinos pasar a la segunda ronda.

El primer encuentro de Argentina será contra Costa de Marfil en Hamburgo. Las sedes de los dos otros partidos de la primera ronda serán en Gelsenkirchen y en Francfort. «Tenemos mucha fe», dijo un hincha a la salida del último partido de preparación, «Y estaremos con nuestro equipo en Alemania».

FÚTBOL DE LA TAZA DEL MUNDO HOY                                                45

Escucha el mensaje que Maritza Ayala, dejó en el contestador de Carlos Pausini. Toma notas y realiza la actividad.

Fuente 2 Escuchar

### HL CD 1, tracks 11–12

Imagina que eres amigo de Maritza Ayala. Escríbele un correo electrónico con la información que necesita.

_____

_____

# Lectura A

> **¡AVANZA!**  **Goal:** Read about sports and sport competitions.

**1** Lee la composición de Rodolfo, un estudiante de la escuela secundaria.

### Un chico deportivo

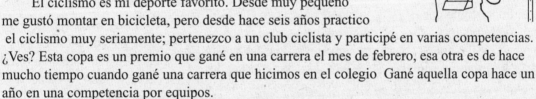

Hola, me llamo Rodolfo y vivo en Córdoba, Argentina. Soy un chico muy activo y deportista pero no me gusta para nada el fútbol. Te sorprende, ¿verdad? Aunque casi todos mis amigos juegan al fútbol, yo prefiero otros deportes.

El ciclismo es mi deporte favorito. Desde muy pequeño me gustó montar en bicicleta, pero desde hace seis años practico el ciclismo muy seriamente; pertenezco a un club ciclista y participé en varias competencias. ¿Ves? Esta copa es un premio que gané en una carrera el mes de febrero, esa otra es de hace mucho tiempo cuando gané una carrera que hicimos en el colegio  Gané aquella copa hace un año en una competencia por equipos.

También me gusta la natación. Voy a la piscina con mi hermano dos días por semana, pero no participo en competencias de natación. Mi hermano nada muy bien, pero tampoco compite, dice que a él le gusta hacer deporte más tranquilamente, sólo para divertirse.

**2** **¿Comprendiste?** Responde a las siguientes preguntas con oraciones completas:

**1.** ¿Qué deportes practica Rodolfo y cuál le gusta más?

_____

_____

**2.** ¿Por qué no participa el hermano de Rodolfo en competencias de natación?

_____

_____

**3.** Según Rodolfo, ¿cuál es la copa que ganó en febrero? Explica cómo lo sabes.

_____

_____

**3** **¿Qué piensas?** ¿En qué se parecen o en qué se diferencian Rodolfo y su hermano contigo? Da detalles sobre tu deporte favorito y tus gustos por los deportes.

_____

_____

_____

_____

UNIDAD 2 Lección 1   Lectura A

# Lectura B

| ¡AVANZA! | **Goal:** Read about sports and sport competitions. |

**1** Lee el siguiente artículo sobre el fútbol en Argentina. Contesta las preguntas de comprensión y da tu opinión sobre la influencia de los jugadores de fútbol en los jóvenes.

## La pasión por el fútbol en Argentina

El fútbol es el deporte más popular en Argentina. Todas las ciudades, pueblos y barrios tienen por lo menos un equipo local. Los niños y jóvenes juegan al fútbol en parques y plazas y coleccionan tarjetas de sus jugadores favoritos. La gente va a los estadios a animar a sus equipos favoritos. Cuando hay un partido que enfrenta a dos equipos importantes o a un equipo nacional con uno extranjero, el país se paraliza. Las familias y los amigos se reúnen para ver el partido todos juntos.

Para jugar un partido de fútbol sólo se necesita un balón o pelota, dos arcos (que simplemente se pueden marcar en el piso) y dos equipos de 11 jugadores. El juego consiste en meter el balón en el arco del equipo contrario usando sólo los pies. Los porteros son los únicos jugadores que pueden tocar el balón con las manos.

La Selección nacional de fútbol de un país es un equipo que se forma con los mejores jugadores, sin tener en cuenta su equipo regular. La Selección representa al país en competencias internacionales.

La selección argentina usa camiseta de rayas verticales de color azul claro y blanco, pantalón negro y medias blancas.

La competencia de fútbol más importante es la Copa Mundial que organiza la Federación Internacional de Fútbol (FIFA). La Selección de Argentina ganó la Copa del Mundo dos veces: en 1978 y en 1986. En el 2004 ganó la medalla de oro en los Juegos Olímpicos.

**2** **¿Comprendiste?** Responde a las siguientes preguntas con oraciones completas.

**1.** ¿Cuántas personas forman un equipo de fútbol?

_____

**2.** ¿Qué es necesario tener para jugar al fútbol?

_____

**3.** ¿Qué es una Selección nacional de fútbol y cuál es su función?

_____

_____

**3** **¿Qué piensas?** ¿Crees que el fútbol es el deporte más popular en tu país? ¿Cuáles son los deportes más populares en tu país? ¿Cuál te gusta más? ¿Qué equipo prefieres? ¿Por qué? ¿Qué jugador te gusta más? ¿Por qué?

_____

_____

# Lectura C

**1** Lee la historia de los Juegos Olímpicos. Luego, contesta las preguntas de comprensión y da tu opinión sobre los Juegos Olímpicos actuales.

### Los Juegos Olímpicos de la antigüedad

Los primeros Juegos Olímpicos de los que tenemos noticia se celebraron en el año 776 antes de Cristo (a.C.) en la ciudad griega de Olimpia, de ahí su nombre. Las primeras ediciones de los Juegos fueron básicamente grandes festivales de un día para honrar al dios Zeus. En estos festivales había religión, atletismo y música. La última competencia de los antiguos Juegos Olímpicos era una carrera, que era la más importante. Sabemos que uno de los primeros ganadores de esta prueba fue Corebus de Elis. Los ganadores de las competiciones recibieron como único premio una corona de olivo, que más tarde se sustituyó por una corona de laurel.

Con el paso de los años, los Juegos ganaron popularidad, aumentaron las competencias para incluir el boxeo, la lucha y el pentatlón (salto de longitud, lanzamiento de disco, lanzamientos de jabalina, carrera a pie y lucha) y las celebraciones se prolongaron durante varios días. El primer día de los Juegos había un desfile de todos los participantes.

Desde su nacimiento, hasta su abolición en el año 393 después de Cristo (d.C.) por parte del emperador romano Teodosio, los Juegos Olímpicos se celebraron cada cuatro años, en verano, atrayendo gente de todas partes. Fue tan grande la importancia que alcanzaron, que hasta las guerras se detenían durante su celebración.

Algunos de los deportes de los Juegos Olímpicos de la antigüedad siguen presentes en los Juegos modernos aunque con variaciones. Por ejemplo, las carreras son pruebas importantes tanto en la antigüedad como hoy en día. Sin embargo las distancias que corren los atletas son diferentes, además en Grecia todas las carreras eran en pista, no había carreras de campo ni carreras de vallas. El número de deportes que se incluyen en los Juegos Olímpicos modernos aumenta cada vez más, así como también aumenta el número de países y deportistas que participan en los Juegos. Hoy en día, los atletas ganadores también son héroes y, además, los premios que reciben cambiaron: en los Juegos Olímpicos modernos, los ganadores reciben medallas de oro, plata y bronce.

**2** **¿Comprendiste?** Escoge la respuesta correcta para cada pregunta. Escribe
oraciones completas.

    **1.** ¿De dónde procede el nombre de Juegos Olímpicos?

    _____

    _____

    **2.** ¿Qué recibieron como premio los ganadores de los Juegos Olímpicos de la Antigüedad?

    _____

    _____

    **3.** ¿Cómo se relaciona el emperador romano Teodosio con los antiguos Juegos Olímpicos?

    _____

    _____

    **4.** Señala algunas semejanzas y algunas diferencias entre los Juegos Olímpicos de la
antigüedad y los Juegos Olímpicos actuales.

    **a. Semejanzas:** _____

    _____

    _____

    **b. Diferencias:** _____

    _____

    _____

**3** **¿Qué piensas?** ¿Crees que los Juegos Olímpicos actuales pueden servir para unir a los
diferentes países? ¿Por qué? Da algunos ejemplos.

_____

_____

_____

_____

UNIDAD 2 Lección 1

Lectura C

**66**

Unidad 2, Lección 1
Lectura C

**¡Avancemos! 2**
Cuaderno para hispanohablantes

# Escritura A

| ¡AVANZA! | **Goal:** Write about sports and staying healthy. |

**1** Jaime pasa gran parte del día jugando juegos de video, comiendo y tomando refrescos. Cuando hace un poco de ejercicio, se cansa en seguida. Para ayudarlo, escribe una lista de ocho cosas que él puede hacer TODOS LOS DÍAS para estar saludable.

Para estar saludable:

**a.** Comidas que Jaime debe evitar todos los días:

_____

**b.** Comidas que Jaime debe comer todos los días:

_____

**c.** Cosas que Jaime no debe hacer todos los días:

_____

**d.** Cosas que Jaime debe hacer todos los días:

_____

**2** Ahora, usa las ideas del ejercicio anterior y escribe la nota para Jaime. Incluye cosas variadas relacionadas con la alimentación y otras relacionadas con el ejercicio físico y otros hábitos saludables. Escribe oraciones completas y usa las expresiones en el cuadro.

| hay que | es necesario | es importante | es bueno |

_____

_____

_____

_____

**3** Evalúa tu nota con la siguiente tabla.

| | **Crédito máximo** | **Crédito parcial** | **Crédito mínimo** |
|---|---|---|---|
| Contenido | Escribiste cosas variadas que realmente pueden hacerse todos los días. | Hay poca variedad en las cosas que escribiste o algunas de ellas no pueden hacerse todos los días. | Hay poca o ninguna variedad en las cosas que escribiste y muchas de ellas no pueden realizarse todos los días. |
| Uso correcto del lenguaje | Hay muy pocos errores o ninguno en el uso del lenguaje y la ortografía. | Hay algunos errores en el uso del lenguaje y la ortografía. | Hay un gran número de errores en el uso del lenguaje y la ortografía. |

UNIDAD 2 Lección 1 Escritura A

# Escritura B

¡AVANZA! **Goal:** Write about sports and staying healthy.

**1** Acabas de regresar de un campamento deportivo de una semana. Escribe en tu diario una descripción de lo que hiciste allí y cómo te sentiste. Para ayudarte a recopilar información para tus notas, completa la siguiente tabla:

|  | Información |
|---|---|
| **1.** Fecha que llegaste al campamento | |
| **2.** Cómo te sentiste el primer día | |
| **3.** Deportes que practicaste | |
| **4.** Competencias en las que participaste | |
| **5.** Tu actividad favorita del campamento | |
| **6.** Actividades del último día | |
| **7.** Cómo te sentiste el último día | |

**2** Ahora escribe tu descripción asegurándote de que: (1) siga un orden cronológico, (2) das una visión personal, incluye información sobre tus gustos y tus estados de ánimo y (3) el uso de los verbos es correcto.

○ _____

○ _____

_____

○ _____

**3** Evalúa tu descripción usando la siguiente tabla.

| | Crédito máximo | Crédito parcial | Crédito mínimo |
|---|---|---|---|
| Contenido | La descripción está organizada cronológicamente. Refleja tus gustos y estados de ánimo. | A la descripción le falta un poco de organización cronológica. No refleja totalmente tus gustos y estados de ánimo. | La descripción no está organizada cronológicamente. No refleja tus gustos y estados de ánimo. |
| Uso correcto del lenguaje | El uso de los verbos es correcto. | Hay algunos errores en el uso de los verbos. | Hay un gran número de errores en el uso de los verbos. |

# Escritura C

| ¡AVANZA! | **Goal:** Write about sports and staying healthy. |
|---|---|

**1** La sección de deporte del diario de tu escuela hace un estudio sobre los deportes. Para este estudio realiza una encuesta sobre las preferencias, conocimientos y hábitos deportivos de los estudiantes. Completa la encuesta y luego escribe sobre tu deporte favorito.

| ¿Qué sabes sobre tu deporte de pelota favorito? | |
|---|---|
| Personas y equipo deportivo que se necesita | |
| Lugares donde se puede jugar | |
| En qué consiste | |
| Países donde este deporte es popular | |
| Jugadores famosos que se destacan en este deporte | |
| Campeonatos o competencias importantes | |
| **Tus gustos y aficiones** | |
| Tu equipo favorito | |
| Tu jugador favorito | |
| ¿Practicas este deporte? | |
| ¿Con qué frecuencia? | |
| ¿Juegas en un equipo? ¿Cuál? | |
| ¿Participas en campeonatos? ¿Cuáles? | |
| ¿Practicas otro deporte? ¿Cuál? | |

**2** Ahora escribe un artículo sobre tu deporte de pelota favorito para el diario de la escuela. Asegúrate de: 1) incluir información relevante y bien organizada, 2) que sea fácil de entender y 3) que el uso del lenguaje y la ortografía son correctos.

_____

_____

**3** Evalúa tu artículo basándote en la tabla siguiente

| | **Crédito máximo** | **Crédito parcial** | **Crédito mínimo** |
|---|---|---|---|
| Contenido | Has incluido información relevante, está bien organizada y es fácil de entender. | La información no es muy relevante o un poco escasa; está medianamente organizada y a veces no es fácil de entender. | La información que incluiste es muy escasa o no es relevante; está desorganizada y es difícil de entender. |
| Uso correcto del lenguaje | Tuviste muy pocos errores o ninguno en el uso del lenguaje y la ortografía. | Tuviste unos cuantos errores en el uso del lenguaje y la ortografía. | Tuviste un gran número de errores en el uso del lenguaje y la ortografía. |

# Cultura A

> ¡AVANZA! **Goal:** Build and practice knowledge of Argentinian culture.

**1** Mide tu conocimiento sobre Argentina. Une ambas columnas según corresponde.

1. _____ Esta es la moneda de Argentina.
2. _____ Es una comida típica argentina.
3. _____ Barrio donde viven muchos artistas.
4. _____ Es un escritor muy famoso.
5. _____ Tiene lagos con glaciares.
6. _____ Es la capital de Argentina.

a. La Boca
b. La Patagonia
c. Buenos Aires
d. el peso argentino
e. el asado
f. Jorge Luís Borges

**2** Matilde está contestando un juego de adivinanzas culturales sobre Argentina. Ayúdala a encontrar la respuesta correcta con información de la caja.

| Antonio Berni | alfajores con dulce de leche | La Patagonia | El tango | Calle Florida |
|---|---|---|---|---|

1. Soy un postre argentino muy famoso. _____
2. La gente viene a mí para hacer sus compras. _____
3. Me gusta reflejar la vida de mi país en mis pinturas. _____
4. Aquí viven pingüinos y cóndores porque el clima es muy frío. _____
5. Soy muy famoso en todo el mundo y mucha gente me baila. _____

**3** ¿Qué aspectos de la cultura argentina se reflejan en la pintura de Antonio Berni de la página 102 en tu libro? Describe tres cosas acerca de esta obra.

**Modelo:** *Los chicos usan uniformes.*

1. _____
2. _____
3. _____

# Cultura B

┌─────────────────────────────────────────────────────────────────┐
│ **¡AVANZA!**   **Goal:**   Build and practice knowledge of Argentinian culture. │
└─────────────────────────────────────────────────────────────────┘

**1** Completa las siguientes oraciones con información sobre Argentina.

Argentina es el país hispanohablante **1.** _____ .

La capital de Argentina es **2.** _____ . El

**3.** _____ es el baile típico. A los argentinos les gusta

comer **4.** _____ .

La **5.** _____ es popular por sus lugares para ir de compras

y el barrio **6.** _____ es popular por sus museos y porque

ahí viven muchos artistas.

**2** Claudia está tratando de convencer a Roberto de visitar Argentina. Completa el siguiente diálogo entre los chicos.

**Roberto:** ¿Dónde se encuentra Argentina?

**Claudia:** Está en el hemisferio sur. Al oeste está _____ y al este el

_____ .

**Roberto:** ¡Eso está muy lejos! Bueno dime, ¿qué se puede hacer en Argentina?

**Claudia:** ¡Muchísimas cosas! En _____ , la capital, podemos ir a

la calle _____ , donde hay muchos museos al aire libre y

también venden artesanías.

**Roberto:** No sé. Yo prefiero algo más emocionante.

**Claudia:** ¡Ah! Entonces podemos ir a _____ donde se pueden practicar

deportes extremos como hacer kayac en lagos de glaciares. También podemos ver

animales interesantes como _____ .

**Roberto:** ¡Eso me gusta! ¿Cuándo sale el vuelo?

**3** Lee la información sobre La Patagonia en tu libro. Imagina que fuiste ahí para tus vacaciones. Escribe un mensaje electrónico a tus padres describiendo las actividades que hiciste y las cosas que viste.

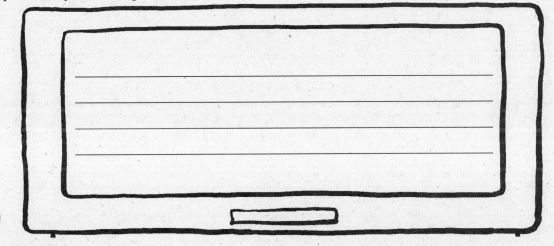

# Cultura C

> **¡AVANZA!**   **Goal:** Build and practice knowledge of Argentinian culture.

**1** Participas en un grupo de debate y tienes que expresar tú opinión acerca de los siguientes temas sobre Argentina. Escribe dos oraciones para cada tema y postura.

|  | Ventajas | Inconvenientes |
|---|---|---|
| **1.** Vivir en la calle Caminito en el Barrio de la Boca | | |
| **2.** Vivir en país más al sur en el hemisferio sur | | |

**2** Mira el cuadro de Antonio Berni de la página 102 en tu libro. Escoge a dos de los chicos en la foto y elabora una conversación que podrían tener entre sí acerca de cómo es la vida en Argentina.

Chico A: _____

Chico B: _____

Chico A: _____

Chico B: _____

Chico A: _____

Chico B: _____

**3** Eres escritor para una revista deportiva y tienes que escribir un artículo corto sobre los deportes que se pueden hacer en La Patogonia. Escribe un párrafo donde menciones algunos de los deportes extremos y una descripción corta de cada uno.

_____

_____

_____

_____

_____

_____

UNIDAD 2 Lección 1

Cultura C

**72**

Unidad 2, Lección 1
Cultura C

**¡Avancemos! 2**
Cuaderno para hispanohablantes

# Vocabulario A  ¿Qué vamos a hacer?

> **¡AVANZA!**　**Goal:** Use words related to daily routines.

**1** Carlos se levanta y comienza su rutina diaria. Indica si cada oración es cierta (**C**) o falsa (**F**) de acuerdo con los dibujos.

**1.** **2.** **3.** **4.** **5.**

1. _____ A las 7:30 a.m. Carlos se baña y se afeita.

2. _____ Después, a las 8:30, revisa su correo electrónico.

3. _____ A las 9 a.m. está en su trabajo.

4. _____ Carlos no sale a almorzar con sus amigos.

5. _____ Todos los días se va a las 5:00 p.m. de la oficina.

**2** Pedro y Marcela hablan de sus rutinas diarias. Completa el diálogo, usando frases de la lista:

| me visto | me ducho | me pongo | me cepillo | me despierto | me afeito |
| me seco | me voy | me levanto | | me maquillo | me pinto |

**Modelo:** Marcela: —Yo   me levanto todos los días a las 8 a.m.

**Pedro:** —Yo **1.** _____ a las 7:30 a.m., pero no me levanto de la cama hasta las 7:45 a.m.

**Marcela:** —Luego, **2.** _____ y si tengo tiempo, **3.** _____ el pelo con la secadora de pelo.

**Pedro:** —Después del desayuno **4.** _____ los dientes y **5.** _____ con la crema de afeitar.

**Marcela:** —Yo siempre **6.** _____ rápido y después **7.** _____ un largo rato frente al espejo. A veces, si tengo tiempo, **8.** _____ las uñas.

**Pedro:** —Si no tengo prisa, **9.** _____ caminando a la escuela. A veces **10.** _____ mi reloj en la muñeca.

# Vocabulario B ¿Qué vamos a hacer?

---

**¡AVANZA!**  **Goal:**  Use words related to daily routines.

---

**1** Fernando adivina lo que sus amigos hacen todos los días. Marca la respuesta **incorrecta** con una X en las oraciones siguientes.

**1.** **Ana:** se peina _____

se seca el pelo _____

se peina las uñas _____

**2.** **María:** se seca el cuello con la secadora de pelo _____

se seca el cuerpo con la toalla _____

se seca el pelo con la secadora de pelo _____

**3.** **Manuel:** se lava el pelo con el champú _____

se afeita con el champú _____

se afeita con la crema de afeitar _____

**4.** **Cristina:** siente dolor en su cuello _____

siente dolor en su pelo _____

siente dolor en su hombro _____

**2** Anita habla de la rutina diaria de su familia. Completa las oraciones con la palabra correcta.

—Yo siempre uso un collar en el **1.** _____ y llevo mi reloj en la

**2.** _____ derecha.

—¡Qué bonitas son tus manos! Te pones crema en los **3.** _____ y te

cortas las **4.** _____ .

—Llevo a mi hermano al doctor porque no oye por el **5.** _____

izquierdo. Está contento porque lo llevo cargado sobre mis **6.** _____ .

—Raúl come dulces. El dentista dice que no debe comerlos para cuidar mejor sus

**7.** _____ .

—¡Ay, mi brazo! No puedo entender por qué me duele el **8.** _____ .

Tal vez me pegué con la puerta.

—Mi hermana Sara tiene un hermoso **9.** _____ castaño. Todos los días

se lo lava con un **10.** _____ muy caro.

**3** Tu nuevo amigo quiere saber tu rutina diaria. Escribe oraciones completas para decirle qué haces por orden cronológico.

| bañarse | ponerse la ropa | levantarse | acostarse | despertarse |
|---|---|---|---|---|

**1.** _____

**2.** _____

**3.** _____

**4.** _____

**5.** _____

Unidad 2, Lección 2
Vocabulario B

**74**

**¡Avancemos! 2**
Cuaderno para hispanohablantes

UNIDAD 2 Lección 2

Vocabulario B

# Vocabulario C  ¿Qué vamos a hacer?

> **¡AVANZA!**   **Goal:**   Use words related to daily routines.

**1** Escribe oraciones completas para decir cuáles son las partes del cuerpo numeradas.

**Modelo:**   **1.** *Es la cabeza.*

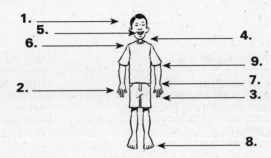

2. _____   6. _____

3. _____   7. _____

4. _____   8. _____

5. _____   9. _____

**2** Contesta las preguntas sobre tu rutina diaria. Responde a las dos partes de las preguntas con oraciones completas.

**Modelo:**   Si tienes hambre, ¿qué haces?   *Sí tengo hambre, me preparo un sándwich.*

**1.** Si tienes mucho sueño, ¿qué haces? _____

**2.** Si tienes prisa por la mañana, ¿qué haces? _____

**3.** ¿Qué haces primero después de levantarte? _____

**4.** ¿Qué haces luego? _____

**3** Describe con oraciones completas la rutina diaria de tu hermanito(a).

1. _____

2. _____

3. _____

4. _____

5. _____

# Vocabulario adicional

> **¡AVANZA!** **Goal:** Practice different usages of prepostions *por* and *para*.

## Las preposiciones *para* y *por*

Se usan las preposiciones **por** y **para** para expresar una variedad de relaciones.

Ejemplos con **para**:

| | |
|---|---|
| La tarea de ciencias es **para** <u>mañana a las 8 a.m.</u> | tiempo |
| Nos vamos **para** <u>Argentina</u> de vacaciones. | lugar de destino |
| Necesito <u>la pasta de dientes</u> **para** cepillarme los dientes. | propósito |
| Estos regalos son **para** <u>Marta y Juanita.</u> | destinatario |

Ejemplos con **por**:

| | |
|---|---|
| **Por** <u>la noche</u> vamos al restaurante «Delicioso». | tiempo |
| Estoy haciendo un viaje **por** <u>España</u> | lugar de destino |
| <u>Trabajo mucho</u>, **por** eso estoy cansado. | causa y efecto |
| Preparo la comida **por** <u>gusto.</u> | motivación |

**1** Completa las siguientes oraciones con *para* o *por*. Luego, escribe en paréntesis lo que indica la preposición en cada oración.

**Modelo:** Estudio español _*para*_ aprender. *(propósito)*

1. Me levanto temprano _____ ir a la escuela.

2. _____ la noche, nos cepillamos los dientes antes de acostarnos.

3. Salgo _____ la escuela a las ocho de la mañana.

4. Queremos pasar _____ la tienda a comprar las frutas.

**2** Lee la conversación de dos amigos. Completa los espacios con las preposiciones *para* o *por*.

**Pepe:** Hola Tito, ¿cómo estás? Te ves bien. ¿Qué haces **1.** _____ ser atlético?

**Tito: 2.** _____ ser atlético, me levanto **3.** _____ la mañana y hago ejercicio.

**Pepe:** ¿Qué te gusta preparar **4.** _____ el desayuno?

**Tito: 5.** _____ el desayuno me gusta beber jugo de naranja y pan. Y tú, ¿qué haces **6.** _____ la tarde?

**Pepe: 7.** _____ la tarde me gusta mirar la televisión. A veces paso **8.** _____ la tienda a comprar algo **9.** _____ la comida.

**Tito:** ¿Quieres acompañarme? Tengo que pasar **10.** _____ la biblioteca.

**Pepe:** ¡Claro! Después pasemos **11.** _____ la casa de Julio.

# Gramática A *Reflexive Verbs*

> **¡AVANZA!**   **Goal:**   Use the reflective verbs to say what people do to or for themselves.

**1** Los estudiantes se arreglan para ir a la escuela. Subraya la expresión correcta para completar la oración.

**Modelo:**   Tú (se pone / <u>te pones</u>) la ropa nueva.

**1.** Yo (nos arreglamos / me arreglo) antes de salir.

**2.** Tú (me cepillo / te cepillas) los dientes antes de acostarte.

**3.** Marisol (nos secamos / se seca) el pelo después de bañarse.

**4.** Pablo y Juan (te afeitas / se afeitan) en el baño.

**5.** Roberto y yo (nos despertamos / te despertaste) a las ocho.

**2** Las personas tienen rutinas diarias. Completa los verbos con el pronombre reflexivo correcto.

**Modelo:**   ¿A qué hora _te_ quieres levantar?

**1.** ¿_____ quieren lavar el pelo?

**2.** ¿_____ tenemos que cepillar los dientes?

**3.** ¿_____ maquillas para ir a la escuela?

**4.** ¿A qué hora _____ quiere usted despertar?

**3** Escribe una oración completa para describir la rutina de las personas en los dibujos.

**1. Tú**        **2. Nosotros**        **3. Él**        **4. Ella**        **5. Yo**

**1.** _____

**2.** _____

**3.** _____

**4.** _____

**5.** _____

**UNIDAD 2 Lección 2   Gramática A**

# Gramática B  *Reflexive Verbs*

> **¡AVANZA!**   **Goal:**   Use the reflective verbs to say what people do to or for themselves.

**❶** Lee lo que hacen estas personas. Completa cada oración con la forma reflexiva correcta.

**1.** Soy una persona activa. A las seis de la mañana _____ (levantarse).

**2.** Mis padres apagan la luz. Ellos _____ (acostarse) temprano.

**3.** Pedro y yo _____ (ducharse) después de jugar alfútbol.

**4.** Tengo prisa. _____ (maquillarse) rápido.

**5.** Ustedes _____ (despertarse) a las seis.

**❷** Escribe oraciones completas sobre lo que deben hacer tú y las siguientes personas.

**Modelo:**   Juanita / deber / peinarse / antes de la fiesta

> *Juanita debe peinarse antes de la fiesta / Juanita se debe peinar antes de la fiesta.*

**1.** Francisco y Teresa / deber / cepillarse / los dientes antes de salir

_____

**2.** Nosotros / tener que / ducharse / rápido

_____

**3.** Yo / necesitar / afeitarse / en el baño

_____

**4.** Tú / deber / levantarse / para ir a la escuela

_____

**❸** Escribe oraciones completas para indicar qué hacen y con qué hacen sus rutinas diarias los miembros de esta familia.

 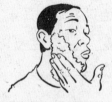  

**1. Carlos**          **2. mi papá**          **3. Laura y Miguel**          **4. mi hermano**

**1.** _____

**2.** _____

**3.** _____

**4.** _____

# Gramática C  *Reflexive Verbs*

**¡AVANZA!**  **Goal:**  Use the reflective verbs to say what people do to or for themselves.

**1** Usa un elemento de cada columna para escribir cinco oraciones completas sobre la rutina diaria.

**Modelo:**  *Emilia se maquilla por la mañana.*

| | | |
|---|---|---|
| Ustedes | necesitar afeitarse | por la mañana |
| Tú | tener que ducharse | por la noche |
| Yo | despertarse | a las ocho |
| Antonio | prepararse para la escuela | por la tarde |
| Emilia | querer acostarse | temprano |

1. _____

2. _____

3. _____

4. _____

5. _____

**2** Le hablas por teléfono a Julia, tu amiga argentina, y le cuentas cuál es tu rutina diaria. Escribe el diálogo con verbos reflexivos y usa el vocabulario de la lección.

**Tú:** _____

**Julia:** _____

**Tú:** _____

**Julia:** _____

**Tú:** _____

**Julia:** _____

**Tú:** _____

**Julia:** _____

**3** Escribe un párrafo sobre la rutina de una mañana típica en tu casa. Incluye tus actividades y las de tus familiares. Usa los verbos reflexivos y el vocabulario de la lección.

_____

_____

_____

_____

_____

# Gramática A *Present Progressive*

> **¡AVANZA!** **Goal:** Use the present progressive to say what people are doing now.

**1** Subraya la forma correcta del verbo para indicar lo que están haciendo estas personas.

**Modelo:** Yo estoy (hablan / <u>hablando</u>) por teléfono.

1. El señor Martínez está (confirmo / confirmando) el vuelo.

2. Mi papá se está (cepillando / cepillamos) los dientes.

3. Yo me estoy (pongo / poniendo) la ropa.

4. Tú te estás (secamos / secando) el pelo.

5. Tú y tus amigos están (visitaron / visitando) un museo.

**2** Los amigos de Lupe están de vacaciones. Escribe lo que están haciendo con la forma correcta del **presente progresivo**.

**Modelo:**  Manuel _está nadando_ (nadar) en la piscina.

**Manuel**

| **1. Tomás** | **2. Marta** | **3. Marisol** | **4. Gloria** | **5. Jorge y Claudio** |

1. Tomás _____ (tomar) fotos de la montaña.

2. Marta _____ (dar) una caminata por el parque.

3. Marisol _____ (dormir) en su habitación.

4. Gloria _____ (escribir) correos electrónicos.

5. Jorge y Claudio _____ (jugar) al fútbol.

# Gramática B  *Uses of Present Progressive*

> **¡AVANZA!**  **Goal:**  Use the present progressive to say what people are doing now.

Use the present progressive to say what people are doing now.

**1** Di lo que están haciendo estas personas. Completa cada oración con la forma correcta del **participio** del verbo entre paréntesis.

**Modelo:**  Mi mamá está *comprando* (comprar) un libro.

1. Los chicos están _____ (practican) deportes en el gimnasio.

2. Los padres están _____ (ver) la televisión.

3. El hermano de Sofía está _____ (jugar) en el equipo de fútbol.

4. Mi hermana está _____ (estudiar) en la biblioteca.

5. La abuela y su amiga están _____ (montar) a caballo.

6. Mis amigos están _____ (viaiar) por la Argentina.

**2** Tú y otras personas están haciendo una rutina diaria. Usa el pronombre después del **participio presente**.

**Modelo:**  Te afeitas. *Estás afeitándote.*

1. Me peino. _____

2. Se cepillan los dientes. _____

3. Nos despertamos a las siete. _____

4. Te duermes a las doce. _____

5. Se lavan la cara con jabón. _____

**3** Estás hablando por teléfono y le cuentas a tu primo(a) lo que están presentando en televisión. Usa formas correctas del presente progresivo para contarle a tu primo(a) lo que está pasando en ese momento.

_____

_____

_____

_____

_____

_____

UNIDAD 2 Lección 2  Gramática B

Nombre _____ Clase _____ Fecha _____

# Gramática C  *Uses of Present Progressive*

> **¡AVANZA!**   **Goal:**   Use the present progressive to say what people are doing now.

**1** Describe tu día típico y di lo que estás haciendo a estas horas. Usa el presente progresivo.

**1.**        **2.**        **3.**        **4.**        **5.**

1. _____

2. _____

3. _____

4. _____

5. _____

**2** Tus padres salen al teatro. Tu tía María se queda en tu casa contigo y con tu hermano Manuel. Frecuentemente tu tía les pregunta qué están haciendo. Escribe un diálogo con sus preguntas y las respuestas de ustedes.

**Modelo:**   **Tía María:** Escucho mucho ruido. *¿Qué están jugando?*

**Manuel y tú:** *Estamos jugando al fútbol.*

1. **Tía María:** No puedo verlos a ustedes. ¿_____?

   **Manuel y tú:** _____

2. **Tía María:** Oigo música. ¿_____?

   **Manuel y tú:** _____

3. **Tía María:** El volumen de la televisión está muy alto. ¿_____?

   **Manuel y tú:** _____

**3** Eres reportero(a) para tu noticiero escolar. Escribe oraciones completas con el presente progresivo para informar a tus televidentes de lo que está pasando en el baile de tu escuela.

_____

_____

_____

_____

_____

_____

# Gramática adicional

| ¡AVANZA! | **Goal:** Use accentuation in Spanish words. |

## La acentuación

Todas las palabras en español tienen acento. Hay dos clases: acento ortográfico, cuando a una palabra se le marca la tilde (*accent mark*); y acento prosódico, cuando a una palabra no se le marca la tilde. Entonces, ¿cuándo se les marca la tilde a las palabras y cuándo no?

- A las palabras **agudas** se les marca tilde en la última sílaba si terminan en **vocales**, **n** o **s**. No se les marca tilde si terminan en consonantes diferentes a **n** o **s**.

- A las palabras **graves** se les marca tilde en la penúltima (*next-to-last*) sílaba si terminan en consonantes que no son **n** o **s**. No se les marca tilde si terminan en **vocales**, **n** o **s**.

| Palabras agudas | | Palabras graves | |
|---|---|---|---|
| **con tilde** | **sin tilde** | **con tilde** | **sin tilde** |
| ja**bón** | juga**dor** | **lá**piz | a**mi**go |
| in**glés** | ho**tel** | **sánd**wich | es**cu**chan |
| cham**pú** | us**ted** | **fút**bol | her**ma**nos |

**1** Lee las siguientes palabras. Escribe en el espacio si la palabra es **aguda** o **grave**.

**Modelo:** libro *grave*

1. bonito _____
2. contento _____
3. enojado _____
4. autobús _____
5. director _____
6. televisión _____
7. naranja _____
8. hotel _____

9. triste _____
10. regular _____
11. calor _____
12. turista _____
13. cena _____
14. cine _____
15. jardín _____
16. dinero _____

**2** Escribe 3 palabras para cada categoría.

| Agudas con tilde | Agudas sin tilde | Graves con tilde | Graves sin tilde |
|---|---|---|---|
| | | | |
| | | | |
| | | | |
| | | | |

# Integración: Hablar

 **Goal:** Respond to written and oral passages talking about daily routine.

Ismael Fernández envió la siguiente carta electrónica a su familia desde el campamento de verano. Léelo con atención.

Fuente 1 Leer

TO: perrocaliente85@springmind.com

CC: manny07@eworld.com, toni0591@loa.com

SUBJECT: Hola Todos

Hola a todos. Aquí este año todo está más difícil. Tenemos tantas tareas que no tenemos tiempo para nada. Nos levantamos muy temprano, antes de que haya sol, y apenas tenemos tiempo para bañarnos, cepillarnos los dientes y ponernos la ropa. Los instructores tienen una disciplina muy estricta este verano. En resumen, lo paso bien pero les echo de menos. Por favor, mándenme las siguientes cosas que necesito: un cepillo de dientes, pasta de dientes con sabor mentolado y desodorante. Si pueden, mándenme una secadora de pelo. Bueno, es todo por hoy, el guardia me está diciendo que apague la computadora…
Ismael

Después de leer la carta de su hijo, la señora Fernández habló a la farmacia. Escucha el mensaje que dejó en el contestador. Toma apuntes y luego completa la actividad.

Fuente 2 Escuchar

## HL CD 1, tracks 13–14

¿Cuáles son las cosas que Ismael le pidió a su familia? ¿Crees que estas cosas son importantes para un campamento de verano? ¿Por qué?

**UNIDAD 2 Lección 2**

Integración: Hablar

84

Unidad 2, Lección 2
Integración: Hablar

**¡Avancemos! 2**
Cuaderno para hispanohablantes

# Integración: Escribir

> **¡AVANZA!**  **Goal:** Respond to written and oral passages talking about a daily routine.

Lee el siguiente aviso que alguien escribió en el tablero de anuncios de un colegio privado.

Fuente 1 Leer

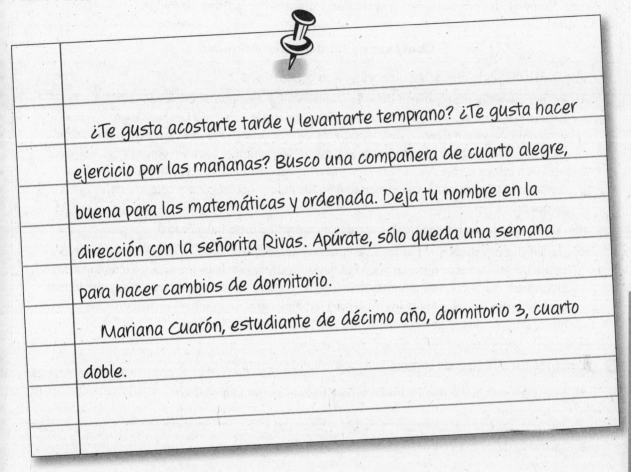

¿Te gusta acostarte tarde y levantarte temprano? ¿Te gusta hacer ejercicio por las mañanas? Busco una compañera de cuarto alegre, buena para las matemáticas y ordenada. Deja tu nombre en la dirección con la señorita Rivas. Apúrate, sólo queda una semana para hacer cambios de dormitorio.

Mariana Cuarón, estudiante de décimo año, dormitorio 3, cuarto doble.

Escucha el mensaje de Laura Fuentes, otra alumna del internado. Toma notas mientras escuchas. Luego realiza la actividad.

Fuente 2 Escuchar

### HL CD 1, tracks 15–16

Escribe una carta para Mariana con la información de Laura. ¿Crees que pueden ser compañeras de cuarto? Explica por qué sí o por qué no.

_____

_____

_____

_____

**¡Avancemos! 2**
Cuaderno para hispanohablantes

Unidad 2, Lección 2
Integración: Escribir  **85**

UNIDAD 2 Lección 2

Integración: Escribir

# Lectura A

> **¡AVANZA!** **Goal:** Reading about daily routine.

**1** El equipo de redacción del periódico de tu escuela entrevistó a Pedro Díez, un deportista famoso y le pidieron consejos sobre la rutina diaria de un deportista. Lee las respuestas de Pedro. Responde las preguntas de comprensión y opina sobre la rutina de Pedro.

---

### Consejos de un deportista famoso

**P:** ¿Cuál debe ser la rutina diaria para un joven deportista?

**R:** Yo, por ejemplo, me despierto todas la mañanas a las 7 en punto. Enciendo la luz, me levanto rápidamente y salgo con mi perro a caminar por el barrio. Después regreso a casa y tomo un desayuno ligero mientras escucho música. Luego me lavo los dientes, me ducho y me afeito. A las 8:30 voy al gimnasio y me entreno durante cuatro o cinco horas, entonces regreso a casa y como. A esa hora siempre tengo mucha hambre; creo que a veces como demasiado, además como me gustan mucho los dulces generalmente como pasteles de postre.

**P:** ¡Yo creí que todos los deportistas seguían siempre una dieta balanceada!

**R:** ¡Ja, ja! ¡Lo intentamos!... Por la tarde entreno a un grupo de niños. Generalmente regreso a casa a las seis, a veces miro un poco la televisión y leo; entonces me acuesto temprano; pero a veces me reúno con mis amigos, entonces me acuesto un poco más tarde. Creo que lo más importante es entrenar todos los días, pero también dejar tiempo para disfrutar de las cosas que te gustan y hacer que el deporte sea una parte bonita de tu vida.

---

**2** **¿Comprendiste?** Responde las preguntas con oraciones completas.

**1.** ¿Necesita mucho tiempo Pedro Díez para levantarse por la mañana?

_____

**2.** ¿Cuándo desayuna Pedro?

_____

**3.** ¿Toma Pedro una cena ligera?

_____

**4.** ¿Qué le gusta hacer a Pedro por las tardes?

_____

**3** **¿Qué piensas?** ¿Qué opinas de la rutina de Pedro? Escribe una oración diciendo qué es lo que te parece mejor y otra diciendo qué es lo que te parece peor de lo que dice Pedro.

_____

_____

_____

_____

# Lectura B

> **¡AVANZA!**  **Goal:** Reading about daily routine.

**1** Hoy el equipo de voleibol de la escuela de Rosario tuvo un mal día. Además de perder el partido, varias jugadoras que querían alcanzar la pelota se tropezaron y algunas se lastimaron. Lee lo que están hablando las chicas en los vestuarios.

## Un mal día

**ROSARIO:** Paulina, ¿qué estás haciendo ahí sentada?

**PAULINA:** ¡Ay! Tropecé y me lastimé. ¿Dónde está la enfermera?

**ROSARIO:** No sé. Creo que le está poniendo una venda a Gloria.

**PAULINA:** ¿Gloria también se lastimó? ¿Dónde?

**ROSARIO:** No sé si fue en el codo o en la muñeca, pero le duele cuando mueve la mano.

**ENFERMERA:** Fue en la muñeca, pero ya le está doliendo menos. Paulina, espera un poco, ahora le estoy dando un masaje en el cuello a Marta, que también le duele. Enseguida voy a mirar que le pasa a tu pie.

**ROSARIO:** ¿Y usted está bien, Sra. Martínez?

**ENFERMERA:** ¡Ay, no! Creo que estoy agarrando un resfriado. Me duelen los oídos y la garganta y me estoy sintiendo muy cansada.

**PAULINA:** Este día es un desastre.

**ASUNCIÓN:** Tienes razón, yo también tengo problemas, me golpeé un dedo con el balón y se me dobló una uña. Ahora estoy tratando de arreglarla y no puedo.

**PAULINA:** ¿Qué estás diciendo? ¿Eso es un problema? ¡Te estás riendo de nosotras!

**2** ¿Comprendiste? Responde a las siguientes preguntas con oraciones completas:

**1.** ¿Qué le pasó a Gloria?

_____

**2.** ¿Qué está haciendo la enfermera mientras habla con las chicas?

_____

**3.** ¿Por qué Paulina le pregunta a Asunción si se está riendo de ellas?

_____

_____

**3** ¿Qué piensas? ¿Tuviste alguna vez un mal día? ¿Qué pasó? Al final, ¿cómo se solucionó todo o cómo terminó el día?

_____

_____

_____

# Lectura C

¡AVANZA! **Goal:** Reading about daily routine.

**1** Emilia es muy organizada, a ella le gusta planificar las cosas con mucho tiempo. Hoy acaba de planificar lo que va a hacer cuando termine los estudios de secundaria. Lee la página desudiario en la que escribe sus planes. Luego responde las preguntas de comprensión y compara la forma que tiene Emilia de organizarse con la tuya.

Querido diario:

Toda esta semana he estado pensando en lo que voy a hacer cuando termine la escuela el próximo año.

Primero pienso terminar el curso de computadoras que estoy haciendo ahora. Yo quiero hacer una carrera profesional y estoy segura de que ese curso va a ser muy útil para mí. También voy a seguir asistiendo a las reuniones del Club de español de la academia de idiomas. Estoy pensando escribir artículos para el periódico del club, ¿qué te parece? También pienso seguir tomando clases de kárate por las tardes, así que creo que voy a seguir viendo a mis amigos los martes y los jueves. Creo que, a veces, después de las clases de kárate puede ser divertido arreglarnos un poco e ir a pasear al centro comercial. También es bueno descansar, ¿verdad? Pero si vamos al centro comercial, ya sabes, prohibido ir a comer papitas. Estoy a dieta y espero adelgazar dos kilos y medio y no volver a engordar.

A partir de enero pienso inscribirme en un curso de francés los lunes y los miércoles. Por último, también pienso hacer algún viaje a un país extranjero. Me gustaría pasar unas semanas con mi familia en Chile para mejorar mi español, pero no sé si voy a poder. De todos modos, yo pienso hablar con mi prima y preguntarle cómo son las escuelas profesionales allí; a lo mejor hasta puedo estudiar un trimestre con ella. ¡Sería maravilloso!

Bueno, espero volver a escribir el sábado y así planear tranquilamente lo que quiero hacer en verano. Pienso hacer planes para pasar un verano maravilloso. ¡Ya verás! Ya estoy preparando un calendario de actividades divertidas e interesantes.

Por cierto, pienso invitar a Mónica a pasar el sábado conmigo, así ella también puede ayudarme a planificar, ¿qué te parece?

UNIDAD 2 Lección 2
Lectura C

Unidad 2, Lección 2
Lectura C

**88**

¡Avancemos! 2
Cuaderno para hispanohablantes

**2** **¿Comprendiste?** Responde a las siguientes preguntas con oraciones completas.

**1.** ¿Cuándo termina los estudios de secundaria Emilia?

_____

_____

**2.** ¿Que piensa Emilia acerca del curso de computación? ¿Por qué?

_____

_____

**3.** ¿Cómo es la rutina diaria de Emilia? ¿Qué hace? ¿Con qué frecuencia?

_____

_____

_____

**4.** ¿Qué tres cosas quiere hacer Emilia para practicar español?

_____

_____

**3** **¿Qué piensas?** ¿Qué opinas de la forma en que Emilia planifica todo? ¿A ti te gusta planificar las cosas con mucho tiempo? ¿Te gustaría tener una amiga como Emilia, que te ayudara a hacer planes? ¿Por qué?

_____

_____

_____

_____

_____

_____

_____

_____

_____

UNIDAD 2 Lección 2

Lectura C

# Escritura A

| ¡AVANZA! | **Goal:** Write about what you intend to do. |
| --- | --- |

**1** Escribe dos o tres cosas que te gustaría hacer en el próximo curso, relacionadas con los puntos siguientes:

**a.** estudios:

_____

**b.** deportes:

_____

**c.** vacaciones:

_____

**d.** familia y amigos:


**2** Escribe un párrafo corto para expresar cosas que tienes intención de hacer el próximo curso usando las respuestas del ejercicio anterior y el verbo pensar. Comienza cada una de las oraciones con algunas de las siguientes palabras. Asegúrate de: (1) expresar tus ideas de forma clara, (2) ver que las palabras o frases que comienzan las oraciones siguen una secuencia lógica y (3) revisar que la ortografía y los tiempos verbales son correctos.

_____

_____

_____

_____

| primero | luego | después | por fin |
| --- | --- | --- | --- |

**3** Evalúa tu párrafo corto usando la siguiente tabla.

| | **Crédito máximo** | **Crédito parcial** | **Crédito mínimo** |
| --- | --- | --- | --- |
| Contenido | Escribiste oraciones completas que comienzan con una de las frases propuestas. El párrafo sigue una secuencia lógica. | Escribiste oraciones completas pero sin algunas de las frases propuestas. El párrafo no sigue una secuencia lógica. | Escribiste pocas oraciones completas y sin usar las frases propuestas. El párrafo no sigue una secuencia lógica. |
| Uso correcto del lenguaje | Tuviste muy pocos errores o ninguno en el uso de los modos y tiempos verbales y la ortografía. | Hay algunos errores en el uso de los modos y tiempos verbales y la ortografía. | Hay un gran número de errores en el uso de los modos y tiempos verbales y la ortografía. |

UNIDAD 2 Lección 2

Escritura A

Unidad 2, Lección 2
Escritura A

**90**

¡**Avancemos! 2**
Cuaderno para hispanohablantes

Name _____ Date _____

# Escritura B

> **¡AVANZA!** **Goal:** Write about daily routines.

El Club de Español de tu escuela organizó un festival para celebrar el aniversario de su fundación. En el festival hay música, comida típica de varios países, juegos y actividades. Tu amigo(a) no quiso asistir al festival, pero todavía no es demasiado tarde. Escríbele un mensaje a tu amigo(a) para animarlo(a) a venir al festival contándole lo que tú y otros compañeros(as) están haciendo en el festival.

**1** Primero haz una lista de las cosas que la gente puede hacer en un festival de estas características. Por ejemplo: **comer arepas**. Incluye tres o cuatro cosas en cada categoría.

**a.** Cosas relacionadas con la comida:

_____

**b.** Cosas relacionadas con la música:

_____

**c.** Cosas relacionadas con otras actividades:

_____

**2** Escribe lo que le dirás a tu amigo(a). Incluye oraciones formadas por elementos de la lista anterior. Por ejemplo: **Marta y Adela están comiendo arepas**. Usa por lo menos dos elementos de cada categoría. Asegúrate de que: (1) usas al menos cinco formas verbales diferentes al describir lo que las personas están haciendo, (2) todas las oraciones tienen un sentido claro y completo y (3) la ortografía y las formas verbales son correctas.

_____
_____
_____
_____

**3** Evalúa tu mensaje usando la siguiente tabla:

| | Crédito máximo | Crédito parcial | Crédito mínimo |
|---|---|---|---|
| Contenido | Todo tu mensaje tiene un sentido claro y completo. En tu mensaje hay por lo menos cinco formas verbales diferentes. | Gran parte de tu mensaje tiene un sentido claro y completo. En tu mensaje hay por lo menos cuatro formas verbales diferentes. | Sólo una pequeña parte de tu mensaje tiene un sentido claro y completo. En tu mensaje hay tres o menos formas verbales diferentes. |
| Uso correcto del lenguaje | Tuviste muy pocos errores o ninguno en el uso de las formas verbales y la ortografía. | Tuviste algunos errores en el uso de las formas verbales y la ortografía. | Tuviste un gran número de errores en el uso de las formas verbales y la ortografía. |

UNIDAD 2 Lección 2 Escritura B

# Escritura C

| ¡AVANZA! | **Goal:** Write about daily routines. |
|---|---|

¿En qué se diferencia tu rutina diaria durante el curso y en época de vacaciones? Escribe dos o tres párrafos para explicar y comparar tus rutinas.

**1** Completa la tabla siguiente escribiendo en la primera columna tu rutina durante el curso escolar, en la segunda, la rutina de vacaciones y en la tercera, algo que tengas intención de cambiar en tu rutina para las próximas vacaciones. (Fíjate en el ejemplo).

| Momentos del día | curso escolar | vacaciones | cosas a cambiar |
|---|---|---|---|
| Mañana | *Me despierto a las 6:30.* | *Me despierto a las 11:00.* | *Despertarme un poco más temprano en vacaciones.* |
| Mediodía | | | |
| Tarde | | | |
| Noche | | | |

**2** Usando los datos de la tabla, escribe dos o tres párrafos para explicar tu rutina diaria durante el curso escolar comparándola con tu rutina de vacaciones y explica los cambios que quieres de hacer. Ejemplo: *Durante el curso escolar me levanto a las 6:30, pero como me gusta dormir, en vacaciones no me despierto hasta las once. Este verano quiero levantarme un poco más temprano.* Asegúrate de que: (1) usas palabras y frases de introducción y de secuencias apropiadas; (2) tus rutinas son lógicas y (3) el uso del lenguaje y la ortografía son correctos.

_____

_____

_____

**3** Evalúa tu escrito usando la siguiente tabla.

| | Crédito máximo | Crédito parcial | Crédito mínimo |
|---|---|---|---|
| Contenido | Las palabras y frases de introducción y de secuencia son adecuadas. Las rutinas descritas son lógicas. | Algunas palabras o frases de introducción y de secuencia no son adecuadas. Las rutinas descritas tienen algunos errores lógicos. | Faltan palabras y frases de introducción y de secuencia, o no son adecuadas. Parte de las rutinas descritas no son lógicas. |
| Uso correcto del lenguaje | Tuviste muy pocos errores o ninguno en el uso del lenguaje y la ortografía. | Tuviste muchos errores en el uso del lenguaje y la ortografía. | Tuviste un gran número de errores en el uso del lenguaje y la ortografía. |

# Cultura A

> **¡AVANZA!**  **Goal:** Know and understand the life, people, and culture of Argentina.

**1** Lee la sección «Vivir de la tierra» sobre los gauchos en Argentina y los cafeteros en Colombia. Decide a quién se refieren las siguientes afirmaciones: a los gauchos, a los cafeteros o a los dos trabajadores (ambos). Escribe la respuesta en la línea.

1. Trabajan en tierras de llanos y mucho sol. _____

2. Se levantan temprano para trabajar. _____

3. Usan una ruana o poncho para trabajar. _____

4. Usan bombachas y botas para trabajar. _____

5. Usan sombrero para protegerse del sol. _____

6. Atienden el ganado. _____

7. Cultivan la tierra. _____

**2** Fuiste a una exposición de pinturas del pintor argentino Xul Solar. Como tarea para la clase de arte, tienes que escribir un reporte sobre los elementos que observas en sus pinturas. Observa la pintura de la página 120 y haz una lista de cinco elementos que ves.

1. _____

2. _____

3. _____

4. _____

5. _____

**3** El clima en las Pampas en Argentina y en las montañas de Colombia es muy diferente. Compara el clima y el área de estos dos lugares. Encuentra dos diferencias y dos similitudes.

**Modelo:**   *Las tierras de las montañas de Colombia son diferentes de las tierras*
*de las Pampas porque son tierras para el cultivo.*

_____

_____

_____

_____

UNIDAD 2 Lección 2   Cultura A

# Cultura B

> **¡AVANZA!**   **Goal:**   Know and understand the life, people, and culture of Argentina.

**1** Usa tus conocimientos acerca de los gauchos argentinos y de los cafeteros colombianos para ayudar a Manuel a llenar esta tabla.

|  | **gauchos argentinos** | **cafeteros colombianos** |
|---|---|---|
| Tierra de la región: | | |
| Clima de la región: | | |
| Ropa que usan los trabajadores: | | |
| Elemento de trabajo: | | |
| Producto: | | |

**2** Estás visitando las Pampas porque quieres aprender más acerca del trabajo de los gauchos. El día de hoy trabajaste al lado de un gaucho. Escribe en tu diario las actividades que hiciste durante el día. Menciona la ropa que usaste, qué hiciste con el ganado, el clima y lo que comieron.

**Modelo:**   *Me levanté a las 4:00 de la mañana. Todo estaba oscuro todavía.*

1. _____
2. _____
3. _____
4. _____
5. _____

**3** Compara el cuadro de pintura realista de Antonio Berni con el de arte abstracto de Xul Solar. Explica en un párrafo cosas que observas en cada uno. ¿Cuál cuadro te gusta más? ¿Por qué?

_____

_____

_____

_____

_____

# Cultura C

> | ¡AVANZA! | **Goal:** Know and understand the life, people, and culture of Argentina. |

**1** Tu clase va a tener un Día de Profesiones para mostrar a los estudiantes diversas profesiones y trabajos. Tienes que entrevistar a un gaucho sobre su trabajo para presentarlo a tu clase. Completa la siguiente información de la entrevista.

**Tú:** ¿A qué hora empieza su trabajo?

**Gaucho:** _____ .

**Tú:** ¿Qué tipo de ropa usa para su trabajo?

**Gaucho:** _____

_____

**Tú:** ¿Qué es lo que hace un día típico de trabajo?

**Gaucho:** _____ .

**Tú:** ¿Qué es lo que más le gusta de su trabajo?

**Gaucho:** _____ .

**2** El artista argentino Xul Solar era famoso por su arte abstracto. En tu clase de pintura, el maestro te pidió que pintaras un cuadro con elementos abstractos. Haz una lista de cuatro cosas que incluirías en tu pintura y explica el porqué.

| Mi pintura tiene... | ¿Por qué? |
|---|---|
| **Modelo:** *personas con caras de corazón* | *Creo que el amor es muy importante.* |
| **1.** | |
| **2.** | |
| **3.** | |
| **4.** | |

**3** ¿Qué son las tiras cómicas? ¿Cuáles conoces? Qué otra información nos proporcionan, además de situaciones de buen humor? Escribe un párrafo corto en el que respondas a estas preguntas y des tu opinión sobre las tiras cómicas.

_____

_____

_____

_____

_____

# Comparación cultural: Rutinas del deporte
## Lectura y escritura

Después de leer los párrafos sobre los deportes que Ricardo, Silvia y Nuria practican.
Escribe un párrafo sobre un deporte que practicas. Usa la información de los recuadros para
escribir un párrafo que describe tu deporte.

## Paso 1

Completa los recuadros con los detalles sobre tu deporte.

| Deporte | Lugar | Actividades | Persona famosa |
|---------|-------|-------------|----------------|

## Paso 2

Ahora usa los detalles de los recuadros para escribir una oración para cada uno de los temas.

_____

_____

_____

_____

_____

Comparación cultural    UNIDAD 2

Comparación cultural

96    Unidad 2
Comparación cultural

¡Avancemos! 2
Cuaderno para hispanohablantes

# Comparación cultural: Rutinas del deporte

## Lectura y escritura
*(continuación)*

### Paso 3

Ahora escribe tu párrafo usando las oraciones que escribiste como guía. Incluye una oración de introducción y utiliza las frases **hay que**, **es importante**, **es bueno** y **es necesario** para describir tu deporte.

_____

_____

_____

_____

_____

_____

### Lista de verificación

Asegúrate de que...

☐ incluyes todos los detalles de los recuadros en el párrafo;

☐ usas los detalles para describir los aspectos importantes de tu deporte;

☐ utilizas las frases para dar consejos y nuevas palabras de vocabulario.

### Tabla

Evalúa tu trabajo con la siguiente tabla.

| Criterio de escritura | Excelente | Bueno | Necesita mejorar |
|---|---|---|---|
| **Contenido** | Tu párrafo incluye todos los detalles sobre tu deporte. | Tu párrafo incluye algunos de los detalles sobre tu deporte. | Tu párrafo incluye muy poca información sobre tu deporte. |
| **Comunicación** | La mayor parte de tu párrafo está organizada y es fácil de entender. | Partes de tu párrafo están organizadas y son fáciles de entender. | Tu párrafo está desorganizado y es difícil de entender. |
| **Precisión** | Tu párrafo tiene pocos errores de gramática y de vocabulario. | Tu párrafo tiene algunos errores de gramática y de vocabulario. | Tu párrafo tiene muchos errores de gramática y de vocabulario. |

UNIDAD 2 Comparación cultural

# Comparación cultural: Rutinas del deporte
## Compara con tu mundo

Ahora escribe un párrafo comparando tu deporte con el de uno de los tres estudiantes de la página 137. Organiza tu comparación por temas. Primero, compara el lugar donde se practican los deportes, después las actividades o eventos especiales y por último tus reacciones.

## Paso 1

Usa la tabla para organizar tu comparación por temas. Escribe los detalles de cada uno de los temas sobre tu deporte y el deporte del (de la) estudiante que escogiste.

| | Mi deporte | El deporte de _____ |
|---|---|---|
| **Deporte** | | |
| **Lugar(es)** | | |
| **Actividades** | | |
| **Reacción** | | |

## Paso 2

Ahora usa los detalles de la tabla para escribir la comparación. Incluye una oración de introducción y escribe sobre cada tena. Utiliza las frases **es importante**, **es bueno** y **es necesario** para describir tu deporte y el del (de la) estudiante que escogiste.

_____
_____
_____
_____
_____
_____
_____

UNIDAD 2

Comparación cultural

98

Unidad 2
Comparación cultural

¡Avancemos! 2
Cuaderno para hispanohablantes

# Vocabulario A  ¿Cómo me queda?

> **¡AVANZA!**    **Goal:**  Talk about clothes, shopping, and personal needs.

**❶** Beatriz va de compras. Indica con la letra de la palabra de la derecha adónde debe ir para comprar los artículos de la izquierda.

1. _____ una variedad de cosas
2. _____ una pulsera
3. _____ champú
4. _____ unas botas
5. _____ pan
6. _____ unos libros

a. una joyería
b. una farmacia
c. una panadería
d. un almacén
e. una librería
f. una zapatería

**❷** Escribe la palabra correcta para decir cómo se va a vestir Eduardo.

| un reloj | está de moda | un chaleco | de rayas | un traje | me queda | un abrigo |
|----------|--------------|------------|----------|----------|----------|-----------|

1. No quiero llevar jeans y un suéter sino _____ formal.
2. Es la talla perfecta para mí y _____ muy bien.
3. Este traje tiene tres partes: la chaqueta, el pantalón y _____ .
4. También voy a llevar mi nueva camisa _____ .
5. Necesito llevar _____ para saber qué hora es.
6. Es invierno, hace frío y voy a llevar _____ .
7. Mi ropa es vieja y no _____ , pero eso no me importa.

**❸** Contesta con oraciones completas las siguientes preguntas sobre tu ropa.

1. ¿Qué tipo de ropa te pones en el invierno? _____
   _____
2. ¿Qué tipo de ropa te pones para ir al cine? _____
3. ¿Qué tipo de ropa te pones para asistir a una ocasión formal? _____
   _____
4. ¿Qué tipo de ropa prefieres ponerte durante el verano? _____
   _____

# Vocabulario B   *¿Cómo me queda?*

> **¡AVANZA!**   **Goal:**   Talk about clothes, shopping, and personal needs.

**1** Indica dónde se pueden comprar los siguientes artículos.

   **1.** pan: _____

   **2.** una pulsera: _____

   **3.** libros: _____

   **4.** champú: _____

   **5.** un suéter: _____

**2** Escribe oraciones completas para ayudar a Verónica a decidir qué ropa debe ponerse para cada ocasión.

   **Modelo:**   Al cine:   *Verónica puede llevar jeans al cine.*

   **1.** A esquiar: _____

   **2.** A un concierto de música clásica: _____

   **3.** A un restaurante elegante: _____

   **4.** A la playa: _____

   **5.** A un partido de béisbol: _____

**3** Escribe un diálogo de seis oraciones completas entre tú y tu mejor amigo(a). Uds. están en una tienda de ropa y tu amigo(a) te dice lo que debes llevar a la boda de tu prima. Usa las palabras **vestirse** y **quedarse**, entre otras.

   **Tu amigo:** ¿Qué ropa te vas a poner para la boda de tu prima?

   **Tú:** _____

   **Tu amigo:** _____

   **Tú:** _____

   **Tu amigo:** _____

   **Tú:** _____

   **Tu amigo:** _____

   **Tú:** _____

   **Tu amigo:** _____

# Vocabulario C  ¿Cómo me queda?

> **¡AVANZA!**  **Goal:**  Talk about clothes, shopping, and personal needs.

**1** Jorge y Enrique van de compras. Analiza los dibujos y da tu opinión sobre la situación con oraciones completas. Sigue el modelo.

**Modelo:**  *Jorge y Enrique necesitan ponerse un abrigo y unas botas.*

**1.** **2.** **3.** **4.**

1. _____
2. _____
3. _____
4. _____

**2** Escribe oraciones completas para describir qué ropa te gusta ponerte para cada ocasión.

1. Para estar de moda: _____
2. Para quedarte en casa: _____
3. Para ir a un baile: _____
4. Para visitar a mi familia: _____

**3** Tu mejor amigo(a) necesita tus recomendaciones sobre la ropa. Escribe oraciones para decirle lo que tiene que hacer para vestirse bien.

_____
_____
_____
_____

# Vocabulario adicional

 **Goal:** Expand your vocabulary with regional variations for clothing items.

## Variaciones regionales para artículos de ropa

En el mundo hispanohablante hay varias palabras para describir el mismo artículo de ropa. Por ejemplo, la palabra **jersey** en España es **suéter** en algunos países de Latinomérica; las dos palabras definen la misma cosa. En España se dice **tejanos**, **medias**, **pendientes** y **sandalias**; en partes de Latinoamérica se dice **jeans**, **calcetines**, **aretes** y **chanclas** para identificar los mismos artículos.

**1** En Estados Unidos puede haber sólo una (**skirt**) o varias palabras (*coveralls* = *overalls*) para identificar sólo un artículo de ropa. Escribe el equivalente de las palabras en inglés y también escribe la variación regional de la misma que conozcas.

| Palabra en inglés | Palabra en español | Variación regional en español |
|---|---|---|
| **1.** skirt | | |
| **2.** t-shirt | | |
| **3.** belt | | |
| **4.** jacket | | |

**2** Escribe cinco oraciones completas para decir qué ropa compraste últimamente y para qué evento te la vas a poner. Usa palabras del nuevo vocabulario adicional.

**1.** _____

**2.** _____

**3.** _____

**4.** _____

**5.** _____

UNIDAD 3 Lección 1

Vocabulario adicional

**102**

Unidad 3, Lección 1
Vocabulario adicional

**¡Avancemos! 2**
Cuaderno para hispanohablantes

# Gramática A  *Present tense of irregular* **yo** *verbs*

> **¡AVANZA!**    **Goal:**   Use verbs with irregular *yo* forms to talk about your activities.

**1** Empareja cada dibujo de la fiesta de cumpleaños de Álvaro con su descripción correspondiente.

**1.**          **2.**          **3.**          **4.**          **5.**          **6.**

1. _____ 　　　　　**a.** Veo un vestido que me gusta mucho.

2. _____ 　　　　　**b.** Me pongo el vestido nuevo y voy a la fiesta.

3. _____ 　　　　　**c.** Le digo mi talla a la empleada.

4. _____ 　　　　　**d.** Hoy tengo una fiesta de cumpleaños en casa de un amigo.

5. _____ 　　　　　**e.** Le doy el regalo a Álvaro.

6. _____ 　　　　　**f.** Salgo de casa para comprar un vestido nuevo para la fiesta.

**2** Escribe la forma correcta de los verbos para completar cada oración sobre la visita de Manuel al almacén.

Hoy yo **1.** _____ (ir) de compras con mis padres. Yo **2.** _____ (tener) que comprar un regalo para mi hermana. Yo le **3.** _____ (querer) dar una falda, pero no **4.** _____ su talla. En el almacén yo **5.** _____ (ver) muchas cosas bonitas, pero mi madre me **6.** _____ (decir) que mi hermana necesita un suéter nuevo. Pero yo **7.** _____ (conocer) a mi hermana y **8.** _____ que le va a gustar la falda.

**3** Responde con oraciones completas las siguientes preguntas sobre tus actividades.

1. ¿Qué ropa te pones cuando hace frío?

   _____

2. ¿A qué hora sales de tu casa para ir a la escuela?

   _____

3. ¿Cuándo haces tu tarea normalmente?

   _____

4. ¿Qué tienes que hacer todos los días?

   _____

5. ¿Conoces un buen lugar para comprar ropa?

   _____

# Gramática B  *Present tense of irregular* **yo** *verbs*

*Level 2 Textbook* **pp. 149–153**

**¡AVANZA!**  **Goal:** Use verbs with irregular *yo* forms to talk about your activities.

**1** Elige el verbo correcto para completar lo que Isabel piensa cuando sale de compras.

| salgo | traigo | sé | tengo | veo |
|---|---|---|---|---|

Hoy voy a un almacén porque **1.** _____ que comprar un abrigo nuevo
para el frío. **2.** _____ de casa temprano porque hoy es sábado y yo
**3.** _____ que voy a encontrar todas las buenas ofertas. **4.** _____
mi tarjeta de crédito y si **5.** _____ un abrigo bonito de cuadros, lo compro.

**2** Escribe oraciones completas para comparar tus actividades con las de Raúl.

**Modelo:** Raúl sale de la casa a las 8:15 para ir a la escuela.

*Yo salgo / no salgo / de la casa a las 8:15 para ir a la escuela.*

**1.** Raúl ve a sus amigos todos los días en sus clases.

_____

**2.** Raúl hace su tarea todas las noches después de la cena.

_____

**3.** Raúl tiene lecciones de piano todos los miércoles.

_____

**4.** Raúl sabe dónde está el almacén más grande de su ciudad.

_____

**5.** Raúl no conoce muy bien a sus maestros.

**3** Contesta con oraciones completas las siguientes preguntas sobre las compras en tu ciudad.

**1.** ¿Conoces los almacenes de tu ciudad?

_____

**2.** ¿Sabes a qué hora se abren y a qué hora se cierran?

_____

**3.** Cuando tienes que comprar ropa nueva, ¿adónde vas para comprarla?

_____

**4.** ¿Con qué frecuencia haces compras por Internet?

_____

# Gramática C  *Present tense of irregular* **yo** *verbs*

> **¡AVANZA!**  **Goal:**  Use verbs with irregular *yo* forms to talk about your activities

**1** Alicia sale de compras. Completa el párrafo con el presente de los verbos en la caja según el contexto.

| recomendar | saber | hacer | vestirse | salir |
|---|---|---|---|---|

Cuando **1.** _____ de compras, siempre busco ofertas. Yo
**2.** _____ mucho de ropa y tengo buen gusto. Siempre **3.** _____
con ropa a la moda y visito las mejores tiendas. Por eso, si **4.** _____ algo, las
personas siempre oyen mis consejos. En muy raras ocasiones, **5.** _____ las
compras por Internet porque me gusta el contacto con la gente.

**2** Escribe oraciones completas para decir qué haces cuando planeas una fiesta. Usa las
expresiones del cuadro.

| hacer un pastel | ir de compras | dar una fiesta | poner la mesa | tener una lista de invitados |
|---|---|---|---|---|

_____

_____

_____

_____

**3** Escribe un párrafo para describir lo que haces cuando vas de compras con tus padres. Incluye
información sobre 1) las tiendas que conoces, 2) la ropa que compras 3) y lo que haces para
comprar. Usa los verbos de la lección y escribe oraciones completas.

_____

_____

_____

_____

_____

UNIDAD 3 Lección 1   Gramática C

# Gramática A *Pronouns after Prepositions*

 **¡AVANZA!** **Goal:** Use pronouns after prepositions to talk about interests, for whom things are, and with whom you do things.

**1** ¿Para quiénes son las siguientes cosas? Empareja cada dibujo con la descripción correspondiente.

**1. yo**   **2. tú**   **3. las chicas**   **4. los chicos**   **5. Juan y yo**   **6. Elena y tú**

| | |
|---|---|
| 1. _____ La gorra | **a.** son para ellos. |
| 2. _____ La pulsera | **b.** es para mí. |
| 3. _____ Los vestidos | **c.** son para nosotros. |
| 4. _____ Los chalecos | **d.** son para ustedes. |
| 5. _____ Los relojes | **e.** son para ellas. |
| 6. _____ Las botas | **f.** es para ti. |

**2** Escribe oraciones completas para describir los gustos de las siguientes personas. Usa los verbos **encantar**, **importar**, **interesar** y **gustar**.

**Modelo:**   ellos / usar el Internet

*A ellos les encanta usar el Internet.*

**1.** tú / estos cinturones _____

**2.** ustedes / el chaleco _____

**3.** él / el traje negro _____

**4.** ellas / las joyas _____

**5.** yo / los almacenes grandes _____

**3** Escribe oraciones completas con todos los elementos según el modelo.

**Modelo:**   Laura / buscar / una falda / para / ella.

*Laura busca una falda para ella.*

**1.** Juan / comprar / el chaleco / para / yo

_____

**2.** Yo / ir / al almacén / con / tú

_____

**3.** Nosotros / ver / unos suéteres / para / ustedes

_____

**4.** Tú / salir / a la tienda / con / yo

_____

*UNIDAD 3 Lección 1*

*Gramática A*

# Gramática B  *Pronouns after prepositions*

> **¡AVANZA!**  **Goal:**  Use pronouns after prepositions to talk about interests, for whom things are, and with whom you do things.

**1** Mira la compra de Rafael y escribe para quién(es) son los regalos. Sustituye sus nombres con los pronombres apropiados y escribe oraciones completas según el modelo.

   **Modelo:**   Juan / una gorra  *Rafael compra una gorra para él.*

   **2.** Carlos y Esteban / unos chalecos _____

   **3.** Carmen / una pulsera _____

   **4.** Su madre / un vestido _____

   **5.** Su padre / un cinturón _____

   **6.** Teresa / unas sandalias _____

   **7.** Sus hermanas / unos suéteres. _____

**2** Responde a las siguientes preguntas con oraciones completas.

   **1.** ¿Qué te gusta más a ti, hacer compras por el Internet o ir de compras a las tiendas?

   _____

   **2.** ¿Qué te interesa más, ir a una biblioteca o ir a una librería?

   _____

   **3.** ¿Con quién sales de compras normalmente?

   _____

   **4.** ¿Para quiénes sueles comprar ropa?

   _____

**3** ¿Qué opinas de las siguientes personas? Escribe un párrafo con oraciones completas sobre los gustos y preferencias de tu mamá, tu papá, tus hermanos y tú, y tus amigos(as). Usa los pronombres y verbos de la lección.

   _____

   _____

   _____

   _____

   _____

# Gramática C  *Pronouns after prepositions*

| ¡AVANZA! | **Goal:** Use pronouns after prepositions to talk about interests, for whom things are, and with whom you do things. |
|---|---|

**1** Escribe el pronombre que corresponde con el nombre o pronombre en paréntesis.

**Modelo:**   Elisa va de compras con _ellos_ (sus padres).

1. ¿Son de _____ (Elena y tú) estos suéteres?

2. Ellos viven muy lejos de _____ (Jorge y yo).

3. Hablo por teléfono con _____ (Marta).

4. A _____ (yo) me gustan los chalecos de cuadros.

5. Este libro es para _____ (tú).

**2** Hazles preguntas a las siguientes personas sobre sus gustos y preferencias en cuanto a las compras. Usa los verbos **encantar**, **interesar**, **importar** y **gustar** y los pronombres apropiados.

**Modelo:**   Miguel y Ángel: los chalecos verdes

*¿A ustedes les gustan los chalecos verdes?*

1. Tú: las pulseras de oro

_____

2. Selena y tú: estas sandalias

_____

3. los señores González: ir a fiestas

_____

4. Tú: comprar por Internet

_____

**3** Completa la siguiente tabla sobre los regalos que compraste para las siguientes personas el año pasado. Usa los verbos **encantar**, **interesar**, **importar** y **gustar** para expresar lo que dijeron las personas.

| Persona | Regalo | Qué dijo |
|---|---|---|
| **Modelo:** uno de tus padres: | *Le compré una pulsera a mi madre.* | *Ella dijo que le gustó la pulsera.* |
| **1.** uno de tus hermanos: | | |
| **2.** un buen amigo: | | |
| **3.** un conocido: | | |
| **4.** un primo: | | |

# Gramática adicional
*La acentuación: Palabras esdrújulas y sobreesdrújulas*

> **¡AVANZA!** **Goal:** Practice accentuation for *esdrújulas* and *sobreesdrújulas* words in Spanish.

Cuando el acento cae en la sílaba antepenúltima, hay que escribir un acento gráfico sobre la sílaba acentuada.

Estas palabras son esdrújulas:

| | | |
|---|---|---|
| última | fenómeno | técnica |
| lástima | pidiéndome | crítica |
| ánimos | biólogo | gramática |

Si el acento cae en la sílaba ante-antepenúltima, hay que escribir un acento gráfico sobre la sílaba acentuada. Por lo general, las sobreesdrújulas son palabras compuestas o son verbos que llevan pronombres adjuntos.

Estas palabras son sobreesdrújulas:

| | | |
|---|---|---|
| difícilmente | pidámoselo | pásamelo |
| fácilmente | dándoselo | cómpramelo |

**1** A las siguientes palabras les falta su acento gráfico. Pronuncia cada palabra para determinar dónde cae el acento. Escribe el acento e identifica si la palabra es esdrújula o sobreesdrújula.

1. fantastico _____
2. pasandomelo _____
3. logico _____
4. mascara _____
5. pidiendoselas _____

**2** Marcos lee la tarea de la escuela. Ayúdalo a completar las siguientes oraciones con las palabras de la caja según el contexto.

| gramática | ánimos | última | difícilmente | pidámoselo |
|---|---|---|---|---|

1. La _____ película de Antonio Banderas es todo un éxito.
2. El examen está largo; _____ lo termino en media hora.
3. Tengo que darle _____ a José para que participe en el concurso.
4. El profesor tiene nuestro libro. _____ .
5. La _____ del examen estaba muy fácil.

# Integración: Hablar

 **Goal:** Respond to written and oral passages talking about clothing and personal needs.

La señora Hortensia Bustillos publicó el siguiente anuncio en el periódico de su ciudad. Léelo con atención.

**Fuente 1 Leer**

*Costuras Hortensia*

Ahora con nuevo local en el centro comercial Río Frío.

### GRAN VENTA DE PRIMAVERA
Diseños exclusivos.
Para la mujer ejecutiva: trajes sastre, faldas y blusas.
Para el caballero: profesional pantalones y sacos.

Y para toda la familia…
todo hecho a la medida.
Descuentos de hasta el
**15%** en pedidos de más de $200.

Escucha el mensaje que Victoria dejó en el contestador de su amiga Rita. Toma notas y luego completa la actividad.

**Fuente 2 Escuchar**

### HL CD 1, tracks 17–18

Imagina que estás llamando a Victoria. Dile cómo puede solucionar su problema.

UNIDAD 3 Lección 1

Integración: Hablar

Nombre _____ Clase _____ Fecha _____

# Integración: Escribir

| ¡AVANZA! | **Goal:** | Respond to written and oral passages talking about clothing and personal needs. |

La tabla siguiente muestra el inventario de los artículos más populares en los almacenes «Veranda». Léela con atención.

Fuente 1 Leer

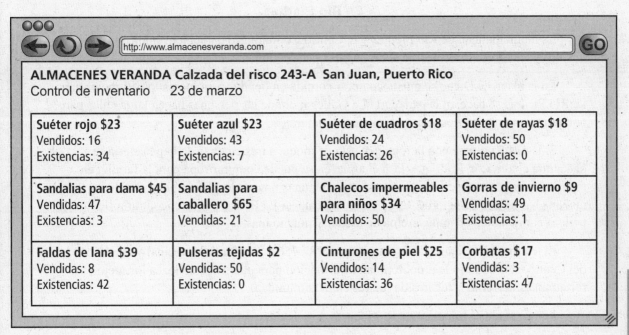

| http://www.almacenesveranda.com | GO |

**ALMACENES VERANDA** Calzada del risco 243-A  San Juan, Puerto Rico
Control de inventario    23 de marzo

| Suéter rojo $23 | Suéter azul $23 | Suéter de cuadros $18 | Suéter de rayas $18 |
|---|---|---|---|
| Vendidos: 16 | Vendidos: 43 | Vendidos: 24 | Vendidos: 50 |
| Existencias: 34 | Existencias: 7 | Existencias: 26 | Existencias: 0 |
| Sandalias para dama $45 | Sandalias para caballero $65 | Chalecos impermeables para niños $34 | Gorras de invierno $9 |
| Vendidas: 47 | Vendidas: 21 | Vendidos: 50 | Vendidas: 49 |
| Existencias: 3 | | | Existencias: 1 |
| Faldas de lana $39 | Pulseras tejidas $2 | Cinturones de piel $25 | Corbatas $17 |
| Vendidas: 8 | Vendidas: 50 | Vendidos: 14 | Vendidas: 3 |
| Existencias: 42 | Existencias: 0 | Existencias: 36 | Existencias: 47 |

Escucha el mensaje que la señora Corina Veranda, la dueña del almacén, dejó para su esposo Julio en el contestador. Toma notas mientras lo escuchas. Luego realiza la actividad.

Fuente 2 Escuchar

## HL CD 1, tracks 19–20

Escribe un ensayo donde le des a la señora Veranda la información que necesita.

_____
_____
_____
_____
_____
_____
_____
_____
_____

**¡Avancemos! 2**
Cuaderno para hispanohablantes

UNIDAD 3 Lección 1

Integración: Escribir

Unidad 3, Lección 1
Integración: Escribir  **111**

# Lectura A

| ¡AVANZA! | **Goal:** Read about clothing, shopping and personal needs. |

**1** Lee el volante que publicó el Centro Comunitario para las personas que son nuevas en la comunidad. Después responde a las preguntas.

---

### En Río Piedras

La municipalidad de Río Piedras y el Centro Comunitario da la bienvenida a los nuevos vecinos y les ofrece información sobre lugares para comprar.

En la plaza de Diego se puede comprar comida en tiendas o en mercados. El mejor pan de Río Piedras se hace en la panadería La Gallega, donde las personas hacen largas filas para comprar el pan recién hecho con ingredientes naturales.

Si le gusta vestirse con la ropa que está de moda, a tres cuadras de la panadería se encuentra el almacén Rodríguez. En el almacén se puede comprar ropa para la familia en todas las tallas, con descuentos interesantes y algunas novedades. Está abierto desde las 9 de la mañana hasta las 6 de la tarde. En la antigua farmacia La Botica puede encontrar artículos de belleza como jabón, champú, crema de afeitar y mucho más.

El teléfono del Centro Comunitario es el 787 756 5641. La línea vecinal y el teléfono del Centro Comunitario le proporcionan información para que usted conozca los mejores restaurantes, librerías y lugares de interés en la comunidad.

Edita: Oficina Municipal de Río Piedras.

---

**2** **¿Comprendiste?** Responde a las siguientes preguntas con oraciones completas.

**1.** ¿Dónde se puede comprar la comida en Río Piedras?

_____

**2.** ¿Por qué hay largas filas en la panadería?

_____

**3.** ¿Dónde se puede comprar ropa de moda a precios buenos?

_____

**4.** ¿Qué venden en La Gallega?

_____

**3** **¿Qué piensas?** ¿Crees que este volante es útil para la comunidad? ¿Por qué sí o por qué no?

_____

_____

_____

Nombre _____ Clase _____ Fecha _____

# Lectura B

**¡AVANZA!**  **Goal:** Read about clothing, shopping and personal needs.

**1** Lee la siguiente oferta de ropa por Internet. Después responde a las preguntas de comprensión y piensa si te gustaría comprar por Internet y por qué.

### Venta de ropa por Internet

¿Está muy ocupado? ¿No tiene tiempo para ir a un centro comercial? ¿Su ropa le queda floja o apretada? Compre fácil y rápidamente, haga sus compras en línea. Ahorre tiempo y dinero. Aproveche nuestras ofertas de ropa para chicos y chicas. También tenemos faldas, pantalones, vestidos y blusas de moda, en colores de la estación. Además tenemos ropa para hombre como chalecos, cinturones, trajes, camisetas, pantalones cortos y suéteres. Ordene su ropa ya. Usted recibirá su orden en su casa en un plazo de 3 días y no es necesario salir de la casa. Las tiendas del Internet nunca están cerradas. Hay de todo las veinticuatro horas: joyerías, almacenes, librerías, farmacias. ¡Conéctese! No espere más.

**2** **¿Comprendiste?** Responde las siguientes preguntas usando una oración completa y bien estructurada.

**1.** Si la estación es invierno, ¿qué tipo de ropa de mujer ofrecerían por Internet?

_____

¿Qué colores llevan las personas en esta estación?

_____

**2.** ¿Cuál es la ropa para hombre que ofrecen por Internet?

_____

**3.** ¿Cuándo están abiertas las tiendas en Internet?

_____

**4.** ¿Por qué es conveniente hacer las compras por Internet?

_____

**3** **¿Qué piensas?** ¿Te gusta comprar en línea? ¿Por qué sí o por qué no? Escribe tres razones que expliquen tu respuesta.

_____

_____

_____

_____

# Lectura C

¡AVANZA!  **Goal:**  Read about clothing, shopping and personal needs.

❶ Lee el siguiente artículo publicado en una revista. Responde a las preguntas y piensa en qué período de la historia te hubiera gustado vivir.

## La moda a través de los siglos

Durante la historia de la humanidad se ha registrado la forma de vestir de los pueblos. Cabe mencionar que cada región del mundo en cada época de su evolución ha tenido sus propias costumbres y tradiciones que han determinado la forma de vestirse. Es interesante estudiar cómo ha sido la evolución del vestido. Sólo mencionaremos algunos pueblos y períodos de la historia. Empezando con el Egipto faraónico en donde utilizaban pocas prendas debido al clima tan cálido de la zona. Las prendas eran sencillas de lino o de algodón cultivado en las llanuras cerca del Río Nilo. Los romanos utilizaban togas y sandalias. Los Bizantinos, como conformaron un imperio muy rico, sus mujeres vestían túnicas de seda con capas de forma semicircular y lucían joyas de piedras preciosas. El Medioevo mostró sobriedad en el vestido.

Durante el Renacimiento Italiano el vestido muestra la majestuosidad de la época con vestidos largos de talle alto acompañados de una capa larga de tejidos variados y adornados con muchas joyas. La Moda Francesa se pone en evidencia durante el siglo XVII entre los reinados de Luis XIII y Luis XIV. Los vestidos se hacen más favorecedores, son escotados y con grandes cuellos de organdí y encaje, ceñidos a la cintura con las faldas amplias y fruncidas de bellos colores y tejidos lujosos.  A principios del siglo XX, después de la primera guerra mundial, la forma de vida cambia radicalmente y en consecuencia la forma de vestir. La mujer requería una moda práctica, se adoptan modelos menos entallados en la cintura y en el pecho, la falda se vuelve más corta, se deja de usar el corsé y por primera vez desde hacía varios siglos las mujeres enseñan las piernas en Europa y en países desarrollados. La calidad, la elegancia y la feminidad se ponen en evidencia. En los años setenta el movimiento Hippie modifica la forma de vestir y pone de moda faldas largas sueltas con chaleco y muchos collares y pulseras; la elegancia se pierde por completo.

En la actualidad, la moda es una industria multimillonaria, cientos de modistos lanzan sus modelos y al analizarlos vemos que la moda es una mezcla de todos los diseños que han existido con el toque de modernidad del siglo XXI. La moda es un arte que muestra la forma de pensar del hombre y la mujer.

UNIDAD 3 Lección 1

Lectura C

**2** **¿Comprendiste?** Responde a las siguientes preguntas:

**1.** ¿Ha sido la moda a través de los siglos siempre igual? ¿Por qué sí o por qué no?

_____

_____

**2.** Explica brevemente cómo eran los vestidos en el Renacimiento y a principios del siglo XX.

_____

_____

**3.** Compara los vestidos del siglo XXI con los de los romanos.

_____

_____

**4.** ¿Qué diferencias importantes hay entre el vestido de la Moda Francesa y la moda «Hippie»?

_____

_____

**3** **¿Qué piensas?** ¿Te interesa la moda?¿Cuál es el estilo de ropa que más te llama la atención?¿En qué época de la historia te hubiera gustado vivir a causa de la moda? Explica tus respuestas.

_____

_____

_____

_____

_____

_____

**¡Avancemos! 2**
Cuaderno para hispanohablantes

Unidad 3, Lección 1
Lectura C **115**

UNIDAD 3 Lección 1

Lectura C

# Escritura A

| ¡AVANZA! | **Goal:** Write about clothing and shopping. |

**1** Escribe un artículo breve para una revista de moda sobre la ropa y las diferentes ocasiones.

Escribe una lista de ropa para cada ocasión.

- Para el cine: _____
- Para una fiesta: _____
- Para la escuela: _____
- Para hacer deporte: _____

**2** Escribe tu artículo aquí. Usa la información de la Actividad 1 para organizar tus ideas.
Incluye: 1) una introducción, 2) un desarrollo y 3) una conclusión.

_____

_____

_____

_____

_____

_____

_____

_____

_____

_____

_____

_____

**3** Evalúa tu respuesta a la Actividad 2 usando la siguientes información:

|  | **Crédito máximo** | **Crédito parcial** | **Crédito mínimo** |
|---|---|---|---|
| Contenido | Escribiste ocho oraciones completas con descripciones de la ropa y de la ocasión. | Escribiste seis oraciones completas sobre la ropa y las ocasiones; algunas descripciones no son claras. | Escribiste tres oraciones sobre la ropa y las ocasiones. Las oraciones no son claras. |
| Uso correcto del lenguaje | Tuviste muy pocos errores o ninguno en el uso del lenguaje y la ortografía. | Hay varios errores en el uso del lenguaje y en la ortografía. | Hay un gran número de errores en el uso del lenguaje y en la ortografía. |

UNIDAD 3 Lección 1

Escritura A

# Escritura B

| ¡AVANZA! | **Goal:** Write about clothing and shopping. |
|---|---|

**1** Completa la tabla con una lista de regalos que vas a dar a cinco personas (familia, amigos o conocidos). Indica dónde se pueden comprar esos regalos. Usa el espacio siguiente para tus respuestas.

| Nombre y Relación | Regalo | Por qué lo quiero comprar |
|---|---|---|
| | | |
| | | |
| | | |
| | | |
| | | |

**2** Describe a las cinco personas y explica por qué quieres regalarles lo que escogiste para ellas. Escribe al menos dos oraciones completas por cada persona.

_____
_____
_____
_____
_____
_____
_____

**3** Evalúa tu respuesta a la Actividad 2 usando la siguientes información.

| | Crédito máximo | Crédito parcial | Crédito mínimo |
|---|---|---|---|
| Contenido | Escribiste al menos nueve oraciones completas que incluyen la información necesaria. | Escribiste al menos seis oraciones completas que incluyen la información necesaria. | Sólo escribiste unas cuantas oraciones, completas o incompletas, y falta casi toda la información necesaria. |
| Uso correcto del lenguaje | Tuviste muy pocos errores o ninguno en el uso del lenguaje y en la ortografía. | Tuviste varios errores en el uso del lenguaje y en la ortografía. | Tuviste un gran número de errores en el uso del lenguaje y en la ortografía. |

# Escritura C

**1** Completa la tabla con una lista de cinco diseños de ropa y una breve descripción de cada modelo para tu participación en la EXPO de Moda en Nueva York.

| Modelo | Descripción | Inspiración |
|---|---|---|
| | | |
| | | |
| | | |
| | | |
| | | |

**2** Escribe una descripción para el programa de la EXPO. Usa la información de la tabla para describir la ropa que diseñaste y para explicar los motivos que te inspiraron a haces esos diseños.

_____
_____
_____
_____
_____
_____
_____
_____

**3** Evalúa tu respuesta a la Actividad 2 usando la siguientes información.

| | Crédito máximo | Crédito parcial | Crédito mínimo |
|---|---|---|---|
| Contenido | Escribiste ocho oraciones completas que incluyen toda la información necesaria. | Escribiste menos de seis oraciones completas, por lo que falta alguna información necesaria. | Sólo escribiste unas oraciones, completas o incompletas, y falta casi toda la información necesaria. |
| Uso correcto del lenguaje | Tuviste muy pocos errores o ninguno en el uso del lenguaje y en la ortografía. | Tuviste varios errores en el uso del lenguaje y en la ortografía. | Tuviste un gran número de errores en el uso del lenguaje y en la ortografía. |

# Cultura A

> **¡AVANZA!**   **Goal:**   Know and understand Hispanic life, people, and culture in Puerto Rico.

**1** Yolanda te está ayudando a repasar para un examen sobre la cultura de Puerto Rico. Marca cada afirmación como **cierta** o **falsa**. Encierra la respuesta en un círculo.

**1.** La moneda de Puerto Rico es el dólar estadounidense.   C   F

**2.** Roberto Clemente es un jugador puertorriqueño de tenis.   C   F

**3.** La isla donde está Puerto Rico se llama el Viejo San Juan.   C   F

**4.** Los taínos llegaron después de los españoles a la isla.   C   F

**5.** A los puertorriqueños también les dicen boricuas.   C   F

**2** Javier está usando dibujos para contarle a su hermanita lo que hizo en Puerto Rico. Lee y mira las ilustraciones para descifrar *(decipher)* el mensaje de Javier. Escribe en la línea la palabra que describe cada ilustración.

Fui a un desfile donde había varios **1.** _____ tocando los timbales. El ritmo era muy bonito. También había música para bailar **2.** _____ _____ . Había muchos puestos de comida. Lo que más me gustó fueron los **3.** _____ porque están hechos de plátano, mi fruta favorita. Al día siguiente fui a ver el **4.** _____ que es un museo con muchos artefactos históricos.

**3** Tu tía está de visita y vas a llevarla al centro comercial de tu ciudad. Escribe una lista de las tiendas que van a visitar y el tipo de artículos que venden.

| Tienda: | Artículos que venden: |
|---------|----------------------|
| _____ | _____ |
| _____ | _____ |
| _____ | _____ |
| _____ | _____ |

# Cultura B

> **¡AVANZA!**   **Goal:**   Know and understand Hispanic life, people, and culture in Puerto Rico.

**1** Usa tu conocimiento sobre Puerto Rico y elige la opción correcta para completar cada oración.

**1.** La capital de Puerto Rico es _____ .

   **a.** Washington, D.C.     **b.** San Juan     **c.** el Viejo San Juan

**2.** La moneda puertorriqueña es el _____ .

   **a.** peso boricua     **b.** euro     **c.** dólar estadounidense

**3.** A los puertorriqueños también se les conoce como _____ .

   **a.** boricuas     **b.** porteños     **c.** morros

**4.** Estas son comidas típicas de Puerto Rico _____ .

   **a.** fajitas con frijoles     **b.** tacos y salsa     **c.** tostones y pernil

**5.** En San Juan se localiza el centro comercial más grande del Caribe: _____ .

   **a.** Timbaleros     **b.** Plaza las Américas     **c.** San Juanico's

**2** Emilio está escribiendo un reporte sobre Puerto Rico para su clase de español. Ayúdalo a completar este párrafo.

La isla de Puerto Rico se localiza en el **1.** _____ . A la isla también se le llama **2.** _____ , el nombre que le dieron los indígenas **3.** _____ que habitaban la isla antes de la conquista de los españoles. Su población es de aproximadamente **4.** _____ millones de personas. Los idiomas que se hablan en la isla son **5.** _____ . La isla cuenta con edificios antiguos de los siglos XVI al XIX, como por ejemplo el museo histórico del **6.** _____ .

**3** Cada ritmo musical se caracteriza por ciertos instrumentos. Completa la siguiente tabla con ritmos musicales y el (los) instrumento(s) que los caracterizan.

| Ritmo musical | Instrumento musical |
|---|---|
| **Modelo:** *Las cumbias* | *El acordeón* |
| **1.** | |
| **2.** | |
| **3.** | |
| **4.** | |

# Cultura C

> **¡AVANZA!**  **Goal:** Know and understand Hispanic life, people, and culture in Puerto Rico.

**1** Silvia y Betty quieren conocer Puerto Rico. Su amigo David es originario de la isla. Completa las siguientes frases de David.

**Modelo:** Si quieren conocer edificios españoles antiguos deben  *visitar el Viejo San Juan* .

**1.** Si quieren comer comida típica les recomiendo probar...

_____

**2.** Si quieren ir de compras vayan a...

_____

**3.** No necesitan cambiar dinero *(exchange money)* porque...

_____

**4.** Si van a un festival es probable que escuchen a un...

_____

**5.** Si quieren conocer un poco de la historia de la isla vayan al museo turístico...

_____

**2** Llena la siguiente tabla con los aspectos cultrales de Puerto Rico. Escribe una explicación para cada aspecto.

| Aspecto cultural | Explicación |
|---|---|
| **Modelo:** *la moneda de Puerto Rico* | *El dólar estadounidense es la moneda de Puerto Rico porque la isla es territorio de los Estados Unidos.* |
| **1.** boricuas | |
| **2.** edificios españoles | |
| **3.** timbaleros | |

**3** Los centros comerciales también son lugares que reflejan la cultura y costumbres de una comunidad. Describe un centro comercial de la ciudad donde vives. Menciona los aspectos culturales que tiene o eventos culturales que ahí se realizan.

_____

_____

_____

# Vocabulario A ¿Filmamos en el mercado?

> **¡AVANZA!**  **Goal:** Talk about shopping in a market.

**❶** Indica si estas oraciones sobre el mercado son verdaderas (**V**) o falsas (**F**).

**1.** Puedes regatear por un precio más bajo. _____

**2.** En un mercado de artesanías, muchos de los artículos están hechos a mano. _____

**3.** Si un artículo es bueno y no cuesta mucho, es una ganga. _____

**4.** Se puede comprar un collar en la sección de pinturas. _____

**5.** Si un artículo es «único», es uno entre muchos. _____

**6.** Si quieres una imagen de ti mismo(a), te pueden hacer un retrato. _____

**7.** El oro y la plata son dos tipos de metales. _____

**❷** En ciertas ocasiones, necesitas usar expresiones de cortesía. Escribe la expresión correcta para completar cada oración.

| pase | de nada | disculpe | me gustaría ver... | con permiso |
|------|---------|----------|--------------------|-------------|

**1.** Si le ensucias la ropa a un adulto, puedes decirle _____ .

**2.** Si una persona te dice «gracias», puedes contestarle _____ .

**3.** Si una persona simpática quiere entrar en tu casa, puedes decirle _____ .

**4.** Si quieres examinar lo que vende una persona, puedes decirle _____ .

**5.** Si necesitas interrumpir una conversación, puedes decir _____ .

**❸** Contesta con oraciones completas las preguntas sobre el mercado.

**1.** ¿De qué está hecha una escultura algunas veces?

_____

**2.** Si un artículo no cuesta mucho, ¿qué es?

_____

**3.** ¿De qué están hechos los zapatos casi siempre?

_____

**4.** ¿De qué están hechas las joyas finas y de precios más altos?

_____

UNIDAD 3 Lección 2

Vocabulario A

Unidad 3, Lección 2
Vocabulario A

**122**

¡Avancemos! 2
Cuaderno para hispanohablantes

# Vocabulario B ¿Filmamos en el mercado?

¡AVANZA! **Goal:** Talk about shopping in a market.

❶ Dibuja cada artículo que ves en el mercado de artesanías.

**1.** una pulsera de oro

**2.** un retrato de un persona famosa

**3.** un collar de plata

**4.** una pintura de un mercado

**5.** una escultura de un animal

❷ Explica qué significan las siguientes palabras sobre el mercado. Sigue el modelo.

**Modelo:** Hecho a mano: *Un artículo hecho a mano es un trabajo manual y artesanal.*

**1.** barato _____

**2.** regatear _____

**3.** una ganga _____

**4.** un retrato _____

**5.** artesanías _____

❸ Escribe un diálogo de seis oraciones entre tú y un vendedor en el mercado sobre un artículo que quieres comprar. Usa las siguientes expresiones: disculpe, regatear, barato, material, artesanías.

**Tú:** _____

**Vendedor:** _____

**Tú:** _____

**Vendedor:** _____

**Tú:** _____

**Vendedor:** _____

**Tú:** _____

# Vocabulario C  ¿Filmamos en el mercado?

> ¡AVANZA!    **Goal:**   Talk about shopping in a market.

**1** Escribe qué material normalmente se usa para hacer cada artículo.

**1.** las botas _____

**2.** las joyas _____

**3.** las casas _____

**4.** las llaves _____

**5.** las esculturas _____

**2** Escribe oraciones completas para explicar el significado de cada concepto.

**1.** artesanías: _____

_____

**2.** retrato: _____

_____

**3.** joyas: _____

_____

**4.** una ganga: _____

_____

**3** Contesta las siguientes preguntas sobre lo que pasó en el mercado de artesanías ayer.

**Modelo:**    ¿Quién estuvo en el mercado? (nosotros)

*Nosotros estuvimos en el mercado.*

**1.** ¿Quién tuvo que pagar mucho dinero por un collar? (tú)

_____

**2.** ¿Quién llevó la escultura al hotel? (yo)

_____

**3.** ¿Quién pudo regatear? (Carla y Jaime)

_____

**4.** ¿Quién tuvo tiempo para ir al museo? (usted)

_____

# Vocabulario adicional

> **¡AVANZA!** **Goal:** Expand your vocabulary and improve your writing with transition words.

## Las palabras transicionales

| | | | |
|---|---|---|---|
| además para mí | sin embargo | por lo tanto | por otro lado |
| también | muchas veces | finalmente | |

Estas palabras transicionales te ayudan en tu escritura. Lee estos dos ejemplos:

- Miguel lavó la ropa. Limpió la cocina. Terminó su trabajo. Salió de casa. Fue al cine.
- Por la tarde, Miguel lavó la ropa y también limpió la cocina. Finalmente terminó su trabajo, salió de la casa y fue al cine.

En el primer caso, leemos las actividades de Miguel pero las múltiples oraciones interrumpen el ritmo de lectura. En el segundo caso, las transiciones conectan las oraciones para crear una descripción más interesante.

**1** Escribe un párrafo de oraciones completas sobre la última vez que fuiste a un mercado.

_____
_____
_____
_____
_____

**2** Escribe el párrafo de la primera actividad otra vez, usando palabras transicionales. ¿Notas alguna diferencia entre los dos párrafos?

_____
_____
_____
_____

# Gramática A  *Irregular Preterite Verbs*

> **¡AVANZA!**  **Goal:**  Speak about past events using irregular preterite verbs.

**1** Las siguientes personas estuvieron en el mercado. Empareja con una línea cada persona o grupo de personas con las actividades correspondientes.

1. _____ Yo
2. _____ Nosotros
3. _____ Tú
4. _____ Ustedes
5. _____ El señor Maldonado

a. pudimos encontrar muchas gangas.
b. tuvieron que pagar mucho por la escultura.
c. estuvo en el mercado ayer.
d. puse mi collar de plata en mi cuarto.
e. pusiste mi dinero en tu cartera, ¿verdad?

**2** Germán y Lucía hablan sobre las compras que hicieron. Completa el diálogo con la forma correcta de los verbos en pretérito.

**Germán:** Lucía, mira lo que _____ (comprar) para mi familia.

**Lucía:** ¿Dónde _____ (encontrar) todas esas cosas?

**Germán:** Las _____ (encontrar) en el mercado de artesanías.

**Lucía:** ¿Cuánto te _____ (pedir) por ellas?

**Germán:** _____ (pagar) muy poco dinero.

**Lucía:** ¡Qué buena ganga! En cambio yo no _____ (poder) pagar por un collar de plata que me _____ (gustar) mucho, pues _____ (estar) muy caro.

**3** Lee la siguiente descripción del día en el mercado y luego escribe el párrafo de nuevo, cambiando los verbos del presente al pretérito.

Hoy tenemos mucho que hacer. Estoy en el Mercado de artesanías con mis amigos Victoria y Alberto. Ellos buscan regalos de cerámica para su familia. Compran dos esculturas únicas. Victoria pone las esculturas en la mesa y buscamos más regalos. Yo no puedo encontrar una ganga, pero cuando estamos en el hotel encuentro un collar de oro muy fino y hecho a mano. Me gusta tanto que tengo que comprarlo.

_____

_____

_____

_____

_____

_____

UNIDAD 3 Lección 2
Gramática A

Unidad 3, Lección 2
Gramática A

126

¡Avancemos! 2
Cuaderno para hispanohablantes

# Gramática B   *Irregular Preterite Verbs*

> **¡AVANZA!**   **Goal:**   Speak about past events using irregular preterite verbs.

**1** Todos fueron al mercado de artesanías. Lee el siguiente párrafo y elige la forma correcta del verbo en paréntesis.

Todos nosotros (fueron / fuimos) al mercado hoy. Yo (pude / pudo) encontrar muchos artículos de madera y metal, y (pasó / pasé) la tarde buscando gangas. Hace mucho tiempo que nosotros (estuvimos / estuvieron) en un mercado de artesanías, y (tuvisteis / tuvimos) mucho tiempo para caminar y mirar todos los artículos. Alberto (pudiste / pudo) encontrar todos los regalos para su familia muy fácilmente.

**2** Escribe oraciones completas sobre las actividades de las siguientes personas según el modelo.

**Modelo:**   Yo / tener tiempo para ir de compras

*Yo tuve tiempo para ir de compras.*

**1.** Ellos / poder encontrar muchos artículos de cuero

_____

**2.** Nosotros / saber que el mercado está cerrado

_____

**3.** Mateo / poner su escultura en el hotel

_____

**4.** Fabián y tú / estar en el mercado hace una semana

_____

**5.** Usted / tener tiempo para andar por el mercado

_____

**3** Hazle dos preguntas a cada grupo de personas sobre qué hicieron durante su viaje a Puerto Rico. Usa la forma correcta de los verbos en el cuadro.

| estar | poder | saber | poner | tener |
|-------|-------|-------|-------|-------|

**1.** La señora González: ¿_____?

¿_____?

**2.** Las hermanas Álvarez: ¿_____?

¿_____?

**3.** Tu mejor amigo(a): ¿_____?

¿_____?

# Gramática C  Irregular Preterite Verbs

> **¡AVANZA!**   **Goal:**   Speak about past events using irregular preterite verbs.

**①** Tu amiga Sara fue a Puerto Rico y visitó un mercado de artesanías. Después te escribió un correo electrónico. Completa el párrafo con la forma correcta de los verbos en el pretérito.

| A: |
| --- |
| **DE: Sara** |

¡Hola! Puerto Rico es muy bonito. Ayer nosotros **1.** _____ (estar) en un mercado de artesanías. Yo **2.** _____ (buscar) regalos para todos mis amigos. Mis padres **3.** _____ (poder) encontrar varios artículos únicos de madera y de cuero, y yo **4.** _____ (poder) encontrar muchas cosas hechas a mano. Mi hermana no **5.** _____ (tener) mucho tiempo porque ella **6.** _____ (hacer) una excursión con otro grupo de amigos, pero yo **7.** _____ (saber) que el mercado está cerrado mañana y por eso **8.** _____ (ir) hoy. ¡Te veo pronto! ¡Ya **9.** _____ (poner) tu regalo en mi maleta!

**②** Contesta las siguientes preguntas con oraciones completas.

**1.** ¿Cuánto tiempo hace que fuiste a un mercado de artesanías?

_____

**2.** ¿Cuándo fue la última vez que tu familia y tú estuvieron de vacaciones?

_____

**3.** ¿Compraste un artículo de arte? ¿Dónde lo encontraste y cuánto pagaste?

_____

**4.** ¿Cuál fue el último artículo hecho a mano que compraste y dónde lo encontraste?

_____

**③** Escribe cinco oraciones completas sobre la última vez que fuiste de compras. ¿Dónde estuviste? ¿Qué artículos compraste? ¿Pudiste encontrar gangas? ¿Tuviste suficiente tiempo para comprar todo? ¿Qué hiciste con los artículos que compraste?

_____

_____

_____

_____

_____

# Gramática A  *Preterite of -ir stem changing verbs*

> **¡AVANZA!**  **Goal:** Use *-ir* stem changing verbs in the preterite to speak about past events.

**❶** Haz un círculo en la forma correcta de los verbos para completar lo que Rodolfo describe sobre lo que pasó la semana pasada.

1. Mi hermano (durmieron / durmió) ocho horas anoche.

2. Esta mañana me (vestí / vestimos) para ir al mercado.

3. Mi hermano y yo le (pidieron / pedimos) dinero a nuestra madre.

4. Durante al hora del almuerzo, el camarero nos (servimos / sirvió) una rica sopa y pan.

5. De las esculturas de metal y las de madera, mi hermano (preferiste / prefirió) las de madera.

**❷** Todos tuvieron un día muy ocupado. Escribe una oración para describirlo. Usa los verbos según el modelo.

**Modelo:**  los señores Ramirez / pedir la comida / en un restaurante

*Los señores Ramírez pidieron la comida en un restaurante.*

1. Josefina / dormir en el sofá _____

2. Los camareros / servir / la comida _____

3. Los dos equipos / competir en el partido de fútbol _____

_____

4. Jamie / vestirse por la mañana _____

5. Ellas / preferir la pintura _____

**❸** ¿Y tú? Contesta las siguientes preguntas con oraciones completas en el pretérito.

1. ¿Cuántas horas dormiste anoche?

_____

2. ¿A qué hora te vestiste esta mañana?

_____

3. La última vez que fuiste a un restaurante, ¿qué comida pediste?

_____

4. ¿Cuál fue la comida más rica que te sirvieron en un restaurante?

_____

5. ¿Cuánto tiempo hace que pediste pizza?

_____

# Gramática B  *Preterite of -ir stem changing verbs*

> **¡AVANZA!**  **Goal:** Use *-ir* stem changing verbs in the preterite to speak about past events.

**❶** Escribe oraciones completas para indicar lo que cada persona pidió en el restaurante.

    **Modelo:**   Sabrina / pizza   *Sabrina pidió pizza.*

   **1.** Yo / un refresco _____

   **2.** Tú / un café con leche _____

   **3.** Ellos / sopa de verduras _____

   **4.** Nosotros / arroz con pollo _____

   **5.** Papá / pescado _____

**❷** José te hace preguntas sobre lo que pasó ayer. Contéstale según la información en paréntesis con oraciones completas y de acuerdo con el modelo.

    **Modelo:**   ¿Quién durmió cuatro horas anoche? (Roberto)

            *Roberto durmió cuatro horas anoche.*

   **1.** ¿Quién puso la escultura en la mochila? (usted)

   _____

   **2.** ¿Quiénes pidieron un sándwich de pollo? (Ángela y yo)

   _____

   **3.** ¿Quién se vistió tarde hoy? (Margarita)

   _____

   **4.** ¿Quién sirvió el pastel? (tú)

   _____

**❸** Escribe una postal desde Puerto Rico a tu profesor(a) de español. Cuéntale de tus actividades y usa el pretérito de los verbos dormir, pedir, preferir y servir. Usa también expresiones como: ayer, la semana pasada, hace tiempo que.

# Gramática C  *Preterite of -ir stem changing verbs*

> **¡AVANZA!**  **Goal:**  Use *-ir* stem changing verbs in the preterite to speak about past events.

**1** Rebeca describe su viaje a Puerto Rico. Completa el párrafo con la forma correcta del pretérito de los verbos del cuadro.

| dormir | vestirse | pedir | sevir | preferir |
|---|---|---|---|---|

Hace dos semanas que nosotros fuimos de vacaciones en Puerto Rico. Mi padre

**1.** _____ una habitación doble para mi hermana y para mí, y otra habitación

para ellos. Antes de salir del hotel mi madre **2.** _____ la siesta porque el viaje

fue largo. Fuimos a comer en un restaurante y los camareros nos **3.** _____

arroz con gandules y tostones. Mi hermana **4.** _____ un helado después de la

cena. Ella y yo **5.** _____ para salir de noche. Fue un viaje muy agradable.

**2** Escríbele a tu profesor(a) cinco preguntas sobre lo que hizo durante sus últimas vacaciones, usando los verbos en paréntesis y la forma usted.

**1.** (servir) ¿_____?

**2.** (pedir) ¿_____?

**3.** (competir) ¿_____?

**4.** (vestirse) ¿_____?

**5.** (preferir) ¿_____?

**3** Describe lo que pasó la última vez que comiste en un restaurante. Escribe cinco oraciones completas, usando el pretérito y expresiones de tiempo.

_____

_____

_____

_____

# Gramática adicional _Las conjunciones_

> **¡AVANZA!**　**Goal:** Practice spelling changes associated with the conjunctions _y_ and _o_.

Las dos conjunciones **y** (_and_) y **o** (_or_) sirven para conectar dos elementos (palabras, oraciones, adjetivos, etc.)

**Ejemplos:**

| | | |
|---|---|---|
| gatos y perros | café o té | matemáticas y ciencias |
| agua o jugo | bueno y sano | bueno o malo |

La conjunción **y**:

Cuando el elemento que sigue la conjunción 'y' empieza con 'i' o con 'hi' se convierte en 'e' para acomodar la pronunciación:

**Ejemplos:**

| | | |
|---|---|---|
| arte e historia | español e inglés | agradable e interesante |

La conjunción **o**:

Cuando el elemento que sigue la conjunción 'o' empieza con 'o' o con 'ho', se convierte en 'u' para acomodar la pronunciación:

**Ejemplos:**

| | | |
|---|---|---|
| uno u otro | metódica u organizada | siete u ocho |

**❶** Conecta los siguientes elementos con la forma apropiada de la conjunción 'y' y de la conjunción 'o' según corresponda.

| | |
|---|---|
| **1.** pizza _____ pasta | **6.** Irlanda _____ Inglaterra |
| **2.** carne _____ pescado | **7.** desorganizado _____ ilógico |
| **3.** ocho _____ nueve | **8.** inglés _____ biología |
| **4.** ver _____ observar | **9.** ordenado _____ organizado |
| **5.** mañana _____ hoy | **10.** honor _____ justicia |

**❷** Escribe cuatro oraciones completas con la forma apropiada de la conjunción 'y' y la conjunción 'o'. Usa las palabras de los ejemplos anteriores.

**Modelo:**　_Me gusta comer **pizza y pasta**._

_Ayer comencé a estudiar entre las **ocho o nueve** de la mañana._

_____

_____

_____

_____

UNIDAD 3 Lección 2

Gramática adicional

**132** Unidad 3, Lección 2
Gramática adicional

**¡Avancemos! 2**
Cuaderno para hispanohablantes

# Integración: Hablar

> **¡AVANZA!**  **Goal:** Respond to written and oral passages talking about arts and crafts.

Lee con atención las siguientes instrucciones de un sitio de Internet.

Fuente 1 Leer

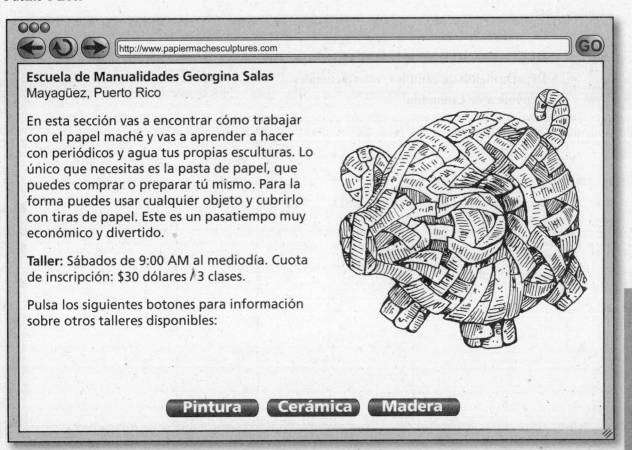

http://www.papiermachesculptures.com

**Escuela de Manualidades Georgina Salas**
Mayagüez, Puerto Rico

En esta sección vas a encontrar cómo trabajar con el papel maché y vas a aprender a hacer con periódicos y agua tus propias esculturas. Lo único que necesitas es la pasta de papel, que puedes comprar o preparar tú mismo. Para la forma puedes usar cualquier objeto y cubrirlo con tiras de papel. Este es un pasatiempo muy económico y divertido.

**Taller:** Sábados de 9:00 AM al mediodía. Cuota de inscripción: $30 dólares / 3 clases.

Pulsa los siguientes botones para información sobre otros talleres disponibles:

**Pintura**   **Cerámica**   **Madera**

Escucha el mensaje que dejó Enrique López a su amigo Rico. Toma notas y luego completa la actividad.

Fuente 2 Escuchar

## HL CD 1, tracks 21–22

¿Qué diferencias hay entre las dos clases en la escuela de manualidades? ¿Qué similitudes hay? Explica tu respuesta.

# Integración: Escribir

| ¡AVANZA! | **Goal:** Respond to written and oral passages talking about arts and crafts. |

Lee con atención el siguiente documento sobre una declaración de artículos comprados durante un viaje.

Fuente 1 Leer

| DECLARACIÓN DE IMPORTACIÓN DE BIENES | | | |
|---|---|---|---|
| **Departamento de cambios internacionales** | | | |
| **República de Colombia** | | | |
| Nombre del importador | Domicilio | Ciudad | País de procedencia |
| Jorge Silva | Hacienda 23 Norte | Medellín | San Juan, Puerto Rico |
| Descripción de artículos | Valor USD | | |
| 1. Pulsera de oro | $120 | | |
| 2. Vajilla de cerámica | $65 | | |
| 3. Escultura de plata | $569 | | |

Escucha el recado que Jorge Silva dejó para su esposa Sonia. Toma apuntes y completa la actividad.

Fuente 2 Escuchar

## HL CD 1, tracks 23–24

Escribe un párrafo con la información de los artículos que compró Jorge Silva en Puerto Rico. ¿Para quién los compró? ¿Cuánto le costaron?

_____

_____

_____

_____

_____

# Lectura A

| ¡AVANZA! | **Goal:** Ask for and talk about items at a marketplace. |
|---|---|

**1** Lee la nota que apareció en un periódico local acerca de la feria de artesanías y responde a las preguntas.

### Feria de Artesanías

El Mercado Nacional de Artesanías invitó a los interesados a su feria anual al aire libre. Los vendedores de todo el país ofrecieron artesanías variadas de cuero, cerámica, madera, vidrio y otros materiales. También presentaron esculturas talladas en piedra y pinturas de bonitos colores. Los interesados en joyería encontraron una selección de pulseras, aretes y collares de plata. Los artículos de artesanía en la feria no se venden en tiendas porque los artesanos no repiten sus modelos. Las personas disfrutaron al ver cómo fabrican estas piezas únicas. Además, hubo música, comida y refrescos. Fue una feria muy alegre, variada y divertida.

**2** **¿Comprendiste?** Responde a las siguientes preguntas con oraciones completas.

**1.** ¿Cuándo celebra la feria el Mercado Nacional de Artesanías?

_____

**2.** ¿Qué tipo de artesanías se encontraron en la feria?

_____

**3.** ¿Por qué no se pueden encontrar algunos artículos en las tiendas?

_____

**4.** ¿Además de las artesanías, qué más hubo en la feria?

_____

**3** **¿Qué piensas?** ¿Qué artesanías te atraen más y por qué?

_____

Describe tres de esas artesanías

_____

_____

_____

# Lectura B

| ¡AVANZA! | **Goal:** Ask for and talk about items at a marketplace. |

**❶** Lee este artículo sobre los mercados en México. Después responde a las preguntas de comprensión y piensa si te gustaría visitar un mercado.

## El mercado mexicano

Los mercados tradicionales en México son muy populares. Cuando se viaja por el país se nota el cambio de los usos y las tradiciones entre las ciudades y los pueblos. Uno de ellos, pueblo costero de Ixtapa-Zihuatanejo, es muy bello. Este pueblo tiene playas hermosas donde los vendedores pasan ofreciendo sus artesanías. Las vendedoras visten sus trajes típicos y en sus brazos llevan collares y pulseras para vender. Las joyas son de plata o de diferentes piedras de colores. Si el comprador es bueno y sabe regatear puede conseguir lo que desee a muy buen precio. También hay un mercado de artesanías muy cerca de la playa con productos de todos los precios. Todo lo que se vende es hecho a mano en materiales como cerámica, madera, cuero, papel, plata, piedra. Hay hasta esculturas hechas de metal y de madera. Los artesanos son simpáticos y ayudan a los compradores a encontrar lo que buscan. Los mercados son espacios interesantes para el visitante que desea llevarse un buen recuerdo de cada lugar a donde viaja. Es una bella experiencia visitar los mercados que continúan con su tradición y rutina hasta nuestros días.

**❷** **¿Comprendiste?** Escribe oraciones completas para contestar las preguntas.

**1.** ¿Qué pueden comprar los turistas en el pueblo de Ixtapa-Zihuatanejo?

_____

**2.** ¿De qué materiales son los artículos que venden en el mercado de artesanías?

_____

_____

**3.** ¿Cómo puede el comprador conseguir un artículo por un buen precio?

_____

**❸** **¿Qué piensas?** ¿Te gusta comprar en los mercados? ¿Por qué? Escribe 3 razones para explicar tu respuesta.

_____

_____

_____

_____

# Lectura C

¡AVANZA!  **Goal:** Ask for and talk about items at a marketplace.

**1** Lee el siguiente artículo publicado en una guía turística.

### Las artesanías mexicanas

Las artesanías mexicanas representan el espíritu creativo y el genio del pueblo mexicano. Están concebidas para ser parte de la vida cotidiana, por eso encontramos ollas de barro, marcos, charolas de Olinalá, tapetes hechos de hoja de palma, macetas de barro negro, fuentes de cantera, molcajetes, candelabros y joyeros. También encontramos azulejos pintados a mano, vajillas de Talavera, joyería de plata, papel picado, jarras y vasos de vidrio soplado. Además, hay ollas de cobre, muebles de hierro forjado, floreros de cerámica, vasijas de barro negro, sarapes, rebozos, mantelería, servilletas deshiladas de algodón y cientos de artículos más. Todas las artesanías pueden ser parte de la decoración de una casa o de una oficina, no sólo por su belleza sino por su gran utilidad.

Las artesanías mexicanas reproducen elementos de la época prehispánica; por ejemplo, las máscaras de obsidiana o las esculturas de piedra que representan animales aztecas. También tienen influencia colonial, la cual se puede apreciar en los marcos de los espejos, los joyeros y los aguamaniles. El elemento religioso es muy importante en la artesanía mexicana: éste se hace evidente con la representación de la Virgen de Guadalupe en todo tipo de materiales. Además, para la celebración del Día de Muertos, un sin fin de artesanías se ponen a la venta, desde calaveras de azúcar hasta figuras de la muerte en barro o cartón. Los niños se divierten con las artesanías, juegan con trompos, baleros y marionetas.

La pintura es otra expresión artística de los mexicanos. Algunos artistas utilizan el papel mate como medio para pintar sus cuadros de motivos religiosos, de paisajes o de escenas de la vida cotidiana. Los estilos de las artesanías cambian de acuerdo con la región del país, de allí su gran variedad de formas y colores. Las artesanías conservan los valores de la cultura tradicional, ya que cada pieza representa un pequeño fragmento del pasado y del presente del pueblo mexicano.

**2** **¿Comprendiste?** Responde a las siguientes preguntas.

1. ¿Para qué pueden servir las artesanías mexicanas?

_____

_____

2. ¿Qué artesanías mexicanas pueden decorar un jardín?

_____

_____

3. ¿Qué artículos se pueden utilizar en la cocina?

_____

_____

4. Escribe los elementos principales que los artesanos mexicanos reproducen en sus productos.

**3** **¿Qué piensas?** ¿Cuáles son las artesanías de tu país que más te gustan? ¿Por qué?

_____

_____

_____

# Escritura A

> **¡AVANZA!**  **Goal:** Describe past activities and events.

**1** Vas a escribir un párrafo para una revista turística. Imagina que visitaste un mercado de artesanías y viste muchos artículos de interés. Completa la tabla con la siguiente información:

| Artículo | Descripción |
|---|---|
|  |  |
|  |  |
|  |  |

¿Qué más hiciste en el mercado?
_____
_____

**2** Ahora escribe un párrafo breve sobre tus experiencias en el mercado. Escribe seis oraciones completas, usando la información de la tabla y el pretérito.

_____
_____
_____
_____
_____
_____

**3** Evalúa tu respuesta a la Actividad 2 usando la siguiente información.

|  | Crédito máximo | Crédito parcial | Crédito mínimo |
|---|---|---|---|
| Contenido | Escribiste al menos seis oraciones completas que incluyen la información necesaria. | Escribiste al menos tres oraciones completas, que incluyen la información necesaria. | Sólo escribiste unas oraciones o frases sueltas; falta casi toda la información necesaria. |
| Uso correcto del lenguaje | Tuviste muy pocos errores o ninguno en el uso del lenguaje y la ortografía. | Tuviste varios errores en el uso del lenguaje y la ortografía. | Tuviste un gran número de errores en el uso del lenguaje y la ortografía. |

# Escritura B

> **¡AVANZA!**  **Goal:** Describe past activities and events.

**1** Quieres vender cuatro artículos que tú hiciste a una galería de arte. Completa la tabla con la información de cada artículo. Usa el pretérito para describir su historia. Sigue el modelo.

| Artículo | Descripción | Historia |
|---|---|---|
| Escultura de niño jugando | Hecha a mano, de metal | Hice esta escultura en el año 2000. |
| | | |
| | | |
| | | |

**2** Escribe una carta a la galería de arte para describir los artículos. Escribe al menos siete oraciones completas y usa la información de la tabla.

_____

_____

_____

_____

_____

_____

_____

_____

_____

_____

**3** Evalúa tu respuesta a la Actividad 2 usando la siguiente información.

| | Crédito máximo | Crédito parcial | Crédito mínimo |
|---|---|---|---|
| Contenido | Escribiste siete oraciones completas, usando el vocabulario y el pretérito. | Escribiste seis o menos oraciones completas, usando el vocabulario y el pretérito. | Escribiste tres oraciones completas. No usaste el vocabulario ni el pretérito. |
| Uso correcto del lenguaje | Tuviste muy pocos errores en el uso del lenguaje y la ortografía. | Hay varios errores en el uso del lenguaje y la ortografía. | Hay un gran número de errores en el uso del lenguaje y la ortografía. |

Fecha

# Escritura C

¡AVANZA! **Goal:** Describe past activities and events.

**1** Quieres contarle a tus padres con detalles qué regalos compraste para los abuelos en un mercado mexicano. Organiza la información de acuerdo a los siguientes pasos:

|  | **Abuelo** | **Abuela** |
|---|---|---|
| Tipo de mercado |  |  |
| Tipo de artesanía |  |  |
| Material de la artesanía |  |  |
| Valor de la artesanía |  |  |

**2** Usa la información anterior y el pretérito para escribir un párrafo de ocho oraciones completas. Añade comentarios interesantes para tus padres.

_____

_____

_____

_____

_____

_____

_____

**3** Evalúa tu respuesta a la Actividad 2 usando la siguiente información.

|  | **Crédito máximo** | **Crédito parcial** | **Crédito mínimo** |
|---|---|---|---|
| Contenido | Escribiste un párrafo de ocho oraciones completas que incluyen toda la información necesaria. | Escribiste un párrafo de seis o menos oraciones completas, por lo que falta alguna información necesaria. | Sólo escribiste unas cuantas oraciones, completas o incompletas; falta casi toda la información necesaria. |
| Uso correcto del lenguaje | Tuviste muy pocos errores o ninguno en el uso del lenguaje y la ortografía. | Tuviste varios errores en el uso del lenguaje y la ortografía. | Tuviste un gran número de errores en el uso del lenguaje y la ortografía. |

# Cultura A

¡AVANZA!     **Goal:**   Build knowledge of Puerto Rican culture.

**1** Patricio fue de visita a Puerto Rico y a Panamá. Quiere llevar recuerdos para su familia. Ayúdalo a escoger el mejor regalo para cada persona y di de donde proviene.

| Lo que le gusta a esa persona | Patricio le puede llevar de recuerdo... |
|---|---|
| A tía Socorro le gustan mucho las cosas hechas de cerámica. | 1. |
| Cada año su abuelita Victoria pone un nacimiento *(nativity scene)* para Navidad. Es muy religiosa. | 2. |
| Su prima Rocío colecciona diseños de telas indígenas de todo el mundo. | 3. |
| A su mamá le gustan los edificios históricos. | 4. |
| Su hermano Cristóbal colecciona máscaras. | 5. |

**2** Haz una lista de materiales y características de las «casitas» que se hacen en Puerto Rico.

| Materiales | Características |
|---|---|
| 1. | 1. |
| 2. | 2. |
| 3. | 3. |

**3** ¿Qué tipos de artesanías de otros países conoces? Haz una lista de cinco artesanías y menciona su origen.

_____

_____

_____

_____

# Cultura B

| ¡AVANZA! | **Goal:** Build knowledge of Puerto Rican culture. |

**1** Catherine no conoce mucho acerca de las artesanías de origen hispano. Ayúdala a saber un poco más sobre los materiales con que se hacen las siguientes artesanías de Puerto Rico y de Panamá. Marca el cuadro correspondiente.

| Artesanía | Madera | Tela | Cerámica | Pintura |
|---|---|---|---|---|
| Talla de santos de Puerto Rico | | | | |
| «Casitas» de Puerto Rico | | | | |
| Las molas de Panamá | | | | |
| Cerámica de La Arena de Panamá | | | | |

**2** Las Parrandas y las fiestas de carnaval en Puerto Rico son celebraciones que tienen cosas en común y también cosas diferentes. Completa el siguiente diagrama.

**Las Parrandas**     **Similitudes**     **Carnaval de Ponce**

**3** ¿Qué muestra la pintura «La fiesta del vejigante» de Obed Gómez? ¿Quiénes están ahí? Describe cuatro cosas que ves en la escena.

_____
_____
_____
_____
_____
_____
_____
_____

UNIDAD 3 Lección 2   Cultura B

Nombre _____ Clase _____ Fecha _____

# Cultura C

*Level 2 Textbook* pp. 188–189

> ¡AVANZA!  **Goal:**  Build knowledge of Puerto Rican culture.

**1** Mira los cuadros de José Campeche y el de Obed Gómez. ¿Qué representa cada escena? ¿Tienen influencias españolas, africanas o indígenas? Describe tus observaciones y menciona los posibles orígenes de cada escena.

_____

_____

_____

_____

_____

**2** Trabajas en un museo de artesanía. Usualmente los turistas tienen preguntas acerca de las artesanías. Tu trabajo es escribir una descripción de las piezas que están abajo. Menciona su origen y los materiales.

  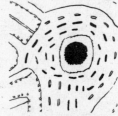

**«Casitas»**  **Máscara de Vejigante**  **Un diseño mola**

**«Casitas»** _____

_____

**Máscara de Vejigante** _____

_____

_____

**Un diseño mola** _____

_____

**3** ¿En la tradición de las parrandas de Puerto Rico, qué hace la gente durante los asaltos navideños? Escribe un canto corto para despertar a tus vecinos.

_____

_____

_____

_____

UNIDAD 3 Lección 2

Cultura C

# Comparación cultural: ¡Me encanta ir de compras!
## Lectura y escritura

Después de leer los párrafos sobre las salidas de compras de Marcos, Juanita y Valeria, escribe un párrafo sobre una de tus salidas de compras. Usa la información de tu tabla para escribir un párrafo que describe tu salida de compras.

## Paso 1

Completa la tabla con los detalles sobre tu salida de compras.

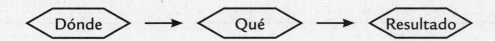

## Paso 2

Ahora usa los detalles de la tabla para escribir una oración para cada uno de los temas.

_____

_____

_____

_____

_____

UNIDAD 3   Comparación cultural

# Comparación cultural: ¡Me encanta ir de compras!
## Lectura y escritura
*(continuación)*

## Paso 3

Ahora escribe tu párrafo usando las oraciones que escribiste como guía. Incluye una oración de introducción y utiliza los verbos **gustar, encantar** y **quedar** para describir tu salida de compras.

_____

_____

_____

_____

_____

_____

**Lista de verificación**

Asegúrate de que...

☐ incluyes todos los detalles de la tabla sobre tu salida de compras;

☐ usas los detalles para describir cada aspecto de tu salida de compras;

☐ utilizas las nuevas palabras de vocabulario y los verbos **gustar, encantar** y **quedar**.

**Tabla**

Evalúa tu trabajo con la siguiente tabla.

| Criterio de escritura | Excelente | Bueno | Necesita mejorar |
|---|---|---|---|
| **Contenido** | Tu párrafo incluye todos los detalles sobre tu salida de compras. | Tu párrafo incluye algunos de los detalles sobre tu salida de compras. | Tu párrafo incluye muy poca información sobre tu salida de compras. |
| **Comunicación** | La mayor parte de tu párrafo está organizada y es fácil de entender. | Partes de tu párrafo están organizadas y son fáciles de entender. | Tu párrafo está desorganizado y difícil de entender. |
| **Precisión** | Tu párrafo tiene pocos errores de gramática y de vocabulario. | Tu párrafo tiene algunos errores de gramática y de vocabulario. | Tu párrafo tiene muchos errores de gramática y de vocabulario. |

# Comparación cultural: ¡Me encanta ir de compras!
## Compara con tu mundo

Ahora escribe un párrafo comparando tu salida de compras con la de uno de los tres estudiantes de la página 191. Organiza tu comparación por temas. Primero, compara los lugares donde fueron de compras, después lo que compraron y para quién(es), y por último las reacciones o resultados de sus compras.

## Paso 1

Usa la tabla para organizar la comparación por temas. Escribe los detalles de cada uno de los temas sobre tu salida de compras y la del (de la) estudiante que escogiste.

| | Mi día de compras | El día de compras de _____ |
|---|---|---|
| Lugar(es) | | |
| Compras | | |
| ¿Para quíen(es)? | | |
| Reacciónes / resultados | | |

## Paso 2

Ahora usa los detalles de la tabla para escribir la comparación. Incluye una oración de introducción y escribe sobre cada tema. Utiliza los verbos **gustar**, **encantar** y **quedar** para describir tu salida de compras y la del (de la) estudiante que escogiste.

_____

_____

_____

_____

_____

_____

_____

_____

# Vocabulario A *Una leyenda mexicana*

> **¡AVANZA!**　**Goal:**　Talk about a Mexican legend.

**1** Subraya la palabra que no pertenece a cada grupo.

　**1.** emperador / princesa / celos

　**2.** leyenda / joven / narración

　**3.** guerra / batalla / mensaje

　**4.** montaña / personaje / volcán

　**5.** héroe / enemigo / heroína

**2** Escribe la palabra que completa lógicamente cada oración.

| mensaje | están enamorados | enemigo | había una vez | histórica | valientes | hermosa |
|---|---|---|---|---|---|---|

　**1.** En una leyenda el héroe y la heroína son personajes _____ .

　**2.** La leyenda es una narración _____ .

　**3.** En algunas leyendas el personaje principal femenino es una princesa _____ .

　**4.** Generalmente las leyendas comienzan con la frase _____ .

　**5.** Casi siempre en una leyenda un príncipe y una princesa _____ .

　**6.** En una leyenda un pueblo guerrero pelea contra el ejército _____ .

　**7.** Las leyendas tienen un _____ para el pueblo al que pertenecen.

**3** Escribe oraciones completas con palabras relacionadas con la leyenda.

　**1.** batalla /

　_____

　**2.** celos /

　_____

　**3.** héroe /

　_____

　**4.** guerrero /

　_____

　**5.** palacio /

　_____

UNIDAD 4 Lección 1

Vocabulario A

Unidad 4, Lección 1
Vocabulario A

**148**

**¡Avancemos! 2**
Cuaderno para hispanohablantes

# Vocabulario B  *Una leyenda mexicana*

> **¡AVANZA!**   **Goal:**   Talk about a Mexican legend.

**1** Escoge la palabra correcta que se relaciona con la definición.

**1.** Una batalla hace parte de _____ .

    **a.** una montaña      **b.** una historia      **c.** una guerra

**2.** Una leyenda es una _____ de sucesos maravillosos.

    **a.** fábula      **b.** noticia      **c.** narración

**3.** El héroe o la heroína de una leyenda es _____ por su pueblo.

    **a.** hermoso(a)      **b.** querido(a)      **c.** guerrero(a)

**4.** La leyenda de los dos volcanes es una leyenda _____

    **a.** maya      **b.** azteca      **c.** inca

**5.** El héroe o la heroína de una leyenda pelea en contra el _____ en honor a la madre tierra.

    **a.** palacio      **b.** joven      **c.** enemigo

**2** Encierra en un círculo las palabras que completan el párrafo de la siguiente leyenda.

(Cuando / Hace muchos siglos), Sáxeo y Yaba, dos pueblos enemigos, se peleaban en una (leyenda / batalla) por la tierra de Verdín. Los dos decían que esa (montaña / hermosa) tierra llena de riquezas naturales les pertenecía. Cada pueblo era gobernado por (príncipe / emperadores). El problema fue más grande cuando se supo que los hijos de los emperadores estaban (transformados / enamorados). Según la (mensaje / leyenda), Dalia, la hermosa (reina / princesa), hija del emperador de Sáxeo y Monguí, un (héroe / valiente) joven, hijo del emperador de Yaba, fueron transformados por los (dioses / reinos) en dos piedras preciosas.

**3** Usa palabras del vocabulario para inventar una leyenda corta. Escríbele un título y asegúrate de que tenga comienzo, desarrollo y fin. Empieza tu leyenda así: Había una vez una joven muy hermosa pero muy pobre que vivía en el pueblo de Isa...

_____

_____

_____

_____

_____

_____

_____

## Vocabulario C  *Una leyenda mexicana*

> ¡AVANZA!  **Goal:** Talk about a Mexican legend.

**1** Mira los dibujos y escribe una descripción corta de lo que pasa en cada dibujo. Usa el vocabulario de la lección.

1.   2.   3.   4.   5.

1. _____
   _____

2. _____
   _____

3. _____
   _____

4. _____
   _____

5. _____
   _____

**2** Las leyendas se cuentan de una generación a otra. Escribe una leyenda o un cuento que te haya contado uno de tus familiares: Cómo se llama la leyenda, quiénes son los personajes, cuál es el problema, en dónde pasó, cómo se soluciona y cuál es el mensaje.

_____
_____
_____
_____
_____
_____
_____
_____

# Vocabulario adicional *Los sufijos con -al*

| ¡AVANZA! | **Goal:** | Expand your vocabulary with adjectives ending in **-al**. |
|---|---|---|

Muchos adjetivos en español se forman con un sustantivo y el sufijo **-al**. Por ejemplo, del sustantivo **nave** se forma el adjetivo **naval** y de la palabra **fin** se forma la palabra **final**.

**Ejemplos:**

mundo  ⟶  **mundial**

persona  ⟶  **personal**

mente  ⟶  **mental**

semana  ⟶  **semanal**

profesión  ⟶  **profesional**

nación  ⟶  **nacional**

municipio  ⟶  **municipal**

**1** Forma adjetivos terminados en **-al** con las siguientes palabras.

**1.** sustancia _____

**2.** espacio _____

**3.** socio _____

**4.** emoción _____

**5.** primavera _____

**2** Escribe cinco oraciones completas con las palabras anteriores.

**1.** _____

**2.** _____

**3.** _____

**4.** _____

**5.** _____

# Gramática A  The Imperfect Tense

> ¡AVANZA!     **Goal:**   Use the imperfect tense to talk about the past.

**1** Escoge la palabra de la derecha que completa las oraciones de la izquierda para decir lo que pasaba en el reino de Pasquín.

1. El emperador y su esposa _____ por su hija perdida.      **a.** llevaba
2. El ejército valiente _____ para salvar el palacio enemigo.   **b.** contaban
3. El príncipe valiente _____ una hermosa espada.          **c.** lloraban
4. Los guerreros _____ fabulosas historias durante la noche.   **d.** regresaban
5. Algunos héroes _____ al palacio con noticias de la batalla.  **e.** peleaba

**2** Observa los dibujos y escribe lo que estas personas hacían en la playa. Usa el tiempo imperfecto.

**1. las señoras    2. el señor    3. las jóvenes    4. los niños    5. la joven**

1. Las señoras _____ .
2. El señor _____ .
3. Las jóvenes _____ .
4. Los niños _____ .
5. La joven _____ .

**3** Completa las oraciones para decir lo que estas personas hacían normalmente. Escribe la forma del imperfecto del verbo entre paréntesis.

**Modelo:**   Normalmente yo _____ (levantarse) a las seis.

1. Por lo general Ud. _____ (nadar) en la piscina.
2. Ellas siempre _____ (tomar) el autobús.
3. De niño, yo casi siempre _____ (ver) películas cómicas.
4. Normalmente tú _____ (ir) de compras los sábados.
5. Antes, nosotros todos los días _____ (hacer) la cama por la mañana.

UNIDAD 4 Lección 1

Gramática A

Unidad 4, Lección 1
Gramática A

**152**

¡Avancemos! 2
Cuaderno para hispanohablantes

# Gramática B  *The Imperfect Tense*

> **¡AVANZA!**  **Goal:**  Use the imperfect tense to talk about the past.

**1** Escoge la forma correcta del verbo que completa cada oración para decir lo que pasaba.

**1.** El emperador _____ una hija hermosa.

    **a.** contaba  **b.** corría  **c.** tenía

**2.** Catalina _____ enamorada de un príncipe valiente.

    **a.** viajaba  **b.** estaba  **c.** compraba

**3.** El dios del fuego _____ a los enemigos en volcanes.

    **a.** regresaba  **b.** hacía  **c.** transformaba

**4.** Los príncipes solamente _____ casarse con princesas.

    **a.** podían  **b.** sabían  **c.** hacían

**2** La abuela le cuenta a Lupe qué hacía de niña. Completa el párrafo con la forma del imperfecto del verbo que está entre paréntesis.

Cuando yo **1.** _____ (ser) niña no **2.** _____
(haber) Internet. En esa época no **3.** _____ (tener) computadoras.
Cuando yo **4.** _____ (querer) saber algo,
**5.** _____ (ir) a la biblioteca y allí **6.** _____
(buscar) la información en los libros. Mis amigas y yo nos **7.** _____
(escribir) cartas con pluma y papel. Y si **8.** _____ (querer) escuchar
música, **9.** _____ (ir) a la tienda a comprar discos fonográficos.

**3** ¿Cómo era la clase de español el año pasado? Contesta las preguntas con el imperfecto según el modelo.

**Modelo:**  ¿Era difícil tu clase de español?

*Sí (No), mi clase de español (no) era difícil.*

En la clase de español el año pasado...

**1.** ¿Siempre escuchaban al (a la) profesor(a) tú y tus amigos?

_____

**2.** ¿Escribías muchas composiciones?

_____

**3.** ¿Hablaba el (la) profesor(a) toda la hora en español?

_____

**4.** ¿Leían Uds. cuentos en español?

_____

# Gramática C   *The Imperfect Tense*

| ¡AVANZA! | **Goal:**   Use the imperfect tense to talk about the past. |
|---|---|

**1** Los amigos de Marcos le preparaban una fiesta, pero él llegó temprano. Di lo que hacían estas personas cuando llegó Marcos con el imperfecto del verbo entre paréntesis.

1.      2.      3.      4.      5.      6.

Cuando Marcos llegó...

1. Guadalupe y yo _____ (escribir) las invitaciones.

2. Tú _____ (pasar) la aspiradora en el comedor.

3. Manuel _____ (barrer) el suelo en la cocina.

4. Tú y Ricardo _____ (poner) la mesa en el comedor.

5. Rosa y Diego _____ (decorar) la sala.

6. Yo _____ (envolver) regalos en la sala.

**2** ¿Cómo era tu vida en la primaria? Usa el imperfecto para describir los temas siguientes. Usa un verbo distinto en cada oración.

1. el salón de clase

_____

2. tu mejor amigo(a)

_____

3. tu pasatiempo favorito

_____

4. el nombre de tu profesor(a)

_____

5. tu clase favorita

_____

# Gramática A *Preterite and Imperfect*

| ¡AVANZA! | **Goal:** Use the preterite and imperfect tenses to talk about the past. |
|---|---|

**1** Subraya el verbo que conviene para completar las oraciones.

1. Una vez yo (fui / iba) al cine.

2. Todos los días (me levanté / me levantaba) a las siete.

3. Frecuentemente (salí / salía) con mis amigos.

4. Anoche yo (leí / leía) el periódico cuando llamó por teléfono mi padre.

5. El cinco de mayo (comí / comía) en un restaurante mexicano.

6. Siempre (practiqué / practicaba) deportes después de la escuela.

**2** Completa las siguientes oraciones con el pretérito o el imperfecto de los verbos entre paréntesis.

1. Mis amigos y yo siempre _____ (hacer) la tarea.

2. Mis abuelos _____ (descansar) ayer por la tarde.

3. Tú _____ (beber) leche todos los días.

4. Yo _____ (comer) verduras anoche.

5. De vez en cuando usted _____ (preparar) la comida para su esposa.

**3** Escribe acerca de cómo era tu vida cuando tenías diez años. Contesta las preguntas personales con el pretérito o el imperfecto.

1. Cuando tenías diez años, ¿qué te gustaba hacer?

   _____

2. ¿Qué mirabas en la televisión?

   _____

3. ¿En dónde y cómo te celebraron tu cumpleaños número diez?

   _____

4. ¿Qué regalos recibiste?

   _____

5. ¿Quiénes asistieron a tu fiesta?

   _____

# Gramática B  *Preterite and Imperfect*

> **¡AVANZA!**  **Goal:**  Use the preterite and imperfect tenses to talk about the past.

**1** Completa las oraciones con el pretérito o el imperfecto de los verbos en paréntesis.

1. _____ (ser) las siete de la mañana cuando yo
   _____ (levantarse).

2. Tú _____ (conocer) a tu amigo Roberto cuando tú
   _____ (tener) diez años.

3. Mis amigos y yo _____ (hablar) cuando Enrique
   _____ (entrar) al salón de clase.

4. Cuando mi hermana _____ (tener) cinco años, ella
   _____ (aprender) a montar en bicicleta.

**2** Usa los verbos de la lista en el pretérito o el imperfecto para completar las oraciones siguientes.

| estudiar | leer | llamar | llegar | mirar | preparar |
|---|---|---|---|---|---|

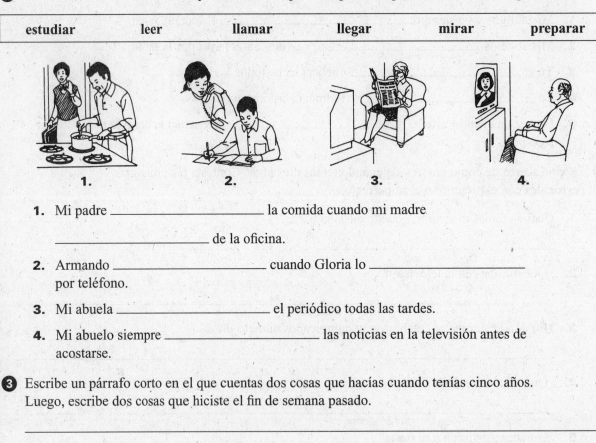

1.     2.     3.     4.

1. Mi padre _____ la comida cuando mi madre
   _____ de la oficina.

2. Armando _____ cuando Gloria lo _____
   por teléfono.

3. Mi abuela _____ el periódico todas las tardes.

4. Mi abuelo siempre _____ las noticias en la televisión antes de
   acostarse.

**3** Escribe un párrafo corto en el que cuentas dos cosas que hacías cuando tenías cinco años.
Luego, escribe dos cosas que hiciste el fin de semana pasado.

_____

_____

_____

_____

# Gramática C *Preterite and Imperfect*

> **¡AVANZA!**  **Goal:** Use the preterite and imperfect tenses to talk about the past.

**1** Completa la historia de Caperucita Roja con el pretérito o el imperfecto de los verbos entre paréntesis.

Había una vez una niña que **1.** _____ (llamarse) Caperucita Roja.

Ella **2.** _____ (ser) una niña simpática. Su abuela

**3.** _____ (estar) enferma y la niña **4.** _____

(querer) llevarle un rico almuerzo. Caperucita Roja no **5.** _____

(saber) que un lobo **6.** _____ (vivir) en el bosque. Caperucita

Roja **7.** _____ (caminar) por el bosque cuando ella

**8.** _____ (ver) al lobo. Él le **9.** _____ (preguntar)

adónde ella **10.** _____ (ir) y qué **11.** _____

(tener) en su canasta. El lobo **12.** _____ (ser) muy grande y feroz,

pero Caperucita Roja no **13.** _____ (tener) miedo e

**14.** _____ (invitar) al lobo a la casa de su abuela. Allí, el lobo

**15.** _____ (comer) un almuerzo rico con sus nuevas amigas.

**2** Carolina Gutiérrez habla sobre las vacaciones de su familia el año pasado. Forma oraciones completas con las palabras para saber lo que dice. Decide si los verbos van en pretérito o en imperfecto.

**1.** toda / familia / reunirse / Cancún

_____

**2.** hacer / mucho / calor

_____

**3.** mi hermana Berenice / nadar / playa

_____

**4.** mis primos y yo / buscar / conchas / arena

_____

**5.** la playa / estar / llena / turistas

_____

**3** Escribe un artículo corto para el periódico escolar sobre una fiesta a la que asistieron los estudiantes y profesores de la escuela. Usa verbos en el pretérito y en el imperfecto.

_____

_____

_____

_____

# Gramática adicional *Los adjetivos como sustantivos*

**Goal:**  Use adjectives as nouns to avoid repetition.

En español los adjetivos pueden convertirse en sustantivos para evitar la repetición. Observa el uso de los adjetivos como sustantivos en los siguientes ejemplos:

**Carla:** ¿De quién son estos libros?

**Sara:** Los grandes son míos. Los otros libros son de Juan.

**Cristóbal:** ¿Conociste a las dos alumnas nuevas?

**Diana:** Conocí a la alta.

**María:** ¿Cuál de las dos camisas te gusta más?

**Isabel:** Me gusta más la azul.

**1** Vuelve a escribir las siguientes oraciones cambiando los adjetivos la sustantivos.

**Modelo:**    El guerrero azteca llevaba pocas armas.

*El azteca llevaba pocas armas.*

1. Los guerreros valientes ganan batallas. _____

2. La princesa joven es hermosa. _____

3. El héroe enamorado ama a su dama. _____

4. El personaje principal muere. _____

**2** Contesta las siguientes preguntas sobre tus preferencias y convierte los adjetivos en sustantivos. Escribe oraciones completas y sigue el modelo.

**Modelo:**    ¿Te gusta más el vestido rojo o el vestido amarillo?

*Me gusta más el rojo / Me gusta más el amarillo.*

1. ¿Prefieres leer la leyenda histórica o la leyenda romántica?

_____

2. ¿Te gustan más las casas nuevas o las casas viejas?

_____

3. ¿Cuáles te gustan más, los coches grandes o los coches pequeños?

_____

4. ¿Qué películas ves con más frecuencia, las películas cómicas o las películas dramáticas?

_____

Nombre _____ Clase _____ Fecha _____

# Integración: Hablar

**¡AVANZA!**  **Goal:** Respond to written and oral passages talking about a legend.

La siguiente leyenda azteca.

Fuente 1 Leer

http://www.aztecculture.org  GO

## POR QUÉ HABLAMOS DISTINTAS LENGUAS
### Una leyenda azteca

Eran los tiempos en que las víboras todavía tenían patas y los pájaros caminaban sobre la tierra. Los hombres sabían hacer muchas cosas y empezaron a sentirse superiores a sus dioses. Como los dioses tenían muchos espías (las plantas, los animales, el suelo), se dieron cuenta de la soberbia de los hombres. Un día, los dioses se reunieron a platicar y decidieron que los hombres no eran buenos. Entonces Tláloc, el dios de la lluvia, tuvo una idea: él haría llover durante muchos días y noches para que todos murieran. Los dioses estuvieron de acuerdo. Y llovió, llovió y llovió. Y al final de la lluvia, todo había sido inundado por el agua. Sólo Xochiquetzal, una mujer muy inteligente que había adornado una chinampa con la imagen de Tláloc, sobrevivió. Bueno, ella y su esposo, que prefirió dormirse hasta que pasaran las lluvias. Xochiquetzal y su esposo flotaron muchos días en su barca. Xochiquetzal pescaba y su esposo dormía. Una mañana, la barca llegó a la punta de una montaña. Para la tarde el agua bajó y los dos sobrevivientes balaron a la nueva isla. Allí se quedaron y con el tiempo tuvieron muchos hijos, pero todos nacieron mudos. Ninguno habló hasta que un día una paloma llegó a ellos con todas las lenguas del mundo. A cada uno le dio una y como para entonces el mundo se había secado, los hermanos se separaron porque ya no se entendían.

Escucha el recado que Gisel dejó a su amigo Abel. Luego completa la actividad.

Fuente 2 Escuchar

**HL CD 1, Tracks 25–26**

Usa la información de la leyenda para responder al recado de Gisel.

# Integración: Escribir

> **¡AVANZA!**  **Goal:**  Respond to written and oral passages talking about a legend.

Lee el siguiente poema sobre la leyenda de «La llorona».

### ¡Ay de ti, Llorona!

Noches de lamentos
 blancos

Al punto de la
 medianoche

Tristezas ahogadas
 en lágrimas

Una llorona camina,
 sola camina,

¿Dónde quedaron mis hijos?

¿Dónde quedaron mis llantos?

Mis hijos, en el barranco,

Mis llantos, entre mis mantos.

Escucha el siguiente fragmento de la leyendade La llorona. Luego completa la actividad.

### HL CD 1, Track 27–28

Escribe un párrafo donde resumas «La llorona». Explica en tus propias palabras y en detalle la leyenda de la Llorona.

_____

_____

_____

_____

_____

_____

_____

_____

# Lectura A

| ¡AVANZA! | **Goal:** Narrate past events and activities. |
|---|---|

**1** Lee la leyenda maya de los aluxes.

### Los aluxes

Hace mucho tiempo, en las tierras de Yucatán, vivían unos seres pequeñitos llamados los aluxes. Ellos eran unas criaturas especiales que jugaban con piedras y durante la noche molestaban a las personas. Pero si se les trataba bien, no fastidiaban. Cuando los campesinos les daban comida los aluxes cuidaban sus casas y sembrados. También alejaban los malos vientos y las plagas. En cambio, cuando las personas los trataban mal, los aluxes se comportaban mal: se llevaban las semillas que los campesinos plantaban durante el día y bailaban cuando las plantas empezaban a salir.

Hay quienes creen que los aluxes son figuras de barro antiguas que cuando cobran vida, sólo quieren jugar con las personas. Otros creen que nunca duermen ni cierran los ojos. No sabemos si esto es cierto o no. Lo que sí es cierto es que los aluxes son parte de la imaginación del pueblo maya.

**2** ¿**Comprendiste?** Contesta si cada oración es cierta (**C**) o falsa (**F**).

**1.** Los aluxes siempre son enemigos del hombre. _____

**2.** Si tratan mal a los aluxes, ellos también tratan mal a las personas. _____

**3.** Los aluxes son seres muy pequeños de la cultura azteca. _____

**4.** Las campesinos creen que los aluxes son héroes. _____

**5.** Los personajes de esta leyenda son imaginarios. _____

**3** Escribe tres actividades que hacen los aluxes para ayudar a los hombres (Actividades positivas) y tres actividades que hacen para molestarlos (Actividades negativas).

| Actividades positivas | Actividades negativas |
|---|---|
| | |
| | |
| | |

**4** ¿**Qué piensas?** Escribe un pequeño párrafo para decir tu opinión sobre lo que es una leyenda. También di qué harías tú para conservar las leyendas que te contaron tus familiares y explica por qué lo harías.

_____

_____

_____

# Lectura B

> **¡AVANZA!** **Goal:** Narrate past events and activities.

**1** Lee y opina sobre la lectura de los OVNIS.

---

### Una leyenda moderna: Los OVNIS

Uno de los principales mitos de nuestra época es la existencia de los OVNIS. ¿Sabías que la palabra OVNI significa Objeto Volador No Identificado? Por muchos años las personas opinaban que los OVNIS no existían. Pero, a mediados del siglo XX, esta opinión empezó a cambiar. El aviador Kenneth Arnold vio desde su avión nueve objetos que volaban en cierta dirección. Él informó sobre su hallazgo a los medios de comunicación. En ese momento las personas empezaron a debatir sobre la existencia de los platillos voladores y los seres extraterrestres. Tiempo después, se pensó que el piloto sólo había visto reflejos del sol sobre las montañas. Ahora es muy popular la creencia en los OVNIS. Algunas investigaciones dicen que el 10% de la población afirma haber visto estos objetos. Otros sostienen que unos seres que no son humanos los han llevado a lugares lejanos para hacerles pruebas. Puede ser que estas personas confundan a los OVNIS con otras cosas como astros, fenómenos del clima, aviones o helicópteros. Hasta el momento no se tiene evidencia científica para confirmar que los OVNIS existen.

---

**2** **¿Comprendiste?** Responde a las siguientes preguntas.

**1.** Según la lectura, ¿qué son los platillos voladores y los seres extraterrestres?

_____

_____

**2.** Las personas que aseguran haber visto OVNIS, ¿con qué cosas o fenómenos los confunden?

_____

**3.** Describe lo que Kenneth Arnold vio desde su avioneta. ¿Qué fue lo que vio en realidad?

_____

_____

**3** **¿Qué piensas?** ¿Crees que los OVNIS existen? Escribe un párrafo con una explicación personal acerca de la existencia de los OVNIS.

_____

_____

_____

_____

_____

_____

Unidad 4, Lección 1
Lectura B

**162**

**¡Avancemos! 2**
Cuaderno para hispanohablantes

UNIDAD 4 Lección 1

Lectura B

# Lectura C

¡AVANZA! **Goal:** Narrate past events and activities.

❶ Lee el siguiente texto acerca de la leyenda de la Atlántida.

### La Atlántida: ¿Ficción o realidad?

Hace miles y miles de años todos los continentes estaban unidos. Había países que hablaban diferentes lenguas y tenían sus propias culturas. Todo parecía normal hasta que terremotos, inundaciones y desastres naturales separaron los continentes. Hay una leyenda muy antigua que es la leyenda de la Atlántida. En ella se cuenta lo que pasó con este continente y su civilización. No hay pruebas para saber si este lugar existió, pero el filósofo griego Platón escuchó hablar al historiador Solón de la existencia de este lugar cuando estuvo en Egipto. Es por eso que en una de sus obras Platón contaba que en la Atlántida vivía un pueblo muy civilizado y rico y describió a los habitantes, sus costumbres y la geografía de esta gran isla.

Cuenta la leyenda que en la antigüedad había una isla llamada Atlántida que era como un paraíso. Tenía valles fértiles, bosques hermosos, palacios enormes y templos recubiertos de oro y plata. En este país había tanta riqueza que se desarrolló una gran cultura con maravillas y adelantos científicos. Pero al parecer un día ocurrieron terremotos e inundaciones y en un solo día y una sola noche, la isla se hundió para siempre en el mar y la Atlántida desapareció por completo. Como este hecho sonaba tan irreal y fantástico, Platón lo convirtió en una leyenda pero su discípulo, el filósofo Aristóteles acusó a Platón de haber inventado una fábula.

Mucho tiempo después, se empezó a debatir sobre la existencia de la Atlántida. En el siglo XVI se llegó a pensar que las islas Azores eran las partes más altas de las montañas de la Atlántida. Pero aún así no se sabe con precisión dónde quedaba este lugar. Se cree que existió entre España y América. Otros relatos afirman que la cultura egipcia, el pueblo maya y otras civilizaciones se originaron en el continente perdido. Nadie sabe si esto es realmente cierto o falso. Lo cierto es que con el paso del tiempo, la leyenda se transforma y el misterio de la Atlántida continúa siendo un gran desafío para la humanidad. Quizá algún día con los avances de la ciencia y la tecnología, se descubra el misterio y la pregunta de si la Atlántida realmente existió.

**2** **¿Comprendiste?** Responde a las siguientes preguntas:

1. Contesta si esta afirmación es cierta o falsa: «Está comprobado científicamente que la Atlántida existió».

_____

2. ¿Quién es el primero en narrar la existencia de una gran civilización destruida en un día?

_____

3. ¿Cómo supo Platón de la existencia de la Atlántida?

_____

4. Explica brevemente la leyenda de la Atlántida.

_____

_____

_____

_____

5. ¿Quién era Aristóteles y qué posición tenía con respecto a la Atlántida?

_____

_____

6. Según algunas personas, ¿quiénes son los descendientes de los atlantes?

_____

_____

7. ¿Por qué la Atlántida es sólo una leyenda?

_____

_____

**3** **¿Qué piensas?** ¿Crees que existió la Atlántida? ¿Te interesan las leyendas?¿Crees que los pueblos maya y egipcio tienen algunas características en común? Explica tus respuestas.

_____

_____

_____

_____

_____

_____

_____

_____

UNIDAD 4 Lección 1

Lectura C

**164**

Unidad 4, Lección 1
Lectura C

**¡Avancemos! 2**
Cuaderno para hispanohablantes

# Escritura A

> **¡AVANZA!** **Goal:** Describe people, places and things.

¿Recuerdas cómo eran tus fines de semana hace siete años?

**1** Anota los detalles en el siguiente gráfico a medida que los recuerdes.

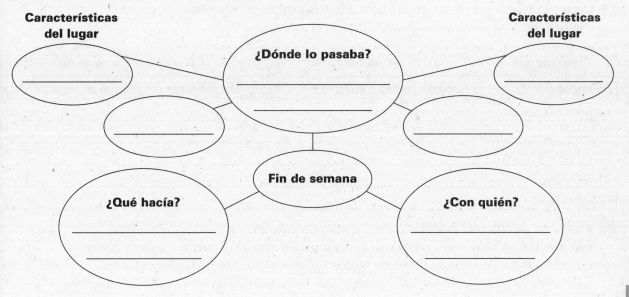

Características del lugar

¿Dónde lo pasaba?

Características del lugar

Fin de semana

¿Qué hacía?

¿Con quién?

**2** Escribe un párrafo sobre lo que hacías. Describe el lugar y asegúrate de que 1) incluyas detalles, 2) tu párrafo sea claro y ordenado y 3) los tiempos verbales y la ortografía sean correctos.

_____

_____

_____

_____

_____

**3** Evalúa tu párrafo con la siguiente tabla.

|  | Crédito máximo | Crédito parcial | Crédito mínimo |
|---|---|---|---|
| Contenido | El párrafo incluye información clara y bien organizada. | El párrafo incluye información y la mayor parte de ésta es clara y bien organizada. | El párrafo incluye poca información y no es clara ni organizada. |
| Uso correcto del lenguaje | Tuviste muy pocos errores o ninguno en el uso del lenguaje y los verbos. | Tuviste algunos errores en el uso del lenguaje y los verbos. | Tuviste un gran número de errores en el uso del lenguaje y los verbos. |

# Escritura B

| ¡AVANZA! | **Goal:** Describe people, places and things. |
|----------|-----------------------------------------------|

El grupo de teatro de tu escuela representaba una leyenda antigua en el patio de la escuela cuando de repente empezó a llover.

**1** Completa la tabla para indicar qué hacía cada personaje en la representación cuando comenzó la lluvia y qué hizo después. Fíjate en el modelo.

| Personajes | ¿Qué hacían? | ¿Qué hicieron después? |
|------------|--------------|------------------------|
| El emperador | *Hablaba con su consejero* | *Se cubría la cabeza con su capa.* |
| La princesa | | |
| El héroe | | |
| El amigo del héroe | | |
| El enemigo | | |
| Los guerreros | | |

**2** Escribe un párrafo para explicar lo que sucedió. Comienza tu narración con una breve introducción del ambiente; explica cuál era la situación cuando comenzó a llover y cómo reaccionaron los personajes. Asegúrate de que 1) incluyas información sobre todos los personajes, 2) la narración sea clara y ordenada y 3) los tiempos de los verbos y la ortografía sean correctos.

_____

_____

_____

_____

_____

**3** Evalúa tu párrafo con la siguiente tabla.

| | **Crédito máximo** | **Crédito parcial** | **Crédito mínimo** |
|--|---------------------|----------------------|---------------------|
| Contenido | El párrafo incluye toda la información y está bien estructurado. | Falta parte de la información necesaria y el párrafo no está bien estructurado. | Falta mucha información necesaria y el texto no tiene secuencia lógica. |
| Uso correcto del lenguaje | Tuviste muy pocos errores o ninguno en el uso de los verbos y la ortografía. | Tuviste varios errores en el uso de los verbos y la ortografía. | Tuviste un gran número de errores en el uso de los verbos y la ortografía. |

# Escritura C

| ¡AVANZA! | **Goal:** Describe people, places and things. |
|---|---|

Tu hermanito te pide que le cuentes una historia cómica, real o inventada, que te ocurrió cuando eras un(a) niño(a).

**1** Completa el siguiente esquema para organizar las ideas sobre tu historia.

**a.** Lugar donde ocurrió _____

Tres adjetivos para describir ese lugar: _____ _____

_____

**b.** Personajes (Escribe su nombre y dos adjetivos para describir a cada personaje.)

**1.** _____ : _____ _____

**2.** _____ : _____ _____

**3.** _____ : _____ _____

**c.** Qué ocurrió _____

**2** Usa la información del esquema anterior para contar tu historia. Asegúrate de que: 1) describas claramente el lugar y los personajes, 2) tu historia esté bien estructurada y sea fácil de entender y 3) los tiempos de los verbos y la ortografía sean correctos.

_____

_____

_____

_____

_____

_____

_____

**3** Evalúa tu párrafo con la siguiente tabla.

| | **Crédito máximo** | **Crédito parcial** | **Crédito mínimo** |
|---|---|---|---|
| Contenido | Las descripciones son claras, la historia está bien estructurada y es fácil de entender. | Algunas descripciones no son claras. La historia está algo desorganizada y a veces no es fácil de entender. | Faltan descripciones o éstas son confusas. La historia no tiene secuencia lógica y es difícil de entender. |
| Uso correcto del lenguaje | Tuviste muy pocos errores o ninguno en el uso de los verbos y en la ortografía. | Tuviste varios errores en el uso de los verbos y en la ortografía. | Tuviste un gran número de errores en el uso de los verbos y en la ortografía. |

# Cultura A

> | ¡AVANZA! | **Goal:** Strengthen and apply knowledge about the Mexican culture. |

**1** Escoge la palabra correcta del cuadro para completar las oraciones.

| maya | Acahualinca | México, D.F. | Zócalo | Oaxaca | Paricutín | Guatemala |
| --- | --- | --- | --- | --- | --- | --- |

**1.** La capital de México es _____ .

**2.** El _____ es la plaza principal de la Ciudad de México.

**3.** Al sur de México se localiza el país de _____ .

**4.** Los idiomas que se hablan en México son el español, el _____ y muchos otras lenguas indígenas.

**5.** En el estado de _____ un 50% de su población habla un idioma indígena.

**6.** El volcán de _____ destruyó la ciudad de San Juan Parangaricutiro.

**7.** Las Huellas de _____ en Nicaragua son huellas antiguas preservadas en barro y cenizas volcánicas.

**2** Adivina adivinador y dime quien soy. Usa las siguientes claves en cada oración y completa con la respuesta correcta.

**1.** Fui un muralista de temas políticos y culturales en México.

_____

**2.** Crecí en Ocotlán y mis pinturas reflejan mi vida en ese pueblo.

_____

**3.** Pinté muchos autorretratos con elementos surrealistas. Fui esposa de Diego Rivera.

_____

**3** En un párrafo breve describe cuándo, dónde y cómo se celebra el Día de la Independencia en la Ciudad de México. Luego compara las similitudes y diferencias entre esa celebración y la forma en que tú celebras el Día de la Independencia de los Estados Unidos.

_____

_____

_____

_____

_____

UNIDAD 4 Lección 1
Cultura A

Unidad 4, Lección 1
Cultura A
168

¡Avancemos! 2
Cuaderno para hispanohablantes

# Cultura B

| ¡AVANZA! | **Goal:** Strengthen and apply knowledge about the Mexican culture. |

**1** Victoria y Mauro están leyendo un folleto *(flyer)* turístico sobre México. Escribe con oraciones completas lo que pueden ver y hacer en estos lugares para integrarse a su cultura.

| Lugar en México | Actividad |
|---|---|
| **1.** La Plaza de la Constitución o Zócalo | |
| **2.** El estado de Oaxaca | |
| **3.** San Juan Parangaricutiro | |
| **4.** Un restaurante de comida típica | |

**2** Escribe un párrafo breve sobre artistas mexicanos. Incluye algo sobre sus estilos y cualquier otra información que sepas sobre el arte mexicano. Escribe oraciones completas y usa las palabras del cuadro.

| Diego Rivera   Rodolfo Morales   Frida Kahlo   murales   autoretrato   comunidad   pinturas |
|---|

_____

_____

_____

_____

**3** Sofía acaba de llegar de México a estudiar en tu escuela. Ella nunca ha estado para el Día de Independencia en los Estados Unidos. Descríbele la celebración del 4 de julio y compárala con la celebración de la independencia mexicana en México, D. F.

_____

_____

_____

_____

# Cultura C

┌─────────────────────────────────────────────────────────────────────┐
│ **¡AVANZA!**   **Goal:**   Strengthen and apply knowledge about the Mexican culture. │
└─────────────────────────────────────────────────────────────────────┘

**1** Un grupo de investigadores quiere ir a México a estudiar diferentes cosas. Cada uno estudia áreas diferentes. Ayúdalos a escoger el lugar a donde deben ir para realizar sus investigaciones y explica la razón.

**1.** Manuel es arqueólogo *(arqueologist)*.

**Sugerencia de lugar:** _____

_____

**2.** Mariann es historiadora *(historian)*.

**Sugerencia de lugar:** _____

_____

**3.** Elizabeth es lingüista *(linguist)* y estudia lenguajes indígenas.

**Sugerencia de lugar:** _____

_____

**4.** Diego es vulcanólogo *(vulcanist)*.

**Sugerencia de lugar:** _____

_____

**2** El grupo de investigadores tiene preguntas específicas acerca de México. Usa tu conocimiento sobre México y contesta sus preguntas con oraciones completas.

**1.** ¿En donde se localiza México?

_____

_____

**2.** Menciona otros aspectos importantes que conozcas sobre México.

_____

_____

**3** Trabajas para un museo internacional y tu trabajo es buscar pinturas mexicanas para una exposición. Escribe un párrafo corto para describir la pintura *Frida y Diego Rivera* y el cuadro de *Niña con bandera* de tu libro (páginas 195 y 210).

_____

_____

_____

_____

_____

**UNIDAD 4 Lección 1**

**Cultura C**

Unidad 4, Lección 1
Cultura C

**170**

**¡Avancemos! 2**
Cuaderno para hispanohablantes

# Vocabulario A  *México antiguo y moderno*

> **¡AVANZA!**  **Goal:** Talk about ancient and modern Mexico and practice giving directions.

**1** Subraya la respuesta que completa las oraciones para darle direcciones a un turista.

**Modelo:**  Para llegar a la catedral, debes _____ .
  **a.** seguir derecho  **b.** mirar el semáforo  **c.** estar frente al monumento

**1.** El museo no está por este lado de la calle, debes _____ .

  **a.** a la derecha  **b.** cruzar la calle  **c.** al lado de la plaza

**2.** La plaza queda _____ la Avenida Juárez y la Calle Quinta.

  **a.** entre  **b.** desde  **c.** hasta

**3.** La biblioteca está en _____ de la Calle Miraflores y la Avenida 16 de Septiembre.

  **a.** la derecha  **b.** el semáforo  **c.** la esquina

**4.** Para llegar al centro de la ciudad dobla _____ .

  **a.** a la izquierda  **b.** al derecho  **c.** desde la derecha

**2** Escribe la palabra que completa este párrafo sobre México.

| civilizaciones | excavaciones | ciudades | ruinas | los toltecas | herramientas |
|---|---|---|---|---|---|

Los aztecas y **1.** _____ fueron dos

**2.** _____ precolombinas muy avanzadas. Aunque no tenían

**3.** _____ modernas, construyeron muchas y grandes

**4.** _____ , como Tenochtitlán y Xochicalco. Hoy día los

arqueólogos hacen **5.** _____ para encontrar las

**6.** _____ de templos, pirámides y monumentos de estas

culturas antiguas.

**3** Usa las palabras del vocabulario para decir lo que son los siguientes dibujos.

  **1.**  **2.**  **3.**  **4.**

**1.** _____ .  **3.** _____ .

**2.** _____ .  **4.** _____ .

# Vocabulario B  *México antiguo y moderno*

*Level 2 Textbook* pp. 222–224

| ¡AVANZA! | **Goal:** Talk about ancient and modern Mexico and practice giving directions. |
|---|---|

**1** Usa las siguientes palabras para completar este diálogo entre Gloria y un turista que busca el restaurante «Buen Provecho».

| doble | cruce | siga derecho | a la derecha / a la izquierda |
|---|---|---|---|
| hasta | cuadras | la avenida | en la esquina |

**Turista:** Permiso señorita. Estoy buscando el restaurante «Buen Provecho». ¿Sabe cómo llegar allí?

**Gloria:** Sí, conozco bien ese restaurante. Primero, **1.** _____ esta calle y **2.** _____ a la derecha en la Avenida Flores.

**Turista:** ¿Doblo **3.** _____ en la Avenida Flores?

**Gloria:** Sí. Entonces **4.** _____ cuatro cuadras **5.** _____ estar **6.** _____ de la Avenida Flores y la Calle Sexta.

**Turista:** Bueno, camino derecho en **7.** _____ Flores. ¿Por cuántas **8.** _____ ?

**Gloria:** Cuatro. Va a ver el restaurante allí en la esquina, a la izquierda de la librería.

**Turista:** Muy bien, a la derecha de la librería.

**Gloria:** ¡No! ¡El restaurante queda **9.** _____ de la librería!

**Turista:** ¡Muchas gracias, señorita!

**Gloria:** Buena suerte.

**2** Explícale a un antiguo azteca qué son o cómo usar los siguientes objetos modernos.

**Modelo:** la plaza / *La plaza es un lugar donde se reúne la gente para relajarse, hablar y pasear.*

**1.** la acera / _____ .

**2.** el rascacielos / _____ .

**3.** las herramientas modernas / _____ .

**4.** la avenida / _____ .

**5.** el semáforo / _____ .

UNIDAD 4 Lección 2

Vocabulario B

Unidad 4, Lección 2
Vocabulario B

**172**

¡**Avancemos! 2**
Cuaderno para hispanohablantes

# Vocabulario C   México antiguo y moderno

| ¡AVANZA! | **Goal:** Talk about ancient and modern Mexico and practice giving directions. |

**1** Usa las palabras del vocabulario para contestar las preguntas sobre lo antiguo y lo moderno de México.

**1.** ¿Dónde se encuentran las herramientas antiguas?

_____

**2.** ¿Cómo se llaman los edificios altos y de muchos pisos que hay en la ciudad de México?

_____

**3.** Qué construyeron las antiguas civilizaciones para sus dioses?

_____

**4.** ¿Cuál es el centro de reunión principal en los pueblos y ciudades?

_____

**2** Mira los dibujos y describe con cinco oraciones completas qué tiene que ver cada dibujo con el pasado o el presente de México:

   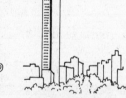  

| **1. La Pirámide del Sol** | **2. Las herramientas** | **3. La Ciudad de México** | **4. Las Plazas** | **5. Las catedrales** |

**1.** _____ .

**2.** _____ .

**3.** _____ .

**4.** _____ .

**5.** _____ .

**3** Vas a celebrar tu cumpleaños con una cena en un restaurante en el centro de tu ciudad. Escribe un párrafo para decirle a tu hermano cómo llegar al restaurante.

_____

_____

_____

_____

_____

# Vocabulario adicional

 **Goal:** Expand your vocabulary with regional expressions for getting around in a city.

El mundo hispanohablante está compuesto de muchos países y personas. Por eso, hay una gran variedad de palabras para expresar cómo recorrer la ciudad. Aquí tienes algunos grupos de sinónimos útiles:

**la señal de parada / el stop / el alto**

**girar / doblar**

**manejar / conducir**

**la licencia / el permiso / el carnet de conducir / el carnet de manejar**

**el cartel / la indicación / la señal**

**derecho / recto**

**el auto / el coche / el carro**

**1** Lee este diálogo y sustituye las palabras indicadas por otras palabras o expresiones.

—¿Cómo llego al museo?

—Debes girar **1.** _____ a la izquierda y sigue recto

**2.** _____ hasta el alto **3.** _____

Allí ves la señal **4.** _____ del museo.

—Bueno, mi hermano puede manejar **5.** _____ allí en su carro

**6.** _____ nuevo. Él tiene carnet de conducir

**7.** _____ .

**2** Escribe cinco nuevas oraciones completas con los sinónimos de la lista de arriba.

**1.** _____ .

**2.** _____ .

**3.** _____ .

**4.** _____ .

**5.** _____ .

UNIDAD 4 Lección 2

Vocabulario adicional

# Gramática A  *Preterite of -car, -gar, and -zar verbs*

**¡AVANZA!**  **Goal:** Use the preterite to describe what you and others did.

**❶** ¿Cómo fue el almuerzo? Subraya el verbo en pretérito para completar las oraciones.

**1.** ¿Dónde (almorzaste / almorzaron) tú y tus amigos?

Mis amigos y yo (almorcé / almorzamos) en el restaurante «Las Margaritas».

**2.** ¿A qué hora (llegaste / llegaron) tú al restaurante?

Yo (llegué / llegas) a las once y media.

**3.** ¿Quién (pagaste / pagó) la cuenta?

Yo (pagó / pagué) la cuenta por todos.

**❷** Conjuga los verbos entre paréntesis para decir lo que tú y otras personas hicieron.

**1.** Yo _____ (almorzar) a las doce.

**2.** Lucy _____ (tocar) el piano en un concierto.

**3.** Juan y yo _____ (llegar) a clase a tiempo.

**4.** Tú _____ (sacar) la basura a la calle.

**5.** Rita, Ana y Sonia _____ (jugar) al básquetbol después de la escuela.

**6.** Yo _____ (apagar) la luz antes de dormirme.

**❸** ¿Qué hicieron estas personas? Usa el pretérito de los verbos de la caja y escribe oraciones completas.

| apagar | practicar | llegar | jugar |
|---|---|---|---|

**1. Carlos y Amelia**  **2. Los señores Rivas**  **3. Daniel**  **4. los jugadores**

**1.** _____

**2.** _____

**3.** _____

**4.** _____

# Gramática B  *Preterite of -car, -gar, and -zar verbs*

| ¡AVANZA! | **Goal:** Use the preterite to describe what you and others did. |

**1** Cambia el verbo de la primera oración para decir lo que estas personas hicieron ayer.

**1.** Hoy **busco** mis llaves. Ayer _____ mi libro de español.

**2.** Hoy mis padres **almuerzan** conmigo. Ayer _____ solos.

**3.** Hoy Diana **juega** a las muñecas. Ayer _____ a las escondidas.

**4.** Hoy tú **empiezas** el ensayo de ciencias sociales. Ayer _____ el trabajo manual.

**5.** Hoy ustedes **tocan** la flauta. Ayer _____ los tambores.

**2** Usa los verbos de la caja para decir lo que hicieron las siguientes personas durante la función de teatro.

| almorzar | apagar | buscar | empezar |
|----------|--------|--------|---------|
| jugar | llegar | sacar | tocar |

**1.** El ingeniero de iluminación _____ .

**2.** Los músicos _____ .

**3.** Tú y tu hermano _____ .

**4.** El hombre que llegó tarde _____ .

**5.** Nadie _____ .

**3** Lee las respuestas de Tania y luego escribe las preguntas de su encuesta.

**1.** _____
Toqué el violín en la orquesta.

**2.** _____
Mis abuelos llegaron al concierto a las ocho.

**3.** _____
Dulce buscó la flauta hasta un minuto antes del recital.

**4.** _____
Sí, nosotros pagamos mucho dinero por las entradas.

**5.** _____
Sí, yo empecé a toser cuando apagaron las luces.

UNIDAD 4 Lección 2
Gramática B

Unidad 4, Lección 2
Gramática B
**176**

¡**Avancemos! 2**
Cuaderno para hispanohablantes

# Gramática C  *Preterite of -car, -gar, and -zar verbs*

> **¡AVANZA!**   **Goal:**  Use the preterite to describe what you and others did.

**1** Completa los espacios en blanco en el diario de Raúl con los verbos en pretérito.
*Martes 14 de julio.*

Hoy **1.** _____ (llegar) temprano a la escuela y
**2.** _____ (desayunar) en la cafetería. Julio y yo
**3.** _____ (buscar) al profesor Jiménez para hacerle preguntas sobre
la tarea de matemáticas. Luego **4.** _____ (salir) al patio y
**5.** _____ (practicar) la trompeta por unos minutos. María y Elena me
**6.** _____ (pagar) los boletos del baile antes de entrar a clases. «¿Por
qué **7.** _____ (llegar) tarde?», me **8.** _____
(preguntar) la señorita Reyes cuando **9.** _____ (entrar) al salón. Detrás
de mí, **10.** _____ (entrar) María y Elena. « **11.** _____
(empezar) ya la composición?», nos **12.** _____ (preguntar) la maestra un
poquito frustrada.

**2** Contesta las preguntas en el pretérito según las indicaciones.

**Modelo:**    ¿A qué hora llegaste a la escuela? (a las ocho)

  *Llegué a las ocho.*

**1.** ¿Cuándo apagaste la luz? (antes de acostarme)

  _____

**2.** ¿Dónde buscaste las llaves? (en la cocina)

  _____

**3.** ¿Qué instrumento tocaste con el conjunto? (el piano)

  _____

**4.** ¿Dónde almorzaste? (en el centro)

  _____

**5.** ¿A qué jugaste después de la escuela? (al tenis)

  _____

**3** Escribe un párrafo de cuatro oraciones para decir lo que tú hiciste un día de la semana pasada
con verbos terminados en -car, -gar y -zar. Cuenta cómo empezaste el día, dónde almorzaste,
a qué jugaste, etc.

_____

_____

_____

**UNIDAD 4 Lección 2  Gramática C**

# Gramática A  *More Verbs with Irregular Preterite*

> **¡AVANZA!**  **Goal:**  Use the preterite of some irregular verbs to describe what you and others did.

**①** Lee lo que hicieron estas personas y escribe la letra de la ilustración en el espacio correspondiente.

a.　　　　　　b.　　　　　　c.　　　　　　d.　　　　　　e.

**1.** _____ Manuel quiso meter un gol pero no pudo.

**2.** _____ Los alumnos trajeron sus mochilas a clase.

**3.** _____ Yo vine a casa a las ocho.

**4.** _____ Tú y tus amigos trajeron regalos a la fiesta.

**5.** _____ Tú le dijiste «adiós» al profesor de español.

**②** Forma oraciones con el pretérito de los verbos para saber lo que pasó en la fiesta de ayer.

| | | |
|---|---|---|
| Gilberto | traer | sándwiches |
| José y Clara | sacar | discos compactos |
| Yo | venir | como chaperones |
| Mis amigos | decir | bailar toda la tarde |
| Tú | querer | un juego my divertido |
| El señor López y su esposa | | «a sonreír todos» |
| Ustedes | | bebidas |

**1.** _____

**2.** _____

**3.** _____

**4.** _____

**5.** _____

# Gramática B  *More Verbs with Irregular Preterite*

> **¡AVANZA!**   **Goal:**   Use the preterite of some irregular verbs to describe what you and others did.

**➊** A algunas personas les gusta la cultura azteca. Escoge la palabra correcta para completar las oraciones.

**1.** Tú _____ a la Ciudad de México para ver las ruinas aztecas.

   **a.** viniste      **b.** vine      **c.** vinisteis

**2.** Yo _____ ir a una excavación pero no pude.

   **a.** traje      **b.** quise      **c.** dije

**3.** Mis profesores me _____ que los aztecas construyeron pirámides.

   **a.** dijeron      **b.** quisieron      **c.** vinimos

**4.** Nosotros _____ una cámara para sacar fotos de las pirámides.

   **a.** dijimos      **b.** trajimos      **c.** vinimos

**5.** ¿ _____ Ud. su cámara?

   **a.** Trajeron      **b.** Traje      **c.** Trajo

**➋** Miguel no entendió su tarea pero Pablo lo ayudó. Completa el párrafo con el pretérito de los verbos en paréntesis.

Ayer, Miguel no **1.** _____ ( querer) hacer la tarea. Se fue a la playa con

sus amigos. Al volver a casa, Miguel no **2.** _____ (poder) hacer los

problemas de matemáticas. Por eso, él **3.** _____ (tener) que llamar a su

amigo Pablo y le **4.** _____ (decir): «Pablo, ¿me puedes ayudar con la

tarea?» Pablo **5.** _____ (venir) a la casa de Miguel y

**6.** _____ (traer) su libro. Pablo **7.** _____ (sacar) el

libro de su mochila y ellos **8.** _____ (empezar) a trabajar juntos.

**➌** Contesta las siguientes preguntas con el pretérito de los verbos entre paréntesis para saber lo que pasó en la escuela.

**1.** ¿Qué hizo el profesor de español? (traer)

   _____

**2.** ¿Qué hicieron la directora y la secretaria? (tener)

   _____

**3.** ¿Qué hicieron los alumnos nuevos? (comer)

   _____

**4.** ¿Qué hizo la profesora de arte? (decir)

   _____

# Gramática C  *More Verbs with Irregular Preterite*

> **¡AVANZA!**   **Goal:**   Use the preterite of some irregular verbs to describe what you and others did.

**1** ¿Qué pasó hoy por la mañana? Contesta las siguientes preguntas personales.

   **1.** ¿A qué hora te tuviste que despertar?

   _____

   **2.** ¿A qué hora llegaste hoy a la escuela?

   _____

   **3.** ¿En qué vinieron tú y tus amigos hoy a la escuela?

   _____

   **4.** ¿Qué trajiste a la escuela para el almuerzo?

   _____

   **5.** ¿Qué te dijo tu mejor(a) amigo(a) cuando llegaste a la escuela?

   _____

**2** El profesor tuvo que ir a la oficina y quiere saber lo que pasó mientras estuvo fuera del salón. Escribe un resumen de las actividades que ves en la ilustración.

  **1.**        **2.**        **3.**        **4.**

  **5.**        **6.**        **7.**

_____

_____

_____

_____

_____

UNIDAD 4 Lección 2
Gramática C

Unidad 4, Lección 2
Gramática C

**180**

**¡Avancemos! 2**
Cuaderno para hispanohablantes

Nombre _____ Clase _____ Fecha _____

# Gramática adicional

| ¡AVANZA! | **Goal:** Divide Spanish words correctly. |
|---|---|

## La silabificación

- Las palabras en español se dividen en sílabas. Todas las sílabas tienen un sonido y por lo tanto siempre tienen una vocal: *a, e, i, o, u*. Las vocales por sí solas forman una sílaba:

    u-na   a   A-na   o-so   a-ma

- Una sílaba cerrada tiene una consonante y una vocal. Una sílaba abierta tiene una vocal seguida de una consonante:

    ma-ña-na   ma-má   pi-rá-mi-de   pe-ro   ar-ca   al-ma   en-re-do

- Las vocales *a, e, o* son fuertes. Las vocales *i, u* son débiles y al combinarse con las otras vocales pueden formar diptongos:

    em-pe-ra-dor   hé-ro-e   fe-o   ciu-dad   cua-dra   seis   sie-te   nue-vo   au-to

- Si en una palabra hay una vocal débil unida a una vocal fuerte, es necesario acentuar la vocal débil para evitar el diptongo:

    rí-o   ac-tú-o   ha-bí-a

- Hay consonantes que se combinan con otras consonantes y al unirse a una vocal forman una sola sílaba. Estas combinaciones son: *bl, br, cl, cr, dr, fl, fr, gr, pl, pr, tr*:

    ha-blo   re-gre-sar   tra-ba-jo   pla-no   dra-ma

- Cualquier otra combinación de consonantes debe separarse:

    en-re-do   al-go-dón   trans-por-te   al-co-hol

**1** Ahora te toca a tí. Divide estas palabras en sílabas.

1. hermoso _____
2. sobre _____
3. volcán _____
4. agricultura _____
5. escritorio _____
6. palacio _____
7. británico _____
8. enemigo _____

9. antiguo _____
10. ruinas _____
11. doblar _____
12. azteca _____
13. toltecas _____
14. noviembre _____
15. sombrero _____
16. preocupado _____

UNIDAD 4 Lección 2

Gramática adicional

Nombre _____ Clase _____ Fecha _____

# Integración: Hablar

| ¡AVANZA! | **Goal:** Respond to written and oral passages describing a visit to an ancient site. |

**Fuente 1 Leer**

Lee la siguiente lista que aparece en una guía para jóvenes que visitan la Ciudad de México.

## Guía turística: México, D. F.
## Lugares de interés histórico

 **Templo mayor**  Aquí se rendía culto a los principales dioses aztecas, Huitzilopochtli y Tláloc. Descubierto gracias al hallazgo de uno monolito en 1978, este templo volvió a ver el sol mexicano tras siglos de haber sido sepultado en el centro de la Ciudad de México.

 **Teotihuacán**  En la sección central del valle de Teotihuacán, al noreste de la Ciudad de México, esta ciudad era la sexta ciudad más grande del mundo durante sus mejores años. Visita la Avenida de los Muertos, la pirámide del Sol y la pirámide de la Luna.

 **Xochimilco**  Da un paseo en chinampa por las antiguas avenidas de estos jardines flotantes.

 **Zócalo**  El Zócalo fue alguna vez el centro ceremonial más importante del imperio de Moctezuma. Hoy es el centro del la ciudad más grande del mundo.

Escucho el siguiente recado que dejó Amador Muñoz a su familia. Luego completa la actividad

**Fuente 2 Escuchar**

### HL CD 1, Tracks 29–30

Formula una respuesta oral corta para explicar qué lugares de interés histórico te gustaría visitar en la Ciudad de México y por qué.

# Integración: Escribir

 **Goal:** Respond to written and oral passages describing a visit to an ancient site.

Fuente 1 Leer

Lee el siguiente blog de Internet.

http://www.mexicoblog.net  GO

## El tigre no es como lo pintan
Una semana en el Distrito Federal   *por Lucas Cabrera*

Cuando les dije a mis padres que el viaje de estudios este año
iba a ser al Distrito Federal se pusieron muy preocupados.
«México es una ciudad muy grande, es peligrosa, tiembla».
Bueno, oí de todo un poco, sobre todo de mamá, que se
preocupa por todo. Sin embargo, la decisión ya estaba tomada y
el profesor de historia no iba a cambiar de opinión.

Nuestra visita fue muy interesante. Nos quedamos en el Hotel
del Centro Histórico porque podíamos caminar a muchos sitios
interesantes. A mí me impresionó el Templo Mayor porque
es difícil creer que se construya una nueva ciudad encima de
otra. Pero eso hicieron los conquistadores con Tenochtitlán. Luego de nuestra visita al templo
visitamos el museo que está ahí mismo. Es muy interesante aprender y ver cómo vivía la gente
de México hace muchos años y luego salir y ver el México moderno.

La verdad es que lo pasamos muy bien. México es una gran ciudad y el viaje de estudios fue
muy divertido.

Escucha el siguiente un anuncio de radio. Luego completa la siguiente Actividad.

### HL CD 1, Tracks 31–32

Escribe una propuesta para un viaje de estudios a México. Dirige tu escrito a tu profesor de
historia. Usa la información de las dos fuentes.

# Lectura A

> ¡AVANZA! **Goal:** Describe early Mexican civilizations and their activities.

**1** Lee el siguiente artículo acerca de la antigua civilización olmeca y luego responde a las preguntas de comprensión.

## Los olmecas

Los olmecas figuran entre las primeras culturas de Mesoamérica. Las esculturas que caracterizan a esta civilización son las cabezas olmecas hechas de roca muy dura. Por lo general, son monolíticas y muy grandes. Llegan a pesar varias toneladas y a medir hasta tres metros. También se han encontrado altares rectangulares de piedra. Otros objetos que llaman mucho la atención son las caras sonrientes de cerámica. La cultura olmeca es la única que muestra esculturas con sonrisas, lo cual ha sido un misterio para los científicos. Los olmecas vivían en la zona de Veracruz, donde abundaban animales que cazaban para sobrevivir. Además sembraban maíz, frijol y calabaza. Se cree que la cultura olmeca sentó las bases para las futuras civilizaciones que existieron en Mesoamérica hasta la llegada de los españoles.

**2** **¿Comprendiste?**

**1.** Menciona tres características de las esculturas olmecas.

_____

**2.** ¿Qué otros objetos se han encontrado?

_____

**3.** ¿Qué hacían los olmecas para sobrevivir?

_____

**3** **¿Qué piensas?** ¿Por qué crees que los olmecas hicieron esculturas con sonrisas? ¿Qué opinión tienes de la cultura olmeca?

_____

_____

_____

_____

_____

# Lectura B

> **¡AVANZA!**  **Goal:** Describe early Mexican civilizations and their activities.

**❶** Una agencia de viajes ofrece dos recorridos para visitar sitios arqueológicos en México. Lee estos anuncios, responde a las preguntas y di cuál viaje te atrae más y por qué.

La agencia de viajes Jiute lo invita a conocer México. Este mes le ofrece dos destinos:

• Teotihuacán, Ciudad de los Dioses. La visita incluye las pirámides del Sol y de la Luna, la Calzada de los Muertos, la Ciudadela y el Templo de Quetzalcóatl con sus magníficas cabezas de serpiente. Este importante centro religioso fue construido por los teotihuacanos, un pueblo que no conocía las herramientas de metal y no tenía animales de carga para la construcción. Lo invitamos a caminar por la gran avenida que comunica las dos pirámides y a sus lados verán los templos, las plataformas y los lugares de residencia. Teotihuacán está a sólo 45 kilómetros de la Ciudad de México.

• Chichén Itzá, ciudad al borde del pozo de los Itzaés. La visita incluye la pirámide de Kukulcán, el juego de pelota, la Plaza de las Mil Columnas, el mercado, el Templo de los Guerreros y el Templo de Tigres y Águilas. Los mayas construyeron este gran centro y cada pirámide, templo o edificación tiene un significado religioso. Lo invitamos a pasear por caminos que lo llevan entre la selva a edificios antiguos, al pozo sagrado y a la famosa escultura del Chaac-Mool. Chichén Itzá está a 120 kilómetros de la ciudad de Mérida, Yucatán.

**❷** **¿Comprendiste?**

**1.** ¿Qué características tenían los teotihuacanos?

_____

_____

**2.** ¿Qué lugares incluye la visita a Chichén Itzá?

_____

_____

**❸** **¿Qué piensas?** ¿Te interesa visitar estos sitios antiguos de México? ¿Por qué? ¿Cuál de las dos visitas que ofrece la agencia de viajes te gusta más? Explica tu respuesta.

_____

_____

_____

_____

# Lectura C

 **Goal:** Describe early Mexican civilizations and their activities.

**1** Lee este artículo publicado en una revista turística. Responde a las preguntas de comprensión y haz tus comentarios.

## ¡Visite la Ciudad de México!

En la Ciudad de México se mezcla lo antiguo y lo moderno. Esta gran ciudad fue fundada en 1325 con el nombre de Tenochtitlán, la gran metrópoli de los mexicas, también conocidos como los aztecas.

La leyenda cuenta que los aztecas salieron de Aztlán, «lugar de las garzas», en busca del sitio que les indicarían los dioses. Salieron en busca del símbolo que después se convertiría en el escudo nacional de México. Este símbolo es una águila sobre un nopal devorando a una serpiente, el cual encontraron en el valle de México. Tenochtitlán se construyó sobre el lago de Texcoco, porque fue ahí que el águila los esperaba.

La ciudad era muy grande, construida con una red de canales y avenidas que sorprendió positivamente a los españoles cuando llegaron a América. Los edificios, templos y pirámides de la gran civilización azteca quedaron sepultados bajo los nuevos edificios e iglesias que construyeron los españoles. Transitar por las calles y las plazas de México resulta un viaje por los siglos, ya que las calzadas prehispánicas las transformaron en paseos coloniales. Durante las excavaciones para construir el metro en la Ciudad de México se encontraron los vestigios de la gran Tenochtitlán.

En la actualidad se pueden ver restos de edificaciones de hace más de seis siglos con las espléndidas construcciones de la gran civilización azteca. Una de esas áreas arqueológicas encontradas durante las excavaciones la convirtieron en un museo conocido como el Templo Mayor y se localiza entre el Palacio Nacional y la Catedral Metropolitana, muy cerca del Zócalo. Así, el centro de la Ciudad de México es un testigo fiel del paso del tiempo entre sus sitios arqueológicos, sus edificios virreinales, los del siglo XIX y sus edificios contemporáneos.

No deje de visitar la Ciudad de México, espacio cosmopolita sin igual con sus monumentos, mansiones y coloridos mercados.

Unidad 4, Lección 2
Lectura C
**186**

¡Avancemos! 2
Cuaderno para hispanohablantes

UNIDAD 4 Lección 2
Lectura C

**2** **¿Comprendiste?** Responde a las siguientes preguntas:

**1.** ¿Quiénes fueron los primeros fundadores de la Ciudad de México?

_____

**2.** ¿Por qué decidieron los pobladores construir la ciudad sobre el lago de Texcoco?

_____

_____

**3.** ¿Qué sorprendió positivamente a los españoles al llegar a la Ciudad de México?

_____

**4.** ¿Qué encontraron al construir el metro de la Ciudad de México?

_____

**5.** ¿Por qué la lectura dice que ir a la Ciudad de México es como viajar por los siglos?

_____

_____

**3** **¿Qué piensas?** ¿Qué idea tenías de la Ciudad de México antes de leer el artículo y qué idea tienes ahora? ¿Te gustaría visitar esta ciudad? Explica tu respuesta. Si ya la conoces, ¿cuáles son tus sitios favoritos?

_____
_____
_____
_____
_____
_____
_____

# Escritura A

> **¡AVANZA!**  **Goal:** Describe ancient civilizations and modern cities.

Quieres conocer edificios famosos de algunas ciudades del mundo para hacer una presentación en tu clase de sociales.

**1** Escribe el nombre de tres ciudades del mundo que tengan edificios o monumentos famosos.

| Ciudad | Nombre del edificio |
|---|---|
| **Modelo:** *Nueva York* | *Empire State* |
| | |
| | |
| | |

**2** Imagina que en un viaje conociste esas ciudades y sus edificios. Escribe una descripción del viaje. Inventa un título y agrega detalles que te ayuden a hacerlo entretenido. Asegúrate de: 1) escribir con oraciones completas en forma clara y ordenada; 2) usar verbos en pretérito y 3) hacer buen uso del lenguaje y la ortografía.

_____

_____

_____

_____

_____

_____

_____

_____

_____

**3** Evalúa la descripción con la siguiente tabla.

| | Crédito máximo | Crédito parcial | Crédito mínimo |
|---|---|---|---|
| Contenido | El párrafo incluye información clara y bien organizada. | El párrafo incluye información y la mayor parte de ésta es clara y bien organizada. | El párrafo incluye poca información y no es clara ni está organizada. |
| Uso correcto del lenguaje | Tuviste muy pocos errores o ninguno en el uso del lenguaje y los verbos. | Tuviste algunos errores en el uso del lenguaje y los verbos. | Tuviste un gran número de errores en el uso del lenguaje y los verbos. |

# Escritura B

| ¡AVANZA! | **Goal:** Describe ancient civilizations and modern cities. |
|---|---|

Un(a) amigo(a) va a hacer un viaje a la capital de tu país, pero como nunca ha estado ahí, te pide que le hagas una lista de los lugares más importantes para visitar.

**1** Escribe en el cuadro cuatro lugares que tu amigo(a) debe visitar y di dónde están:

| Lugares para visitar | Direcciones para llegar |
|---|---|
| **Modelo:** Catedral | Está frente a la plaza principal. |
| | |
| | |
| | |
| | |

**2** Escribe la carta que tu amigo te envió un mes después para contarte cómo estuvo su viaje. En la carta debes: 1) mencionar los lugares y direcciones de la Actividad 1; 2) usar los verbos en pretérito; 3) hacer un buen uso del lenguaje y la ortografía.

_____

_____

_____

_____

_____

_____

_____

_____

**3** Evalúa tu carta con la siguiente tabla.

| | Crédito máximo | Crédito parcial | Crédito mínimo |
|---|---|---|---|
| Contenido | La carta incluye información clara y organizada. | La carta incluye información y la mayor parte de ésta es clara y bien organizada. | La carta incluye poca información y no es clara ni está organizada. |
| Uso correcto del lenguaje | Tuviste muy pocos errores o ninguno en el uso del lenguaje y los verbos. | Tuviste algunos errores en el uso del lenguaje y los verbos. | Tuviste un gran número de errores en el uso del lenguaje y los verbos. |

# Escritura C

| ¡AVANZA! | **Goal:** Describe ancient civilizations and modern cities. |
|---|---|

Participas en un concurso de cuento organizado por la escuela sobre el tema de las civilizaciones antiguas.

**1** Llena la tabla con la información necesaria para escribir tu cuento.

| Título | |
|---|---|
| Personajes | |
| Lugar(es) | |
| Tiempo | |

**2** Escribe tu cuento con base en la información anterior. Incluye: 1) oraciones completas y lógicas; 2) las partes del cuento: introducción, desarrollo y desenlace; 3) buen uso de las verbos y de la ortografía.

_____

_____

_____

_____

_____

_____

_____

_____

_____

_____

_____

**3** Evalúa tu cuento con la siguiente tabla.

| | **Crédito máximo** | **Crédito parcial** | **Crédito mínimo** |
|---|---|---|---|
| Contenido | El párrafo incluye información clara y bien organizada. | El párrafo incluye información y la mayor parte de ésta es clara y bien organizada. | El párrafo incluye poca información y no es clara ni está organizada. |
| Uso correcto del lenguaje | Tuviste muy pocos errores o ninguno en el uso del lenguaje y los verbos. | Tuviste algunos errores en el uso del lenguaje y los verbos. | Tuviste un gran número de errores en el uso del lenguaje y los verbos. |

UNIDAD 4 Lección 2

Escritura C

Unidad 4, Lección 2
Escritura C

**190**

¡Avancemos! 2
Cuaderno para hispanohablantes

# Cultura A

> **¡AVANZA!**  **Goal:** Strengthen and apply knowledge about Mexican culture.

**1** Relaciona las columnas con información de las culturas zapoteca y otavaleña.

1. _____ Antigua capital de la civilización zapoteca.
2. _____ Festividad oaxaqueño que se celebra con bailes y comida típica.
3. _____ Fiesta ecuatoriana de origen indígena en honor a la madre tierra.
4. _____ Artículos de ropa y decoraciones con tejidos.
5. _____ Artesanías de cerámica y de barro negro.

a. artesanías oaxaqueñas
b. la Guelaguetza
c. Monte Albán
d. artesanías otavaleñas
e. Yampor

**2** El juego de pelota es muy antiguo. Haz un cuadro comparativo de cómo se juega ulama y cómo se juega hoy en día un deporte moderno.

|  | Ulama | Deporte: _____ |
|---|---|---|
| Número de jugadores | _____ | _____ |
| Equipo | _____ | _____ |
| Dónde se juega | _____ | _____ |
| No permitido | _____ | _____ |

**3** Los idiomas de todo el mundo han tomado prestadas palabras de otras lenguas. Escribe una lista de ejemplos de palabras indígenas que han influenciado al español y di de qué lengua se originaron. Luego, haz otra lista de palabras prestadas del español por el inglés y/o viceversa.

| Palabras de origen indígena que influenciaron el español | Palabras del inglés prestadas del español y viceversa |
|---|---|
| **Modelo:** *tomate, de origen náhuatl* | *siesta, palabra prestada del español* |
|  |  |
|  |  |
|  |  |
|  |  |

# Cultura B

> ¡AVANZA!   **Goal:**   Strengthen and apply knowledge about Mexican culture.

**1** Pedro no está seguro de la siguiente información sobre los zapotecas y los otavaleños. Ayúdalo à seleccionar la respuesta correcta.

1. Los _____ de Ecuador son conocidos internacionalmente por sus diseños de tejidos de colores vivos.

   **a.** zapotecas          **b.** otavaleños          **c.** mayas

2. La fiesta de la _____ se celebra cada año en Oaxaca.

   **a.** Guelaguetza          **b.** Yamor          **c.** Ulama

3. _____ era la capital de la antigua civilización zapoteca.

   **a.** Oaxaca          **b.** Azteca          **c.** Monte Albán

4. Se sabe que los zapotecas eran deportistas porque en las ruinas de la zona encontraron _____ .

   **a.** un campo de pelota          **b.** una gran plaza          **c.** templos

5. Los otavaleños celebran la fiesta _____ en honor a la madre tierra.

   **a.** Guelaguetza          **b.** del verano          **c.** Yamor

**2** El juego de pelota ulama es parecido a otros deportes modernos. Encuentra las similitudes entre ulama y otros deportes. Completa la tabla con tus conocimientos.

| Ulama | Deportes modernos |
|---|---|
| **Modelo:**  *golpear una pelota* | *En el tennis se golpea una pelota.* |
| **1.** | |
| **2.** | |
| **3.** | |

**3** Escríbele una carta a un(a) amigo(a) sobre un viaje que hiciste a Oaxaca. Cuéntale detalles de lo que viste durante la ceremonia de la Guelaguteza. También le puedes contar acerca de otros aspectos interesantes de la cultura mexicana que observaste en esa ciudad.

_____

_____

_____

_____

_____

**UNIDAD 4 Lección 2**

**Cultura B**

Unidad 4, Lección 2
Cultura B

**192**

¡Avancemos! 2
Cuaderno para hispanohablantes

# Cultura C

> **¡AVANZA!** **Goal:** Strengthen and apply knowledge about Mexican culture.

**1** Tu hermana Martha necesita hacer un reporte sobre México y su cultura presente y pasada. Ella preparó una serie de preguntas. Ayúdale a contestarlas.

**1.** ¿Cuál era el idioma de los aztecas y cómo ha influenciado el español?

_____

_____

**2.** ¿En dónde habitaban los zapotecas?

_____

_____

**3.** ¿Qué era y cómo se jugaba el juego de pelota de las civilizaciones antiguas?

_____

_____

**2** Imagina que eres un científico que investiga las ruinas de Monte Albán, la antigua capital zapoteca en Oaxaca, México. Llena la siguiente información con lo que tú crees que hacían los antiguos zapotecas en estos lugares. Escribe oraciones completas.

| Los zapotecas usaban este lugar | para |
|---|---|
| Campo de pelota | _____ |
| Gran plaza | _____ |
| Templos | _____ |

**3** Eres escritor y fotógrafo de una revista cultural indígena. Visitaste Oaxaca y Ecuador para hacer un reportaje. Ahora tienes que escribir sobre las artesanías zapotecas y otavaleños. Menciona algunos de los materiales con qué están hechas.

_____

_____

_____

_____

_____

# Comparación cultural: Lo antiguo y lo moderno en mi ciudad

## Lectura y escritura

Después de leer los párrafos sobre las ciudades donde viven Martín, Elena, y Raúl, escribe un párrafo sobre la ciudad donde vives. Usa la información de la tabla para escribir un párrafo que describe tu ciudad o pueblo.

### Paso 1

Completa la tabla con los detalles sobre tu ciudad o pueblo.

| Mi ciudad en el presente | Mi ciudad en el pasado |
|---|---|
|  |  |

### Paso 2

Ahora usa los detalles de la tabla para escribir una oración para cada uno de los temas.

_____
_____
_____
_____
_____
_____

# Comparación cultural: Lo antiguo y lo moderno en mi ciudad

## Lectura y escritura
*(continuación)*

### Paso 3

Ahora escribe tu párrafo usando las oraciones que escribiste como guía. Incluye una oración de introducción y utiliza verbos como **ser, vivir** y **construir** en el pretérito o el imperfecto para describir tu ciudad o pueblo.

_____
_____
_____
_____
_____
_____
_____

### Lista de verificación

Asegúrate de que...

☐ incluyes todos los detalles de tu tabla en el párrafo;

☐ usas los detalles para describir distintos aspectos de tu ciudad;

☐ utilizas las nuevas palabras de vocabulario y los verbos en el pretérito y el imperfecto.

### Tabla

Evalúa tu trabajo con la siguiente tabla.

| Criterio de escritura | Excelente | Bueno | Necesita mejorar |
|---|---|---|---|
| **Contenido** | Tu párrafo incluye todos los detalles sobre tu ciudad o pueblo. | Tu párrafo incluye algunos de los detalles sobre tu ciudad o pueblo. | Tu párrafo incluye muy poca información sobre tu ciudad o pueblo. |
| **Comunicación** | La mayor parte de tu párrafo está organizada y es fácil de entender. | Partes de tu párrafo están organizadas y son fáciles de entender. | Tu párrafo está desorganizado y es difícil de entender. |
| **Precisión** | Tu párrafo tiene pocos errores de gramática y de vocabulario. | Tu párrafo tiene algunos errores de gramática y de vocabulario. | Tu párrafo tiene muchos errores de gramática y de vocabulario. |

# Comparación cultural: Lo antiguo y lo moderno en mi ciudad

## Compara con tu mundo

Ahora escribe un párrafo comparando tu ciudad o pueblo con la ciudad de uno de los tres estudiantes de la página 245. Organiza tu comparación por temas. Primero compara los lugares de la ciudad, después la arquitectura, y por último la historia del área.

## Paso 1

Usa la tabla para organizar la comparación por temas. Escribe los detalles de cada uno de los temas sobre tu ciudad o pueblo y la del (de la) estudiante que escogiste.

| | Mi ciudad | La ciudad de _____ |
|---|---|---|
| Lugar(es) | | |
| Arquitectura | | |
| Historia | | |

## Paso 2

Ahora usa los detalles de la tabla para escribir la comparación. Incluye una oración de introducción y escribe sobre cada tema. Utiliza verbos como **ser, vivir** y **construir** en el pretérito o el imperfecto para describir tu ciudad o pueblo y la del (de la) estudiante que escogiste.

_____

_____

_____

_____

_____

_____

_____

_____

UNIDAD 4

Comparación cultural

196

Unidad 4
Comparación cultural

¡Avancemos! 2
Cuaderno para hispanohablantes

# Vocabulario A  ¡Qué rico!

┌─────────────────────────────────────────────────────────────────────┐
│ **¡AVANZA!**   **Goal:**  Talk about shopping for and preparing food. │
└─────────────────────────────────────────────────────────────────────┘

**1** Indica con un círculo la palabra que no corresponde en cada grupo.

**Modelo:**   freír / hervir / desayunar

1. zanahoria / espinacas / merienda

2. limón / aceite / fresa

3. sal / lechuga / pimienta

4. azúcar / aceite / vinagre

5. mostaza / mayonesa / cebolla

**2** Usa las palabras de la lista para completar cada oración.

| batir | freír | cenar | mezclar | hervir | desayunar | probar | añadir |
|-------|-------|-------|---------|--------|-----------|--------|--------|

**Modelo:**   Ismael va a *hervir* las patatas para una ensalada.

1. Lorenzo va a _____ aceite y vinagre a la ensalada.

2. Martina va a _____ los huevos para una tortilla.

3. Cuando mi padre cocina, me gusta _____ la comida.

4. ¿Quieres _____ el chocolate con la leche?

5. Tengo que _____ las cebollas.

6. Su familia prefiere _____ a las siete de la tarde.

7. Me gusta _____ jugo y cereales cada mañana.

**3** Contesta con oraciones completas las siguientes preguntas basadas en el vocabulario de esta lección.

**Modelo:**   ¿Qué comida te gusta más?

   *La comida que me gusta más es la sopa de pollo.*

1. ¿Qué sabor tiene la comida que más te gusta? _____

2. ¿Qué comida no te gusta comer? _____

3. ¿Por qué no te gusta esa comida? _____

4. ¿Qué comes para la merienda? _____

5. ¿Qué te gusta comer para el desayuno? _____

# Vocabulario B ¡Qué rico!

> | ¡AVANZA! | **Goal:** Talk about shopping for and preparing food. |

**1** Tu escribe un verbo de la lista por cada oración para decir cómo preparas una cena.

| añadir | mezclar | freír | batir | hervir |
|---|---|---|---|---|

1. Yo _____ las patatas para una ensalada fría.

2. Yo _____ las cebollas con el pollo.

3. Yo _____ sal y pimienta a las espinacas.

4. Yo _____ la lechuga y los tomates para una ensalada.

5. Yo _____ los huevos para una tortilla.

**2** Contesta con oraciones completas las siguientes preguntas sobre el sabor de la comida.

**Modelo:** ¿Cómo son las zanahorias? *Las zanahorias son dulces.*

1. ¿Cómo son los jalapeños?

   _____

2. ¿Cómo son los limones?

   _____

3. ¿Cómo son las fresas?

   _____

4. ¿Cómo son las espinacas enlatadas?

   _____

**3** Indica con un círculo la palabra que no corresponde y explica por qué no es parte del grupo.

1. merienda   picante   agrio   salado

   ¿Por qué? _____

2. freír   hervir   cenar   mezclar

   ¿Por qué? _____

3. el azúcar   la zanahoria   la cebolla   la lechuga

   ¿Por qué? _____

4. la sal   la fresa   el aceite   el vinagre

   ¿Por qué? _____

5. las espinacas   el limón   las fresas   las uvas

   ¿Por qué? _____

UNIDAD 5 Lección 1

Vocabulario B

198

Unidad 5, Lección 1
Vocabulario B

¡Avancemos! 2
Cuaderno para hispanohablantes

# Vocabulario C ¡Qué rico!

> **¡AVANZA!**　　**Goal:**　Talk about shopping for and preparing food.

**1** Explica con una oración completa para qué usas los siguientes ingredientes.

**Modelo:**　la cebolla

*Frío la cebolla para cocinar la tortilla de patatas.*

1. el azúcar

_____

2. la lechuga

_____

3. las zanahorias

_____

4. la mayonesa

_____

5. el vinagre y el aceite

_____

**2** Quieres preparar el desayuno para tu familia. En la cocina encuentras aceite, ajo, cebolla, espinacas, lechuga, vinagre, sal, pimienta, huevos y patatas. Escribe un párrafo para describir qué hiciste. Usa al menos cuatro de los ingredientes indicados.

_____

_____

_____

_____

**3** Escribe un párrafo de cinco oraciones completas sobre cuáles son tus sabores favoritos. Incluye ejemplos de platillos e ingredientes que te gustan.

_____

_____

_____

_____

_____

UNIDAD 5 Lección 1　Vocabulario C

# Vocabulario adicional

| ¡AVANZA! | **Goal:** Expand your vocabulary about Spanish food. |
|---|---|

## La comida española

En España (al igual que en muchos países de América Latina) hay una gran variedad de platos elaborados a partir de especies animales comestibles.

| Mariscos | | Aves | | Peces | | Ganado | |
|---|---|---|---|---|---|---|---|
| el pulpo | octopus | la perdiz | partridge | la trucha | trout | el cerdo | pig |
| la vieira | scallop | la codorniz | quail | | | la ternera | veal |
| la almeja | clam | | | | | el cordero | lamb |
| el cangrejo | crab | | | | | | |

Entre los platos más populares de la comida española están los entremeses, mejor conocidos como **tapas**. Aquí te mostramos otros ejemplos.

| el queso manchego | cheese from the La Mancha region | el gazpacho | cold tomato soup with garnish | el chorizo | sausage (tripe stuffed with chopped pork) |
|---|---|---|---|---|---|
| la paella | rice with seafood and/or chicken | la tortilla española | omelet with eggs, potatoes, and onions | el pulpo en su tinta | octopus in its own ink |
| el pan con tomate | toasted bread with garlic and olive oil | la fabada | stew with white beans | los calamares fritos | fried squid |

**1** Contesta las preguntas sobre los platos españoles con oraciones completas.

**1.** ¿Qué son las tapas?

_____

**2.** ¿Qué es la fabada?

_____

**3.** ¿Qué es la paella?

_____

**2** Das una clase de cocina en un programa de televisión. Escribe un guión de seis oraciones completas para informar sobre algunos tipos de comida típica de España.

_____
_____
_____
_____
_____

# Gramática A   *Usted/Ustedes Commands*

> **¡AVANZA!**   **Goal:**   Use formal commands to tell someone to do something.

**1** La señora Serrano y su hija Martita quieren llevar una vida más sana. Indica con una X a quién le dio el nutricionista las siguientes recomendaciones formales e informales.

|  | A Martita | A la Sra. Serrano |
|---|---|---|
| **Modelo:** *Lava las verduras* | X | |
| **1.** Tome suplementos vitamínicos. | | |
| **2.** Haz ejercicio. | | |
| **3.** No comas por la noche. | | |
| **4.** Lleve una dieta balanceada. | | |
| **5.** Coma más verduras. | | |

**2** Escribe los mandatos en la forma de usted que Luisa le da a la nueva cocinera.

**Modelo:**   *Lávese*  (Lavarse) las manos, por favor.

1. _____ (Comprar) verduras orgánicas.

2. _____ (Llevar) el pelo recogido mientras prepara las comidas.

3. _____ (Usar) poca sal.

4. _____ (Vigilar) la estufa mientras trabaja.

5. _____ (Preparar) las salsas con anterioridad y use siempre aceite de oliva.

**3** La directora de la escuela es muy indecisa y siempre cambia de idea. Cambia los mandatos (del negativo al afirmativo o del afirmativo al negativo) que les da a las nuevas bibliotecarias.

**Modelo:**   No traigan su almuerzo a la biblioteca.   *Traigan su almuerzo a la biblioteca.*

1. No escuchen música en la biblioteca.

_____

2. No dejen que los estudiantes lleven los nuevos libros a casa.

_____

3. Duerman en la biblioteca.

_____

4. No ayuden a los estudiantes con la tarea.

_____

5. Coloquen carteles en las paredes.

_____

# Gramática B *Usted/Ustedes Commands*

> **¡AVANZA!**  **Goal:** Use formal commands to tell someone to do something.

**1** Escribe mandatos formales que tu mamá le da a tu vecino.

1. barrer la calle _____
2. cortar el césped _____
3. bañar a sus mascotas _____
4. limpiar el garaje _____
5. bajar el volumen del estéreo _____

**2** Las gemelas Cortés quieren perder peso. Responde a las preguntas que le hacen a su entrenadora en el gimnasio con (negativos y afirmativos) formales mandatos.

**Modelo:**  ¿Podemos comer hamburguesas?

*No, no coman hamburguesas.*

1. ¿Podemos beber malteadas de chocolate con nueces?

   _____

2. ¿Paseamos en bicicleta todos los días?

   _____

3. ¿Podemos faltar al gimnasio los sábados?

   _____

4. ¿Caminamos una o dos millas diarias?

   _____

5. ¿Compramos todos nuestros alimentos dietéticos?

   _____

**3** Piensa en una película que no te ha gustado. Usa mandatos (negativos y afirmativos) formales para escribir una lista de recomendaciones al director de la película.

**Modelo:**  *No contrate a malos actores.*

_____

_____

_____

_____

_____

# Gramática C  Usted/Ustedes Commands

| ¡AVANZA! | **Goal:** Use formal commands to tell someone to do something. |
|---|---|

**1** Escribe mandatos formales para darle consejos a la señora Robles para resolver sus problemas.

**Modelo:** Mi trabajo me aburre. (buscar)

*Busque un trabajo más interesante.*

**1.** Tengo poco dinero. (ahorrar)

_____

**2.** Mi carro se descompone mucho. (comprar)

_____

**3.** Estoy un poco gorda. (ir)

_____

**4.** Me duele la cabeza. (tomar)

_____

**2** Escribe cuatro mandatos formales para hacer una lista de reglas de disciplina para los estudiantes de tu clase.

**Modelo:** *No hablen cuando el maestro habla.*

**1.** _____

**2.** _____

**3.** _____

**4.** _____

**3** Usa mandatos formales para escribir una receta para el guacamole con los ingredientes y verbos de la lista.

| Ingredientes | Verbos |
|---|---|
| • dos aguacates  • cilantro  • sal<br>• media cebolla  • jugo de limón<br>• un tomate en trocitos | • añadir  • mezclar<br>• picar  • agregar<br>• condimentar |

_____

_____

_____

_____

_____

Nombre _____ Clase _____ Fecha _____

# Gramática A  Pronoun Placement with Commands

**Level 2 Textbook** pp. 264–266

 **Goal:** Practice the placement of object pronouns in affirmative and negative commands.

**1** Éstas son algunas instrucciones para hacer una fiesta de cumpleaños sorpresa. Selecciona una de las dos formas del mandato formal para rellenar los espacios en blanco.

Éstas son unas sugerencias para que las fiestas de cumpleaños sorpresa sean muy divertidas. Primero, pasen invitaciones a sus amigos. _____ (Pásalos, Pásenlas) cuando el festejado no los vea. Luego, compren una piñata enorme y _____ (llénenla, llénenlo) de dulces y golosinas. También preparen un pastel delicioso. _____ (Prepárenlo, Prepárenlos) ustedes o _____ (pídanlo, pídale) a sus padres. El día de la fiesta _____ (dile, díganle) al invitado que van a reunirse para hacer la tarea. ¡Qué sorpresa se va a llevar!

**2** Simplifica las siguientes sugerencias o consejos para ser un buen amigo(a) con mandatos formales y usa los pronombres de complemento directo.

**Modelo:**  Nunca digan mentiras.  *Nunca las digan.*

**1.** Pidan perdón cuando se equivoquen.

_____

**2.** Compartan sus secretos.

_____

**3.** Hagan ejercicio juntos.

_____

**4.** Tomen el autobús juntos a la escuela.

_____

**5.** Vean películas juntos.

_____

**3** Tu tío José Manuel lo deja todo para mañana. Dile lo que debe hacer ahora con mandatos afirmativos formales y usa los pronombres de complemento directo.

**Modelo:**  Quiero comprar un radio.  *Cómprelo.*

**1.** No tengo ganas de afeitarme. _____

**2.** Pienso adoptar un gato. _____

**3.** Me gustaría preparar la cena. _____

**4.** Quiero ver mi programa de televisión favorito. _____

**5.** Necesito visitar a mi doctora. _____

UNIDAD 5 Lección 1
Gramática A

# Gramática B  Pronoun Placement with Command

| ¡AVANZA! | **Goal:** | Practice the placement of object pronouns in affirmative and negative commands. |

**1** Responde a las preguntas de unos turistas durante una visita a Madrid con mandatos afirmativos formales. Luego completa tus respuestas con las explicaciones de la caja.

**Modelo:** ¿Compramos ropa en el Corte Inglés?

*Sí, cómprenla porque tienen ropa de moda.*

| es deliciosa | recorren todo Madrid | presentan una comedia de Calderón |
|---|---|---|
| el arte es fenomenal | es una ciudad interesantísima | tienen ropa de moda |

**1.** ¿Visitamos el Museo del Prado?

_____

**2.** ¿Comemos paella valenciana?

_____

**3.** ¿Compramos entrades para el teatro?

_____

**4.** ¿Tomamos los autobuses turísticos?

_____

**5.** ¿Hacemos una visita a Toledo?

_____

**2** Usa las ilustraciones para decir lo que se debe o no se debe hacer durante unas vacaciones en la playa. Usa mandatos formales y explica tus ideas.

**Modelo:**  *No la olvide porque puede quemarse la piel.*

**1.**  **2.**  **3.**  **4.**

**1.** _____

**2.** _____

**3.** _____

**4.** _____

# Gramática C  *Pronoun Placement with Commands*

| ¡AVANZA! | **Goal:** Practice the placement of object pronouns in affirmative and negative commands. |
|---|---|

**1** Para el viaje de Luis y Ana a España les haces una lista de sugerencias. En los espacios en blanco escribe la forma correcta del mandato afirmativo o negativo formal y los pronombres de objeto directo.

**Modelo:** hacer las maletas   *Háganlas.*

**1.** olvidar la cámara _____

**2.** pedir un taxi para el aeropuerto _____

**3.** cargar el pasaporte _____

**4.** sacar el dinero del banco _____

**5.** dejar los itinerarios de vuelo _____

**2** En la agencia de viajes, Ernesto Campos tiene problemas para decidir qué ciudades visitar en España. Usa mandatos formales y las pistas correspondientes para darle sugerencias.

**Modelo:** ¿Voy a Barcelona para conocer la obra arquitectónica de Gaudí? (sensacional)

*Vaya y conózcala. Es sensacional.*

**1.** ¿Viajo a Sevilla para visitar la Giralda? (impresionante)

_____

**2.** ¿Vuelo a Mallorca para ver el Parque Nacional Marítimo? (ecosistema natural)

_____

**3.** ¿Tomo el tren a Bilbao para oír hablar vasco? (es un idioma bellísimo)

_____

**4.** ¿Hago el camino de Santiago para seguir la ruta de los peregrinos? (larguísima)

_____

**5.** ¿Me quedo en Madrid para recorrer el centro? (lindísimo)

_____

**3** Escribe cuatro mandatos negativos y afirmativos formales para los turistas que visitan tu ciudad. Luego explica tus recomendaciones usando los pronombres de complemento directo.

**Modelo:** *Visiten el parque de la calle principal.*

*Visítenlo porque tiene varias fuentes muy bonitas.*

_____

_____

_____

UNIDAD 5 Lección 1

Gramática C

# Gramática adicional  *Vosotros: Mandatos afirmativos*

| ¡AVANZA! | **Goal:** Use affirmative **vosotros** commands to tell people what to do. |
|---|---|

Como ya sabes, en España el plural de **tú** es el pronombre **vosotros / vosotras**. Para formar los mandatos afirmativos de este pronombre sigue las siguientes reglas:

• Cambia la última r del infinitivo por una d.

   **comprar** ⟶ **comprad**       **vender** ⟶ **vended**       **reír** ⟶ **reíd**

• Agrega los pronombres de complemento directo o indirecto al mandato de la siguiente manera:

      complemento directo ⟶ **compradlo** (el perro)

      complemento indirecto ⟶ **compradme** el perro (a mí)

      indirecto y directo ⟶ **comprádmelo**

  **Pistas:** No hay mandatos afirmativos irregulares en vosotros.
        La vocal antes de la d del verbo requiere un acento cuando sustituyes los dos pronombres.

**1** Completa las recomendaciones que el señor Ramos les da a sus empleados de su restaurant con la forma correcta de los verbos entre paréntesis.

  **Modelo:**  Jóvenes, *poned* menos chorizo en los bocadillos. (poner)

  **1.** _____ las patatas en rodajas. (cortar)

  **2.** _____ cinco latas de aceitunas para la cena. (abrir)

  **3.** _____ el zumo de naranja en los vasos altos. (servir)

  **4.** _____ a los clientes con una sonrisa. (recibir)

  **5.** _____ las manos siempre limpias. (tener)

**2** Ahora reescribe los mandatos anteriores agregando los pronombres de complemento directo o indirecto.

  **Modelo:**  Jóvenes, *ponedlo* menos en los bocadillos. (poner)

  **1.** _____ en rodajas. (cortar)

  **2.** _____ para la cena. (abrir)

  **3.** _____ en los vasos altos. (servir)

  **4.** _____ con una sonrisa. (recibir)

  **5.** _____ siempre limpias. (tener)

# Integración: Hablar

¡AVANZA!  **Goal:** Respond to written and oral passages identifying and describing ingredients for food preparation.

Lee la siguiente receta de un periódico español.

Fuente 1 Leer

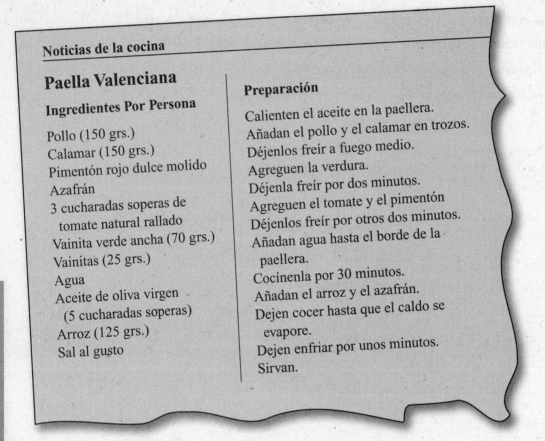

**Noticias de la cocina**

## Paella Valenciana

### Ingredientes Por Persona

Pollo (150 grs.)
Calamar (150 grs.)
Pimentón rojo dulce molido
Azafrán
3 cucharadas soperas de
   tomate natural rallado
Vainita verde ancha (70 grs.)
Vainitas (25 grs.)
Agua
Aceite de oliva virgen
   (5 cucharadas soperas)
Arroz (125 grs.)
Sal al gusto

### Preparación

Calienten el aceite en la paellera.
Añadan el pollo y el calamar en trozos.
Déjenlos freír a fuego medio.
Agreguen la verdura.
Déjenla freír por dos minutos.
Agreguen el tomate y el pimentón
Déjenlos freír por otros dos minutos.
Añadan agua hasta el borde de la
   paellera.
Cocínenla por 30 minutos.
Añadan el arroz y el azafrán.
Dejen cocer hasta que el caldo se
   evapore.
Dejen enfriar por unos minutos.
Sirvan.

Escucha las recomendaciones de un cocinero sobre cómo preparar una buena paella valenciana. Toma notas mientras escuchas y luego completa la actividad.

Fuente 2 Escuchar

### HL CD 2, tracks 1–2

De acuerdo al audio, ¿qué nuevas recomendaciones hace el cocinero para incluir en la receta del periódico?

# Integración: Escribir

**¡AVANZA!**  **Goal:** Respond to written and oral passages identifying and describing ingredients for food preparation.

Lee con atención la siguiente receta de una revista española.

Fuente 1 Leer

**Amelina Souza**

*Ensalada de naranjas con pimientos rojos*

**Ingredientes (5 personas)**

| | |
|---|---|
| 3 a 4 naranjas | 1 cucharada de miel |
| 2 pimientos rojos | 1 cucharadita de |
| Una lechuga orejona | mostaza dijon |
| 2 cucharadas soperas | Sal y pimienta |
| de aceite de oliva | Nueces picadas |

Esta es una receta fácil y nutritiva. Primero, lavad la lechuga y ponedla an la ensaladera. Después, cortad las naranjas y los pimientos en rodajas y colocadlos sobre la lechuga. Mezclad el resto de los ingredientes y poned esto sobre la ensalada. Listo, de lo más fácil. Si queréis, agregad queso rallado. ¡Delicioso!

Escucha el mensaje que la señora Estela Pérez dejó para su hijo José Arturo. Toma notas mientras escuchas. Luego completa la actividad.

Fuente 2 Escuchar

**HL CD 2, tracks 3–4**

Escribe la receta de una ensalada. Incluye los ingredientes, para cuántas personas y las instrucciones.

_____
_____
_____
_____
_____
_____
_____

# Lectura A

| ¡AVANZA! | **Goal:** Read about food. |
|---|---|

**1** Lee el siguiente artículo sobre una receta mexicana. Responde las preguntas y piensa sobre tu aperitivo favorito.

### Guacamole

El guacamole es una de las recetas más famosas de México y hoy en día se ha hecho muy popular en los Estados Unidos. Es un plato muy fácil de hacer. Se necesitan los siguientes ingredientes: 4 aguacates maduros, 2 tomates rojos y grandes picados, media cebolla picada, cilantro fresco picado, sal al gusto, unas gotas de limón y una cucharada de aceite de oliva. Los aguacates se parten por la mitad y con una cuchara se les saca la pulpa. Esta pulpa se tritura con un tenedor hasta obtener una pasta suave. A esta pasta se le añaden el resto de los ingredientes. Si te gusta picante, añádele un chile jalapeño picado. Este plato se sirve como aperitivo, es decir, se come antes de la comida principal. También se sirve como ensalada y se acompaña de "totopos" que son tostaditas de maíz fritas cortadas en pedazos. Es un plato delicioso.

**2** **¿Comprendiste?** Marca con un círculo la letra de la respuesta que mejor completa la idea de la lectura.

1. El ingrediente principal del guacamole es:

   **a.** el aguacate verde    **b.** el aguacate maduro    **c.** el aguacate fresco

2. En la preparación del guacamole se necesitan los siguientes utensilios:

   **a.** el cuchillo, la cuchara y el tenedor

   **b.** la cuchara y el tenedor

   **c.** la cuchara, el tenedor y el vaso

3. Según la lectura, ¿qué tipo de plato es el guacamole?

   **a.** un entremés    **b.** un plato principal    **c.** un aperitivo

4. Los "totopos" están hechos con ingredientes de:

   **a.** chile jalapeño    **b.** cilantro fresco    **c.** maíz

**3** **¿Qué piensas?** ¿Cuál es tu ensalada favorita? ¿Qué ingredientes lleva? ¿Cómo se prepara? ¿Cuál es tu aperitivo favorito? ¿Qué ingredientes lleva? ¿Cómo se prepara? Escribe sobre dos tipos de ensaladas que comes, los ingredientes y la preparación del plato.

_____

_____

_____

_____

_____

# Lectura B

> **¡AVANZA!**    **Goal:**  Read about food.

**1** Lee cuidadosamente el siguiente mensaje sobre la importancia de saber comer bien y piensa si cuidas tu salud.

### El cuidado de la salud

Algunos estudios dicen que cuando las personas se alimentan bien, pueden mejorar la calidad de vida. Los nutricionistas recomiendan preparar tres comidas al día. Éstas comidas deben ser equilibradas e incluir los cinco grupos importantes de nutrientes: proteínas, carbohidratos, grasas, minerales y vitaminas. Estos grupos son necesarios para conservar un cuerpo sano, a menos que por alguna intolerancia o enfermedad se impida su consumo. Las proteínas se obtienen de productos animales y de las nueces, mientras que los carbohidratos se obtienen de las frutas, verduras, cereales y granos. Las grasas recomendadas son de origen vegetal. Los minerales se encuentran en las nueces, quesos, frutas, verduras, carnes, cereales y granos. Así mismo, las vitaminas se encuentran en los cereales, frutas, verduras, nueces, huevos y lácteos. Se recomienda el consumo moderado de carnes rojas, comida frita, carbohidratos y de comida rápida. Los estudios también han demostrado que hacer ejercicio es muy bueno para el cuidado de la salud y por lo tanto, mejora la calidad de vida.

**2** **¿Comprendiste?** Escoge la respuesta correcta para las siguientes preguntas:

1. La lectura señala que las personas mejoran la calidad de vida cuando _____ .
   - **a.** ven televisión / comen carbohidratos
   - **b.** van al gimnasio / toman refrescos
   - **c.** se alimentan bien / hacen ejercicio
   - **d.** comen proteínas / no hacen ejercicio

2. Si los carbohidratos se obtienen de las frutas, verduras, cereales y granos, entonces dos carbohidratos son: _____
   - **a.** fresas y pastas
   - **b.** aceite y sal
   - **c.** pollo y pescado
   - **d.** huevos y pan

3. Si las vitaminas se encuentran en frutas y verduras entonces, dos verduras y dos frutas son: _____
   - **a.** queso, carnes rojas, azúcar y pescado
   - **b.** huevos, pescado, limones y naranjas
   - **c.** naranja, limón, lechuga y espinacas
   - **d.** nueces, comida rápida, helado, fresas

4. La lectura dice que la proteína se puede obtener de productos animales. Un producto animal se encuentra en: _____
   - **a.** las zanahorias
   - **b.** las hamburguesas
   - **c.** las nueces
   - **d.** las cebollas

**3** **¿Qué piensas?** Además de la información en el artículo, ¿qué crees que es necesario para cuidar tu salud?

_____

_____

# Lectura C

| ¡AVANZA! | **Goal:** Read about food. |

**1** Lee el siguiente artículo sobre la cocina española. Responde a las preguntas y piensa si te gusta la comida de diferentes partes del mundo.

## La Cocina en España

La cocina de cada país se determina con el paso del tiempo y con la influencia de otros países. España es un buen ejemplo de esto. Durante muchos siglos, diferentes alimentos llegaron a España. La aceituna fruto del árbol del olivo llegó en tiempos del Imperio Romano. Se cree que los fenicios llevaron los garbanzos.

Durante los siete siglos de dominio árabe muchos alimentos llegaron a este país. Entre estos se cuentan verduras y frutas como las alcachofas, los espárragos, las berenjenas, las espinacas, los membrillos, las toronjas, los higos, los chabacanos y los dátiles. Entre las especias se conocen la nuez moscada, el comino, la canela, los clavos, el azafrán y la vainilla. Y entre las nueces se conocen las almendras y los pistachos. Los árabes fueron grandes agricultores y cultivaron naranjas y arroz que también pusieron a disposición de los españoles. Con todos estos ingredientes no se puede pensar en algo que no sea la deliciosa paella mezclada con mariscos y pescados que se obtienen de sus costas. Otro aporte importante de los árabes fue el azúcar y con ello introdujeron los dulces, los mazapanes y la pastelería.

Durante la colonización de América, los españoles llevaron a España la papa del Perú, el tomate y el chocolate de México y otros productos de diferentes regiones. La cocina española también recibió gran influencia de la cocina francesa. Las famosas «tapas» aparecieron a finales del siglo diecinueve. Se le dio este nombre a pequeñas cantidades de comida que se comen antes de la cena. Éstas van acompañadas de un vaso de vino o de un jerez. Llevan ese nombre porque se dice que «tapan el hambre».

Los españoles sirven mucha comida, cual lo que significa abundancia y hospitalidad; una buena costumbre adquirida durante el dominio árabe. Cada provincia en España tiene su propia cocina con sus propias delicias. En Asturias, por ejemplo, se come la mejor «fabada», que es un potaje de judías con tocino, chorizo y morcilla. La cocina catalana es famosa por el pollo con langosta. La cocina madrileña es reconocida por el mejor cocido y la paella es el plato estrella de la cocina valenciana. Estas líneas son solamente un aperitivo de lo que encierra el exquisito mundo de la cocina española.

UNIDAD 5 Lección 1
Lectura C

Unidad 5, Lección 1
Lectura C
212

¡Avancemos! 2
Cuaderno para hispanohablantes

**2** **¿Comprendiste?** Responde a las siguientes preguntas:

**1.** ¿Qué factores determinan la cocina de un país?

_____

**2.** ¿Cuáles fueron las verduras que los árabes llevaron a España?

_____

**3.** ¿Cuáles son las especias que llevaron los árabes a España?

_____

**4.** ¿Cuáles son los alimentos en España de origen latinoamericano?

_____

**5.** Menciona tres platos de la comida española.

_____

**3** **¿Qué piensas?** ¿Cuál es tu comida favorita de otro país? ¿Por qué te gusta? ¿Qué ingredientes lleva? ¿Cómo se prepara?

_____

_____

_____

_____

_____

_____

_____

_____

_____

_____

_____

_____

_____

_____

_____

# Escritura A

¡AVANZA!    **Goal:**   Write about food preparations and preferences.

**1** Haz una lista de los ingredientes para preparar una ensalada. Incluye también los ingredientes para hacer el aderezo o la salsa.

| Ingredientes para la ensalada | Ingredientes para el aderezo |
|---|---|
|  |  |
|  |  |
|  |  |
|  |  |

**2** Anota paso a paso la receta de la ensalada: 1) Escribe cuatro oraciones completas que indiquen cómo se hace la ensalada y otras cuatro para el aderezo. 2) Incluye los ingredientes que escribiste en la tabla. 3) Usa los verbos del vocabulario, mandatos de usted, adjetivos que describan los sabores de los ingredientes y también adjetivos que terminen en -ísimo.

Escribe tu receta aquí. _____

_____

_____

_____

_____

**3** Evalúa tu receta usando la información de la tabla.

|  | Crédito máximo | Crédito parcial | Crédito mínimo |
|---|---|---|---|
| Contenido | La receta contiene ocho oraciones completas e incluye la información necesaria para hacer la ensalada y el aderezo. | La receta contiene cinco oraciones completas o menos y no incluye toda la información necesaria para hacer la ensalada y el aderezo. | La receta contiene unas cuantas oraciones. Falta casi toda la información necesaria para hacer la ensalada y el aderezo. |
| Uso correcto del lenguaje | En tu receta usaste: 1) los verbos del vocabulario, 2) mandatos de usted, 3) adjetivos para los sabores y adjetivos que terminan en -ísimo. | En tu receta usaste: 1) algunos verbos del vocabulario, 2) muy pocos mandatos de usted, 3) algunos adjetivos para los sabores y algunos adjetivos que terminan en -ísimo. | En tu receta: 1) usaste muy pocos verbos del vocabulario, 2) no usaste los mandatos de usted, 3) usaste muy pocos adjetivos para los sabores y muy pocos adjetivos que terminan en -ísimo. |

UNIDAD 5 Lección 1

Escritura A

**214**

Unidad 5, Lección 1
Escritura A

¡**Avancemos! 2**
Cuaderno para hispanohablantes

# Escritura B

¡AVANZA!  **Goal:** Write about food preparations and preferences.

**1** Escribe un anuncio publicitano para un mercado local. En el siguiente cuadro escribe cinco alimentos agrios, cinco alimentos dulces y cinco alimentos salados.

| Alimentos agrios | Alimentos dulces | Alimentos salados |
|---|---|---|
|  |  |  |
|  |  |  |
|  |  |  |
|  |  |  |
|  |  |  |

**2** Con la información del cuadro, escribe un anuncio publicitario de ocho oraciones para un mercado local. Tu anuncio debe incluir: 1) la información que anotaste en el cuadro, 2) mandatos de usted para animar al público a venir al mercado y 3) adjetivos para describir los alimentos.

_____

_____

_____

_____

_____

_____

_____

**3** Evalúa tu anuncio usando la información de la tabla.

|  | Crédito máximo | Crédito parcial | Crédito mínimo |
|---|---|---|---|
| Contenido | Escribiste ocho oraciones completas con las palabras del cuadro. | Escribiste sólo cinco oraciones completas con las palabras del cuadro. | Escribiste muy pocas oraciones completas y faltaron muchas palabras del cuadro. |
| Uso correcto del lenguaje | Usaste varios adjetivos para describir los alimentos. Utilizaste correctamente los mandatos de usted. | Usaste algunos adjetivos para describir los alimentos. Utilizaste pocos mandatos de usted. | Usaste muy pocos adjetivos para describir los alimentos. Utilizaste incorrectamente los mandatos de usted. |

# Escritura C

| ¡AVANZA! | **Goal:** Write about food preparations and preferences. |
|---|---|

**1** Escribe una crítica culinaria para el periódico de la escuela. Primero, escribe en el siguiente cuadro el nombre de cuatro de los platos de comida que más te gusten. Anota los ingredientes principales y menciona el sabor dominante de cada plato. Menciona el lugar en donde lo comiste y por qué te gustó o no.

| Platos de comida | Ingredientes principales y sabor dominante | Lugar en donde lo comiste | Por qué te gustó o no |
|---|---|---|---|
|  |  |  |  |
|  |  |  |  |
|  |  |  |  |
|  |  |  |  |

**2** Escribe tu crítica y usa la información de la Actividad 1 para organizar tus ideas. La crítica debe incluir: 1) una descripción de la comida, 2) una descripción del lugar y 3) tu opinión acerca de los platos. Usa adjetivos terminados en -ísimo y dos mandatos de usted. Escribe ocho oraciones.

_____
_____
_____
_____
_____

**3** Evalúa tu artículo usando la información de la tabla.

|  | Crédito máximo | Crédito parcial | Crédito mínimo |
|---|---|---|---|
| Contenido | El artículo contiene ocho oraciones completas e incluye información sobre los platos, el lugar y tu opinión. | El artículo contiene entre cuatro y seis oraciones e incluye alguna información sobre los platos, el lugar y tu opinón. | El artículo contiene sólo unas cuantas oraciones sueltas e incluye poca información sobre los platos, el lugar y tu opinón. |
| Uso correcto del lenguaje | En el artículo usaste: 1) varios adjetivos para describir los sabores y adjetivos que terminan en -ísimo, 2) dos mandatos de usted. | En el artículo usaste: 1) algunos adjetivos para describir los sabores y pocos adjetivos que terminan en -ísimo, 2) un mandato de usted. | En el artículo usaste: 1) pocos adjetivos para describir los sabores y ningún adjetivo que termina en -ísimo, 2) ningún mandato de usted. |

Unidad 5, Lección 1
Escritura C
216
¡Avancemos! 2
Cuaderno para hispanohablantes

UNIDAD 5 Lección 1 — Escritura C

# Cultura A

> ¡AVANZA!  **Goal:**  Know and understand the life, people, and culture of Spain.

**1** Tu amigo está mirando un mapa de España. Ayúdale a relacionar cada frase con la ciudad correspondiente.

1. _____ Es la capital del país.
2. _____ Está a orillas del mar Mediterráneo
3. _____ Está en el continente africano.
4. _____ Está cerca de la capital.
5. _____ Está en el sur de la península.

a. Barcelona
b. Ceuta
c. Granada
d. Madrid
e. Toledo

**2** Beatriz está leyendo la carta del restaurante y te pide que le ayudes a elegir diciéndole los ingredientes que conozcas de estas comidas típicas españolas:

1. churros _____

2. tortilla de patatas _____

3. ensaladilla rusa _____

**3** En tu libro puedes ver fotografías de una obra de El Greco y otra de Antoni Gaudí. ¿De dónde eran originarios cada uno de estos famosos artistas? ¿A qué se dedicaron? Escribe tres cosas sobre cada uno de estos artistas o sobre sus obras. Luego, elige una de las dos obras y explica cómo refleja la cultura española.

| El Greco | Antoni Gaudí |
|---|---|
| 1. | 1. |
| 2. | 2. |
| 3. | 3. |

¿Qué obra elegiste? ¿Cómo refleja la cultura española?

_____

_____

_____

# Cultura B

> **¡AVANZA!** **Goal:** Know and understand the life, people, and culture of Spain.

**1** Hay muchos españoles que lograron fama internacional. Lee los nombres siguientes y explica de forma breve por qué son o fueron famosos(as) los/las siguientes españoles(as).

1. Pedro Almodóvar _____

2. Miguel de Cervantes Saavedra _____

3. Penélope Cruz _____

4. Salvador Dalí _____

5. Carmen Laforet _____

**2** Estás visitando España y vas a un restaurante con tu amigo. Él no conoce la cocina española y te hace preguntas. Responde usando oraciones completas.

1. ¿Qué son las tapas?

   _____

2. ¿Cuál es un buen momento para comer tapas?

   _____

3. ¿Cuáles son algunas de las tapas más populares en España?

   _____

   _____

4. ¿En qué se diferencian las tortillas españolas de las tortillas mexicanas y centroamericanas?

   _____

   _____

**3** ¿Cómo se llama la segunda ciudad española más importante, después de Madrid, la cual tiene muchos edificios interesantes? Observa la fotografía de la casa Batlló en la página 251 de tu libro. ¿En qué se inspiraba Gaudí para construir sus edificios? ¿Qué es lo que te parece más interesante de la casa Batlló? ¿Por qué? Responde en un párrafo breve.

_____

_____

_____

_____

_____

_____

_____

Cultura B UNIDAD 5 Lección 1

# Cultura C

> **¡AVANZA!**   **Goal:**   Know and understand the life, people, and culture of Spain.

**1** Antes de salir de viaje para España, tu hermana te pregunta algunas cosas sobre el país. Responde a sus preguntas con oraciones completas.

**1.** ¿Con qué países tiene frontera España?

_____

**2.** ¿Cómo se llaman los dos archipiélagos o grupos de islas de España?

_____

**3.** ¿Cuál es la moneda de España? ¿Se usa esta moneda en algún otro país?

_____

**4.** ¿Cómo se llama la variedad de español que se habla en España?

_____

**5.** ¿Qué otros idiomas se hablan en España, además de español?

_____

**2** Observa la fotografía de la página 253 de tu libro y responde a las siguientes preguntas usando oraciones completas.

**1.** ¿Cómo se llama la plaza y en qué ciudad española está?

_____

**2.** ¿Qué hacen las personas que están en la plaza?

_____

**3.** En las ciudades hispanas las plazas son lugares importantes. ¿Conoces el nombre de alguna plaza famosa en España o en otro país? ¿Cuál es su nombre?

_____

**4.** En las ciudades hispanas, las personas se reúnen en las plazas para hablar, descansar y pasar el tiempo. ¿En dónde se reúne la gente de tu comunidad?

_____

**3** ¿Qué les gusta comer a los españoles cuando salen con los amigos? Escribe un párrafo corto sobre una comida que sea popular compartir con amigos en otro país hispano o en Estados Unidos.

_____

_____

_____

_____

# Vocabulario A  ¡Buen provecho!

> **¡AVANZA!**  **Goal:**  Talk about eating out in Spain.

**1** Empareja las palabras de la izquierda con los significados de la derecha.

**1.** _____ el entremés

**2.** _____ el gazpacho

**3.** _____ el flan

**4.** _____ la paella

**5.** _____ el filete a la parilla

**a.** un plato de carne

**b.** una sopa fría de tomate

**c.** el plato que se sirve antes del plato principal

**d.** un plato de dulce con huevo, leche y azúcar

**e.** un plato típico de España hecho de arroz

**2** Escribe la palabra correcta para completar esta conversación en un restaurante.

| amable | el flan | fritas | provecho | beber | la especialidad |
|---|---|---|---|---|---|
| la paella | lechuga | té | el postre | la tarta | |

**Camarero(a):** Buenas tardes. ¿Quieren algo para _____ ?

**Violeta:** Sí, un _____ caliente, por favor.

**Sandra:** Y para mí también. ¿Cuál es _____ de la casa?

**Camarero(a):** Es el pollo asado con patatas _____ .

**Sandra:** ¡Excelente! Yo quiero el pollo y una ensalada de _____ .

**Violeta:** Yo quiero _____ porque estamos cerca del mar.

**Camarero(a):** ¿Y para _____ ? ¿Algo dulce?

**Violeta:** Sí. ¿Me puede traer _____ de chocolate?

**Sandra:** Para mí, _____ , por favor.

**Camarero(a):** Muy bien. ¡Buen _____ !

**Violeta y Sandra:** Gracias. Usted es muy _____ .

**3** Escribe oraciones completas para describir el menú que preparas para una cena en tu casa.

**1.** El entremés: _____

**2.** El plato principal: _____

**3.** El postre: _____

**4.** Las bebidas: _____

UNIDAD 5 Lección 2   Vocabulario A

**220**

Unidad 5, Lección 2
Vocabulario A

¡Avancemos! 2
Cuaderno para hispanohablantes

# Vocabulario B ¡Buen provecho!

> **¡AVANZA!** **Goal:** Talk about eating out in Spain.

**1** Completa las oraciones sobre las diferentes comidas con una palabra o expresión lógica.

**Modelo:** José Luis siempre come vegetales y nada de carne y grasa. Cuando fuimos al restaurante español, él pidió _el plato vegetariano_ .

1. Ángela mezcló tomates y otras verduras frescas y crudas en la mezcladora. Ella preparó un _____

2. Amanda puso el pollo en el horno. Hoy comeremos el pollo _____

3. Me encanta comer huevos sin grasa y pasados por agua caliente. Prefiero los huevos _____

4. Mi mamá cocina muy bien. Ella hace los mejores filetes _____

5. La especialidad de Caridad es el postre de huevo, leche y caramelo. Ella hace un _____ delicioso.

6. Este delicioso plato se hace de arroz, pollo y mariscos. En España se conoce como _____

**2** Contesta las preguntas sobre la comida con oraciones completas.

1. ¿Qué tienen en común el gazpacho y el caldo?
   _____

2. ¿Cuáles son los tres cubiertos más comunes?
   _____

3. Cuando comes, ¿qué usas para mantenerte limpio(a)?
   _____

**3** Define las siguientes expresiones y da ejemplos de cada uno.

1. El entremés _____
   _____

2. Crudo _____
   _____

3. El postre _____
   _____

4. Los cubiertos _____
   _____

# Vocabulario C ¡Buen provecho!

> ¡AVANZA! **Goal:** Talk about eating out in Spain.

**1** Indica si las descripciones de los siguientes platos son correctas (C) o incorrectas (I). Si una descripción es incorrecta escribe una descripción correcta en el espacio.

**Modelo:** Entremés: plato antes de la comida principal _C_

**1.** Pollo asado: carne roja cocinada sobre la plancha _____

_____

**2.** Gazpacho: sopa fría de tomate _____

_____

**3.** Plato vegetariano: chuletas de cerdo _____

_____

**4.** Postre: plato principal _____

_____

**2** Escribe un menú del día para el restaurante «La Bodega» y escribe una descripción de cada plato.

| Entremeses | Platos principales | Postres |
|---|---|---|
| **Modelo:** *Ensalada mixta de lechuga, tomate y cebollas* | | |
| | | |

**3** Fuiste a cenar con tu familia a un restaurante español. Escribe en un párrafo lo que cada uno comió, cómo era el plato y cómo fue la atención del personal del restaurante. Escribe oraciones completas.

_____

_____

_____

_____

_____

_____

UNIDAD 5 Lección 2

Vocabulario C

Unidad 5, Lección 2
Vocabulario C

**222**

**¡Avancemos! 2**
Cuaderno para hispanohablantes

# Vocabulario adicional

**Goal:**  Expand your vocabulary with words for beverages.

**Las bebidas**

Hay muchas palabras y expresiones para las bebidas.

| | |
|---|---|
| **el agua mineral** | **la leche** |
| **el café con leche** (con leche caliente) | **el té helado** |
| **el café cortado** (con un poco de leche) | **el té con limón** |
| **el café descafeinado** | **la limonada** |
| **el café expreso** | **el jugo de fresas** |
| **el café solo** (sin leche) | **el jugo de naranja** |

**1** Contesta las preguntas con oraciones completas.

**1.** ¿Por qué beben las personas el café descafeinado?

_____

**2.** ¿Cómo es el café solo?

_____

**3.** ¿Qué tipo de jugo prefieres?

_____

**4.** ¿Tienes sed? ¿Qué quieres para beber?

_____

**2** Escribe una descripción de cinco bebidas diferentes para el menú de un nuevo café que abrirá pronto cerca de tu casa.

_____

_____

_____

_____

_____

_____

UNIDAD 5 Lección 2  Vocabulario adicional

# Gramática A  *Affirmative and Negative Words*

> **¡AVANZA!**  **Goal:**  Practice indefinite and negative expressions.

**1** Completa las preguntas sobre el restaurante de tapas con la palabra apropiada de la caja.

| algo | alguien | alguna | nunca | tampoco | ninguno |
|------|---------|--------|-------|---------|---------|

**Modelo:**  *¿Sirven alguna tapa con chorizo?*

1. _____ preparan anchoas en vinagre porque nadie se las come.

2. ¿Venden _____ que no sea tapa?

3. No me gusta la tortilla española. _____ me gusta la francesa.

4. _____ de mis amigos vino conmigo a España.

5. ¿ _____ tiene dos euros que me preste?

**2** Adriana Ramírez siempre ve el lado positivo de las cosas. Completa las oraciones con palabras afirmativas o negativas para reflejar su actitud positiva.

**Modelo:**  *En Málaga, siempre brilla el sol.*

1. Me encantan las playas de Andalucía y _____ las de Cataluña.

2. En España _____ se aburre.

3. _____ hay algo que hacer.

4. ¿ _____ quiere visitarme en Málaga?

5. Les prometo que _____ de ustedes lo pasará mal.

**3** Usa las respuestas que dio María durante una entrevista para escribir la pregunta perdida. Usa palabras afirmativas en tu pregunta.

**Modelo:**  *¿Hay alguna amistad perfecta?*
  No hay ninguna amistad perfecta.

1. _____
  No hay ningún chico francés en esta clase.

2. _____
  No hay ninguna película buena este fin de semana.

3. _____
  Nunca como en un restaurante.

4. _____
  Nadie me explicó la tarea.

5. _____
  Nunca llevo ropa a la moda.

Nombre ______________________ Clase ____________ Fecha ____________

# Gramática B *Affirmative and Negative Words*

***Level 2 Textbook* pp. 283–287**

**¡AVANZA!** **Goal:** Practice indefinite and negative expressions.

**1** Usa las palabras negativas y afirmativas en la caja para completar lo que dice Sandra sobre su familia.

| nadie | nada | también | siempre | ni |
|---|---|---|---|---|

En mi familia nadie habla francés **1.** ______________ alemán. Todos sabemos conducir carros pero **2.** ______________ sabe conducir motocicletas. Los sábados siempre desayunamos en restaurantes y los domingos **3.** ______________. A mi familia le gustan todos los deportes, sólo a mi abuela Daniela no le gusta **4.** ______________.
**5.** ______________ que vamos a un partido ella prefiere quedarse en casa.

**2** Laura y Genaro tienen experiencias contrarias en la escuela de cocina. Cambia las experiencias de Laura para describir las de Genaro.

**Modelo:** **Laura:** Mis padres me pagan la matrícula este año.
**Genaro:** *Mis padres no me pagan nada.*

1. **Laura:** Llevo muchas clases interesantes en la escuela.
   **Genaro:** ______________________________
2. **Laura:** No almuerzo con nadie.
   **Genaro:** ______________________________
3. **Laura:** Conocí a una cocinera española famosa.
   **Genaro:** ______________________________
4. **Laura:** Nunca preparo comida para mis amigos.
   **Genaro:** ______________________________

**3** Usa las palabras negativas o afirmativas entre paréntesis para contestar cada pregunta sobre un día festivo con una oración completa.

**Modelo:** ¿Qué vas a cocinar para la cena? (siempre) *Siempre cocino espárragos.*

1. De tus padres, ¿quién es un gran cocinero? (ninguno)
   ______________________________
2. ¿Alguna vez tu familia ha preparado pescado para el día festivo? (nunca)
   ______________________________
3. ¿Van a tener un invitado especial este año? (siempre)
   ______________________________
4. ¿Hay algo diferente en el menú de este año? (nada)
   ______________________________

# Gramática C  *Affirmative and Negative Words*

> **¡AVANZA!**  **Goal:** Practice indefinite and negative expressions.

**1** Lee las reglas para los empleados del restaurante «Mesón Don Quijote». Usa las pistas para formar mandatos formales. Agrega la palabra negativa o afirmativa que complete lógicamente el mandato.

**Modelo:**  sonreír / clientes  *Siempre sonría a los clientes.*

**1.** comer / preparar tapas

_____

**2.** servir / frío

_____

**3.** hacer / pasar un mal rato

_____

**4.** preguntar / querer gazpacho

_____

**2** Nadie quiere comer en la cafetería de la escuela. Responde a las siguientes preguntas usando la negativa doble.

**Modelo:**  ¿Sirven buenos platillos?

*No sirven ningún platillo bueno.*

**1.** ¿Tienen comida nutritiva?

_____

**2.** ¿Comen los profesores allí?

_____

**3.** ¿Siempre preparan platos nuevos?

_____

**4.** ¿Alguien les da descuento a los estudiantes?

_____

**3** Escribe una lista de cinco preguntas para el buzón turístico del sitio Web sobre Madrid. Usa las palabras guía para formular tus preguntas.

**1.** algo _____

**2.** alguien _____

**3.** algún _____

**4.** alguno _____

**5.** nadie _____

UNIDAD 5 Lección 2

Gramática C

Unidad 5, Lección 2
Gramática C

**226**

**¡Avancemos! 2**
Cuaderno para hispanohablantes

# Gramática A  *Double Object Pronouns*

> **¡AVANZA!**  **Goal:**  Use both direct and indirect object pronouns in the same sentence.

**1** Completa las oraciones con las palabras en el recuadro para saber de qué están hablando las personas.

| la computadoras portátiles la tortilla de patatas los zapatos tenis el caldo de pollo |
|---|

**1.** Cómpraselas a los niños para la escuela. Las van a necesitar.

_____

**2.** Prepárenselo. La señora Ruíz está enferma y vamos a llevárselo.

_____

**3.** Los camareros nos la sirvieron con jamón serrano. El plato es muy español.

_____

**4.** Tráemelos en una bolsa. Ya me cansaron las botas.

_____

**2** Usa los pronombres de complemento directo e indirecto y los verbos entre paréntesis para completar las disculpas que Sergio le da a Dora.

**Modelo:**  **Dora:** ¿Y mis charolas? (llevar)

   **Sergio:** _Te las llevo_ ahora mismo.

**1.** **Dora:** ¿Y los refrescos? (traer)

  **Sergio:** _____ en un minuto.

**2.** **Dora:** ¿Y las aceitunas que te pedí? (servir)

  **Sergio:** _____ enseguida.

**3.** **Dora:** ¿Y los espaguetis? (preparar)

  **Sergio:** _____ en cuanto lleve este flan a la mesa tres.

**4.** **Dora:** ¿Y la pizza de la mesa cuatro? (sacar)

  **Sergio:** _____ del horno en cuanto esté lista.

**5.** **Dora:** ¿Y la propina que me dejó la mesa ocho? (poner)

  **Sergio:** _____ en el frasco de propinas.

# Gramática B *Double Object Pronouns*

*Level 2 Textbook* pp. 288–290

> **¡AVANZA!**   **Goal:**   Use both direct and indirect object pronouns in the same sentence.

**1** Completa este párrafo sobre una cena sorpresa para Juan José con la combinación apropiada de los pronombres de complemento directo e indirecto en paréntesis.

Esta tarde, mis amigos y yo vamos a hacer una cena sorpresa para Juan José.

**1.** _____ (Te lo / Se la) vamos a preparar con un tema español porque a él le fascina España. Nacho va a traernos unos discos compactos con música flamenca. Va a

**2.** _____ (traértelo / traérnoslos) temprano porque Berta también quiere practicar una danza sorpresa. **3.** _____ (Se los / Se la) va a enseñar para que baile con ella y seguro nos vamos a reír mucho. Teresa quiere comprarle un pastel pero Matilde prefiere **4.** _____ (se lo prepara / preparárselo) ella misma. Diego le compró un cartel de España de parte de todos. **5.** _____ (Se lo / Te la) vamos a dar al final de la fiesta.

**2** Le pides un favor a las siguientes personas. Escribe el mandato que corresponde a cada pregunta y reemplaza los objetos con los pronombres del complemento directo e indirecto.

**Modelo:**   ¿Me vas a regalar los discos compactos de Shakira?

_Regálamelos._

**1.** Abuelos, ¿me van a comprar los videojuegos? _____

**2.** María, ¿me vas a preparar una paella sevillana? _____

**3.** Señor Ríos, ¿me va a cocinar una tortilla de patatas? _____

**4.** Lorena, ¿me vas a dar dinero? _____

**5.** Gustavo, ¿me vas a vender tus marionetas? _____

**3** Usa los pronombres de complemento directo e indirecto para evitar la repetición en estos diálogos que se dan en el gimnasio.

**Modelo:**   ¿La hora de práctica? Acaban de cambiarnos la hora de práctica.

_Acaban de cambiárnosla._

**1.** ¿Las pelotas de básquetbol? Sí, tráeme las pelotas de básquetbol.

_____

**2.** ¿La mochila? Sí, guárdame la mochila en el armario.

_____

**3.** ¿La pizza? Sí, prepárame la pizza.

_____

**4.** ¿Los refrescos? No, déjale al entrenador los refrescos.

_____

Unidad 5, Lección 2
Gramática B

**228**

**¡Avancemos! 2**
Cuaderno para hispanohablantes

UNIDAD 5 Lección 2

Gramática B

# Gramática C *Double Object Pronouns*

**Level 2 Textbook** pp. 288–290

> **¡AVANZA!**  **Goal:** Use both direct and indirect object pronouns in the same sentence.

**1** En esta visita a España tu abuela quiere recordarte sus últimas recomendaciones. Usa los pronombres de complemento directo e indirecto para responder a sus preguntas.

**Modelo:** ¿Le llevas las aceitunas enlatadas a tu mamá?

*Sí, se las llevo.*

1. ¿Le compraste la mantilla andaluza a tu hermana? _____

2. ¿Les conseguiste los jamones serranos a tus tíos? _____

3. ¿Mandasle muchas fotos a tus amigos? _____

4. ¿Le traes el sombrero a tu abuelo? _____

5. ¿Le das a tu mamá esta carta? _____

**2** Usa las pistas entre paréntesis y los pronombres de complemento directo e indirecto para escribir lo que hacen las siguientes personas.

**Modelo:** Tu amigo te regala un disco que ya tienes. (devolver)

*Se lo devuelvo.*

1. Tu mascota quiere más comida. (dar) _____

2. Los profesores dejan poca tarea y los estudiantes quieren más. (pedir) _____

3. Juan quiere un pantalón nuevo y yo tengo dinero. (comprar) _____

4. Tú les pediste a tus padres una computadora (regalar) _____

5. Una buena amiga me cuenta un secreto. (guardar) _____

**3** Piensa en las cosas de tu cuarto que ya no necesitas y que te gustaría regalar. Escríbelas en la primera columna de la tabla. Luego, escribe a quién se las vas a dar. En la tercera columna escribe una oración completa con los pronombres del objeto directo e indirecto. Usa un verbo distinto en cada oración.

| artículo | a quién se lo das | por qué |
|---|---|---|
| **Modelo:** *libro de francés* | *A María* | *Voy a dárselo / Se lo voy a dar porque ella quiere aprender francés.* |
| **1.** | | |
| **2.** | | |
| **3.** | | |
| **4.** | | |
| **5.** | | |
| **6.** | | |

# Gramática adicional *Vosotros: Mandatos negativos*

| ¡AVANZA! | **Goal:** Practice forming negative vosotros commands to tell people what not to do. |
|---|---|

Para formar los mandatos negativos del pronombre **vosotros / vosotras** sigue las siguientes reglas:

• Para los verbos que terminan en -*ar*, usa la terminación -*éis*; para los verbos que terminan en -*er* o -*ir*, usa la terminación -*áis*.

| Verbo: | Conjugación en vosotros: | Mandato negativo: |
|---|---|---|
| Comprar | Compr**áis** | no compr**éis** |
| Vender | Vend**éis** | no vend**áis** |
| Escribir | Escrib**ís** | no escrib**áis** |

• Coloca los pronombres de complemento directo o indirecto de la siguiente manera:

      complemento directo ⟶ no **lo** compréis (el perro)

      complemento indirecto ⟶ no **me** compréis el perro (a mí)

      indirecto y directo ⟶ no **me lo** compréis

**1** Rocío Robledo es una nutricionista que tiene un programa de radio en Salamanca. Encierra en un círculo los ejemplos del uso de los mandatos negativos en el siguiente anuncio.

Mi querido público: Gracias por las cartas, las llamadas y todas esas preguntas interesantísimas pero, por favor, no hagáis oídos sordos a mis consejos, son la clave para una vida sana. Basta de tantos postres, no comáis más tortas de chocolate, no bebáis tantas bebidas con cafeína. Madres, no preparéis a vuestros hijos comidas grasosas. Por último, importantísimo, señores y señoras, no dejéis de hacer ejercicio; eso es vital.

**2** Ahora que has leído sobre los consejos de Rocío, llena los espacios en blanco con los mandatos negativos de vosotros para completar más recomendaciones de ella.

    **1.** Comed más verduras frescas, no _____ (comer) tantos alimentos enlatados.

    **2.** Haced una dieta balanceada, no _____ (olvidar) las legumbres y los granos.

    **3.** Haced ejercicio y no _____ (dormir) más de lo necesario.

    **4.** Usad menos azúcar pero no _____ (abusar) los endulzantes artificiales.

    **5.** Caminad más, no _____ (ir) en carro a lugares cercanos.

# Integración: Hablar

> **¡AVANZA!** **Goal:** Respond to written and oral passages about meals and service.

Lee el fragmento del manual que los nuevos meseros tienen que aprender antes de trabajar en este restaurante.

Fuente 1 Leer

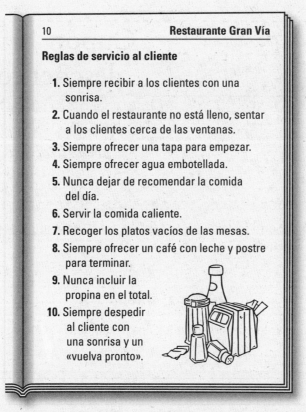

10                                    **Restaurante Gran Vía**

**Reglas de servicio al cliente**

1. Siempre recibir a los clientes con una sonrisa.
2. Cuando el restaurante no está lleno, sentar a los clientes cerca de las ventanas.
3. Siempre ofrecer una tapa para empezar.
4. Siempre ofrecer agua embotellada.
5. Nunca dejar de recomendar la comida del día.
6. Servir la comida caliente.
7. Recoger los platos vacíos de las mesas.
8. Siempre ofrecer un café con leche y postre para terminar.
9. Nunca incluir la propina en el total.
10. Siempre despedir al cliente con una sonrisa y un «vuelva pronto».

Escucha el mensaje que dejó el señor José Miguel Domínguez en el contestador de su esposa Concepción. Puedes tomar notas mientras escuchas y luego completa la actividad.

Fuente 2 Escuchar

## HL CD 2, tracks 5–6

¿Cuál es el problema del señor Domínguez? ¿Dónde debe comer la próxima vez? ¿Por qué?

_____

_____

_____

_____

_____

_____

_____

_____

**¡Avancemos! 2**
Cuaderno para hispanohablantes

UNIDAD 5 Lección 2
Integración: Hablar

Unidad 5, Lección 2
Integración: Hablar    **231**

# Integración: Escribir

| ¡AVANZA! | **Goal:** Respond to written and oral passages about meals and service. |
|---|---|

Este es un cupón de un restaurante en Madrid. Léelo con atención.

Fuente 1 Leer

🍇 *Bocadillos Atocha*

Jamón serrano . . . . . . . . 7
Chorizo español . . . . . . . 8
Calamares. . . . . . . . . . . 10
Lomo español . . . . . . . . 6
Queso manchego. . . . . . . 7
Tortilla española . . . . . . . 6
Jamón con queso . . . . . . 5

# Cupón 15% descuento

Lunes a viernes 3 a 6 de la tarde
Carnet de estudiante 5% adicional.

🍇 *Bocadillos Atocha*
Ave. Pedro Díez 43
Madrid

Escucha un anuncio de radio de otro restaurante en Madrid. Puedes tomar notas mientras escuchas y luego completa la actividad.

Fuente 2 Escuchar

### HL CD 2, tracks 7–8

Escribe un ensayo para comparar lo que sirven en los dos restaurantes. ¿Cuál te parece mejor para un turista? ¿Por qué?

_____
_____
_____
_____
_____
_____
_____
_____
_____
_____
_____
_____

# Lectura A

| ¡AVANZA! | **Goal:** Read about meals and dishes. |

**1** Lee el siguiente anuncio para el restaurante El Palmar y luego responde a las preguntas.

## Un nuevo concepto

¿Tiene poco tiempo para comer pero le gusta hacerlo de forma saludable? Entonces lo invitamos a probar un nuevo concepto de comida rápida. Nuestro personal le tiene preparada una gran mesa en el centro del restaurante con platillos que incluyen exquisitas ensaladas de verduras crudas o hervidas preparadas con ricos aderezos. Usted también se dará el gusto de escoger deliciosos guisados de verduras, papas y diferentes carnes. Pruebe el arroz al estilo mediterráneo preparado por nuestro cocinero español. Disfrute de las pastas con verduras exóticas y almendras. Los panes están hechos a base de granos integrales y aceites vegetales. Los postres incluyen una gran selección de frutas, pasteles y galletas. Por su compra, le ofrecemos gratis un delicioso jugo de fruta. Si usted es vegetariano, venga y disfrute de los diferentes platos. Abrimos desde las once de la mañana hasta las ocho de la noche. Nuestros precios son los mejores. Venga y compare. Lo esperamos en nuestro nuevo restaurante «El Palmar» ubicado en la plaza del parque central Santander, junto a la catedral. Visítenos para tener el gusto de atenderle.

**2** **¿Comprendiste?** Contesta las siguientes preguntas.

**1.** ¿A quiénes les gustaría este tipo de restaurante?

_____

_____

**2.** Cuando alguien come en este restaurante, ¿qué recibe gratis?

_____

_____

**3.** ¿Por qué es este restaurante de comida rápida diferente?

_____

_____

**3** **¿Qué piensas?** ¿Crees que este tipo de restaurante sería popular en tu comunidad? ¿Por qué sí o no?

_____

_____

_____

_____

_____

# Lectura B

¡AVANZA! **Goal:** Read about meals and dishes.

**1** Lee sobre un programa de cocina española y responde a las preguntas de comprensión.

---

### "Pepa en la cocina"

Buenas tardes, señores televidentes. Hoy, en mi programa «Pepa en la cocina», vamos a preparar un postre sabrosísimo: el flan de mi abuelita. Este postre es muy fácil y les gusta a grandes y chicos porque tiene un sabor dulce. A continuación les daré la mejor receta de mi abuelita para que prueben un flan riquísimo y delicioso.

Primero, necesitan comprar los ingredientes que son: una lata de leche condensada, una lata de leche evaporada, tres huevos, una cucharadita de vainilla y azúcar. Para empezar, en una licuadora, voy a batir bien la leche condensada, la leche evaporada, los tres huevos y la vainilla. Si prefieren, para un flan muy dulce, pueden poner una taza de azúcar a la mezcla. Siempre prueben la mezcla. ¡Está deliciosa!

Aparte, voy a preparar el caramelo. En una cacerola, voy a poner media taza de azúcar y lo voy a derretir. Este caramelo, lo voy a poner en un molde y después encima del caramelo voy a echar la mezcla de las leches y los huevos.

En un recipiente más grande voy a poner un poco de agua hasta cubrir el fondo. Enseguida voy a colocar el molde con la mezcla del flan dentro del recipiente. Por último, voy a poner mi flan en el horno por una hora. Después de una hora, voy a sacar el molde del agua.

Ya está listo el delicioso flan. Voy a servir un poquito del flan para mí…¡está sabrosísimo!

---

**2** **¿Comprendiste?** Responde a las siguientes preguntas con oraciones completas:

**1.** ¿Por qué está Pepa orgullosa de su receta de flan?

_____

**2.** Para hacer el flan más dulce, ¿qué hay que hacer?

_____

_____

**3.** Si vas a preparar este postre, ¿qué tienes que batir?

_____

_____

**3** **¿Qué piensas?** ¿Estás orgulloso(a) de una receta? Describe el plato y explica por qué té hace sentirte orgulloso(a).

_____

_____

# Lectura C

**¡AVANZA!**    **Goal:**   Read about meals and dishes.

**1**   Lee el siguiente artículo sobre reglas de etiqueta en la mesa.

### La etiqueta en la mesa

La presentación de la mesa es el complemento ideal de toda cocina. En los restaurantes elegantes los meseros arreglan las mesas con manteles y servilletas de tela. En el centro de la mesa generalmente ponen adornos con flores naturales o secas, o velas blancas de cera sin olor. Otras veces colocan centros de frutas con diferentes detalles de tal manera que la mesa se vea bien presentada. Por supuesto, no se pueden olvidar otros elementos como la vajilla, los tipos de copas y su colocación, y la cubertería, es decir, los tipos de cubiertos y su presentación.

Existe un código que indica la forma de colocar los cubiertos en la mesa. Los tenedores, las cucharas y los cuchillos tienen diferentes tamaños y su uso depende del plato que se va a comer. Los cubiertos se colocan en el orden en el que van a ser utilizados, es decir, de afuera hacia adentro, por lo que los últimos cubiertos que se utilizan van junto al plato. Los cuchillos siempre van con el filo apuntando hacia el plato. Los tenedores se colocan al lado izquierdo mientras que los cuchillos y la cuchara sopera van al lado derecho. Los cubiertos de postre se colocan al frente del plato.

El pescado se come con un tenedor de tres púas y en lugar de un cuchillo se utiliza una pala. La carne requiere de un cuchillo filoso y un tenedor de cuatro púas grandes. El tenedor para fruta y pasteles es pequeño y tiene cuatro púas cortas. Las cucharas pueden ser de tres tamaños: las grandes o soperas, las medianas para el postre o las pequeñas para el café o té. Las copas se colocan al frente y a la derecha del plato, de izquierda a derecha. Se empieza con la más grande, la copa de agua, después la mediana, la copa de vino tinto y la pequeña, la copa de vino blanco. Por lo general, las carnes se acompañan de vino tinto y los pescados, de vino blanco. La vajilla es el elemento que engloba el arreglo de la mesa. Una vez ordenados los alimentos, los meseros colocan o retiran los cubiertos de la mesa dependiendo de los platillos escogidos. La etiqueta en la mesa es sin duda una ceremonia agradable a la hora de comer los alimentos.

**2** **¿Comprendiste?** Responde a las siguientes preguntas con oraciones completas.

1. Generalmente, en un restaurante elegante, ¿qué se usa para lograr una buena presentación?

_____
_____
_____

2. ¿En qué son diferentes los cubiertos para comer pescado?

_____
_____

3. Si vas a un restaurante elegante y pides agua, ¿cómo la sirven y dónde la colocan?

_____
_____

4. Imagina que pides flan en un restaurante elegante. ¿Con qué vas a comerlo?

_____
_____

**3** **¿Qué piensas?** ¿Por qué sí o por qué no? ¿Por qué es importante el arreglo de la mesa para una ocasión especial? Explica cómo se adorna la mesa en tu casa para una celebración especial.

_____
_____
_____
_____
_____
_____

UNIDAD 5 Lección 2
Lectura C

Unidad 5, Lección 2
Lectura C
**236**

**¡Avancemos! 2**
Cuaderno para hispanohablantes

# Escritura A

> **¡AVANZA!**   **Goal:**   Write about different menus.

**1** Planificas una celebración en tu casa. Vas a escribir insrucciones para los cocineros que preparan la comida para la fiesta. Rellena el cuadro con tres entremeses, tres platos principales y tres postres que quieres servir.

| Entremeses | Platos principales | Postres |
|---|---|---|
|  |  |  |
|  |  |  |
|  |  |  |

**2** Escribe tus instrucciones con la información de la Actividad 1. Incluye: 1) instrucciones y mandatos para los cocineros, 2) una descripción de los platos y el menú y 3) el vocabulario de la lección. Escribe ocho oraciones completas.

_____

_____

_____

_____

_____

_____

_____

_____

_____

_____

**3** Evalúa tu diálogo usando la información de la tabla.

|  | Crédito máximo | Crédito parcial | Crédito mínimo |
|---|---|---|---|
| Contenido | Las instrucciones incluyen ocho oraciones completas con mandatos, descripción de los platos y vocabulario de la lección. | Las instrucciones incluyen seis oraciones completas con algunos mandatos, descripción de los platos y vocabulario de la lección. | Las instrucciones incluyen tres oraciones o menos con pocos mandatos, descripción de los platos y vocabulario de la lección. |
| Uso correcto del lenguaje | Tuviste muy pocos errores o ninguno en el uso del lenguaje y la ortografía. | Hay algunos errores en el uso del lenguaje y la ortografía. | Hay un gran número de errores en el uso del lenguaje y la ortografía. |

# Escritura B

| ¡AVANZA! | **Goal:** Write about different menus. |
|---|---|

**1** Escribe una nota para el periódico de la escuela en la sección de entretenimiento. En tu nota vas a comentar las cinco mejores restaurantes de tu ciudad. Para organizar tus ideas, escribe el nombre de cinco los cinco mejores restaurantes que conoces. Menciona qué tipo de comida sirven y uno de los platos que te gusta.

| Nombre del restaurante y tipo de comida | Plato |
|---|---|
| | |
| | |
| | |
| | |
| | |

**2** Escribe tu nota. Describe los restaurantes que mencionaste en el cuadro. Incluye: 1) la ubicación del restaurante, 2) la información del cuadro, 3) las razones por las que te gusta este restaurante y 4) la calidad del servicio. Usa palabras afirmativas, palabras del vocabulario, adjetivos y una doble negación.

Escribe tus oraciones aquí. _____

_____

_____

_____

_____

_____

**3** Evalúa tu respuesta a la Actividad 2 usando la siguiente información.

| | Crédito máximo | Crédito parcial | Crédito mínimo |
|---|---|---|---|
| Contenido | Escribiste seis oraciones completas siguiendo todos los requisitos del ejercicio. | Escribiste al menos seis oraciones completas siguiendo dos de los requisitos del ejercicio. | Escribiste muy pocas oraciones completas. Casi no usaste las palabras del vocabulario ni seguiste los requisitos del ejercicio. |
| Uso correcto del lenguaje | Tuviste muy pocos errores o ninguno en el uso del lenguaje y en la ortografía. | Hay varios errores en el uso del lenguaje y en la ortografía. | Hay un gran número de errores en el uso del lenguaje y en la ortografía. |

# Escritura C

| ¡AVANZA! | **Goal:** Write about different menus. |
|---|---|

**1** Un amigo de la familia entró a trabajar como cocinero en el restaurante de tu escuela. Él debe presentarle al director un nuevo menú y te pide que lo ayudes a elaborarlo. Para organizar tus ideas, escribe una lista de los entremeses, platos principales y postres para el nuevo menú.

| Entremeses | Platos principales | Postres |
|---|---|---|
|  |  |  |
|  |  |  |
|  |  |  |
|  |  |  |
|  |  |  |

**2** Ayuda a tu amigo a escribir un anuncio para el director de la escuela, en el cual se promueva el nuevo menú. Escribe un párrafo de diez oraciones completas que incluya: 1) palabras afirmativas y muchos adjetivos para convencer al director, 2) una descripción de la comida y especialidades que ofrece el cocinero y 3) correcto uso del lenguaje y de la ortografía.

Escribe tu anuncio aquí. _____

_____

_____

_____

_____

_____

_____

_____

**3** Evalúa tu anuncio usando la información de la tabla.

|  | Crédito máximo | Crédito parcial | Crédito mínimo |
|---|---|---|---|
| Contenido | Escribiste diez oraciones completas. Usaste los adjetivos para describir la comida. El anuncio es llamativo. | Escribiste siete oraciones completas. A veces usaste los adjetivos para describir la comida. El anuncio no es muy llamativo. | Escribiste cinco o menos oraciones. Rara vez usaste adjetivos para describir la comida. El anuncio no es llamativo. |
| Uso correcto del lenguaje | Hiciste un buen uso del lenguaje y de la ortografía. | Tuviste algunos errores en el uso del lenguaje y de la ortografía. | Tuviste muchos errores en el uso del lenguaje y de la ortografía. |

# Cultura A

> ¡AVANZA!    **Goal:**   Know and understand the life, people, and culture of Spain.

**1** Usa tus conocimientos sobre la comida y los restaurantes en Madrid y en Montevideo para decidir a qué ciudad se refieren las siguientes afirmaciones: a Madrid (Ma), a Montevideo (Mo) o a las dos ciudades (ambas).

1. _____ El cocido es una comida típica de allí.                    **a.** Ma    **b.** Mo   **c.** Ambas
2. _____ Muy pocos restaurantes abren para la cena.                 **a.** Ma    **b.** Mo   **c.** Ambas
3. _____ Allí está el restaurante más antiguo del mundo.            **a.** Ma    **b.** Mo   **c.** Ambas
4. _____ La carne asada es un plato tradicional.                    **a.** Ma    **b.** Mo   **c.** Ambas
5. _____ El pescado es uno de los alimentos básicos.                **a.** Ma    **b.** Mo   **c.** Ambas

**2** Estás comentando las costumbres en los horarios de comidas en España con una amiga de Uruguay y un amigo de El Salvador. Ellos comparan lo que tú les cuentas con las costumbres en sus países. Escribe cinco semejanzas o diferencias entre estos tres países.

1. _____
2. _____
3. _____
4. _____
5. _____

**3** El cocido madrileño y la parrillada uruguaya son platos muy diferentes. Sin embargo, tienen algunos ingredientes en común. Explica en qué se parecen los dos platos. ¿Qué otro plato conoces que comparta algunos ingredientes con el cocido madrileño y la parrillada uruguaya?

_____
_____
_____
_____

**240**

Unidad 5, Lección 2
Cultura A

¡**Avancemos! 2**
Cuaderno para hispanohablantes

UNIDAD 5 Lección 2

Cultura A

# Cultura B

> **¡AVANZA!**  **Goal:**  Know and understand the life, people, and culture of Spain.

**1** Elige la opción correcta para completar cada oración.

**1.** La calle de los Cuchilleros está en...

  **a.** Montevideo **b.** Madrid. **c.** Barcelona.

**2.** Los temas favoritos de María Blanchard eran...

  **a.** escenas de familia y niños. **b.** escenas de familia y alimentos.

  **c.** naturalezas muertas y niños.

**3.** El Mercado del Puerto está construido con...

  **a.** metal, piedra y madera. **b.** metal, piedra y vidrio.

  **c.** piedra, madera y vidrio.

**4.** Los tres platos o "vuelcos" del cocido madrileño son...

  **a.** verduras, carne y garbanzos. **b.** sopa, carne y patatas y garbanzos.

  **c.** sopa, verduras y garbanzos y carne.

**5.** Los alimentos básicos de la región de Montevideo son...

  **a.** cochinillo y cordero. **b.** parrillada y verduras.

  **c.** carne y pescado.

**2** Responde a las siguientes preguntas sobre restaurantes y comidas en España y en Uruguay usando oraciones completas.

**1.** ¿Por qué motivo fue incluido en el Libro Guinness de los récords el restaurante Sobrino de Botín?

_____

_____

**2.** ¿En qué siglo se construyó el Mercado del Puerto de Montevideo?

_____

**3.** ¿Cuál es una diferencia entre los restaurantes de España y los de Uruguay?

_____

_____

**UNIDAD 5 Lección 2**  Cultura B

# Cultura C

> **¡AVANZA!** **Goal:** Know and understand the life, people, and culture of Spain.

**1** Rosario quiere aprender sobre las comidas y lugares siguientes. Nombra las cosas o lugares en la tabla que sigue y escribe una breve descripción o alguna característica especial de cada uno de ellos.

| Un plato típico español | Un plato típico uruguayo |
|---|---|
|  |  |
| ¿Dónde comer? | ¿Dónde comer? |
|  |  |

**2** En España hubo mujeres que se destacaron en el arte, como María Blanchard. Responde con oraciones completas a las siguientes preguntas sobre esta artista y su obra.

**1.** ¿En qué países estudió pintura María Blanchard?

_____

**2.** ¿Qué otra actividad relacionada con el arte llevó a cabo María Blanchard además de pintar?

_____

**3.** ¿Llegó María Blanchard a vender alguna de sus pinturas?

_____

**4.** ¿Cuáles eran algunos de los temas favoritos de María Blanchard? ¿Conoces alguna pintura de otra pintora o pintor hispano que trate un tema similar?

_____

_____

**3** Estás pasando unos días en Madrid. Hoy quieres comer sólo comida típica madrileña. Escribe un párrafo corto describiendo cual sería tu menú para el desayuno, el almuerzo y la cena; di también a qué hora comerías cada comida.

_____

_____

_____

_____

_____

UNIDAD 5 Lección 2
Cultura C

Unidad 5, Lección 2
Cultura C

**242**

**¡Avancemos! 2**
Cuaderno para hispanohablantes

# Comparación cultural: ¡Qué delicioso!
## Lectura y escritura

Después de leer las descripciones de las diferentes comidas de Danilo, Juan y Saskia, escribe un párrafo sobre una comida típica de tu país. Usa la información de la pirámide para escribir tu párrafo sobre un plato típico.

## Paso 1

Completa la pirámide con los detalles sobre tu comida típica.

plato

ingredientes

cómo prepararlo

información interesante

## Paso 2

Ahora usa los detalles de la pirámide para escribir una oración para cada uno de los temas.

_____
_____
_____
_____
_____

UNIDAD 5  Comparación cultural

# Comparación cultural: ¡Qué delicioso!

## Lectura y escritura
*(continuación)*

### Paso 3

Ahora escribe tu párrafo usando las oraciones que escribiste como guía. Incluye una oración de introducción y utiliza adjetivos como **picante**, **dulce**, **agrio**, **salado** y **sabroso** para describir tu plato típico.

_____

_____

_____

_____

_____

_____

### Lista de verificación

Asegúrate de que...

☐ incluyes todos los detalles sobre el plato de la pirámide en el párrafo;

☐ usas todos los detalles para describir aspectos importantes sobre el plato;

☐ utilizas las palabras nuevas de vocabulario y los adjetivos para describir sabores.

### Tabla

Evalúa tu trabajo con la siguiente tabla.

| Criterio de escritura | Excelente | Bueno | Necesita mejorar |
|---|---|---|---|
| Contenido | Tu párrafo incluye todos los detalles sobre tu plato típico. | Tu párrafo incluye algunos de los detalles sobre tu plato típico. | Tu párrafo incluye muy poca información sobre tu plato típico. |
| Comunicación | La mayor parte de tu párrafo está organizada y es fácil de entender. | Partes de tu párrafo están organizadas y son fáciles de entender. | Tu párrafo está desorganizado y es difícil de entender. |
| Precisión | Tu párrafo tiene pocos errores de gramática y de vocabulario. | Tu párrafo tiene algunos errores de gramática y de vocabulario. | Tu párrafo tiene muchos errores de gramática y de vocabulario. |

UNIDAD 5

Comparación cultural

**244** Unidad 5
Comparación cultural

¡**Avancemos! 2**
Cuaderno para hispanohablantes

Nombre _____ Clase _____ Fecha _____

# Comparación cultural: ¡Qué delicioso!
## Compara con tu mundo

Ahora escribe un párrafo comparando un plato típico de tu país con el plato típico de uno de los tres estudiantes de la página 301. Organiza tu comparación por temas. Primero compara los ingredientes, después cómo se prepara y por último algunos datos interesantes.

## Paso 1

Usa la tabla para organizar la comparación por temas. Escribe los detalles de cada uno de los temas sobre tu plato y el del (de la) estudiante que escogiste.

| | Mi plato | El plato de _____ |
|---|---|---|
| **Nombre del plato** | | |
| **Ingredientes** | | |
| **Preparación** | | |
| **Algo interesante** | | |

## Paso 2

Ahora usa los detalles de la pirámide para escribir la comparación. Incluye una oración de introducción y escribe sobre cada tema. Utiliza adjetivos como **picante**, **dulce**, **agrio**, **salado** y **sabroso** para describir tu plato y el del (de la) estudiante que escogiste.

_____
_____
_____
_____
_____
_____
_____

# Vocabulario A  *¡Luces, cámara, acción!*

> **¡AVANZA!**     **Goal:**   Talk about movies.

**1** Indica si las oraciones sobre el cine son ciertas (**C**) o falsas (**F**).

1. _____ Un drama te hace reír.

2. _____ Una película de terror te da miedo.

3. _____ Una película de aventuras tiene muchas escenas de acción.

4. _____ Un documental te dice algo sobre la vida real.

5. _____ Una película de fantasía te hace imaginar una vida mejor.

**2** Indica la palabra correcta para completar las oraciones sobre las películas.

1. Se usa (la escena / el micrófono / el guión) para aumentar el sonido.

2. El/La camarógrafo(a) (edita / espera / filma) la película.

3. El (éxito / maquillaje / argumento) es lo que pasa en la película.

4. Muchos actores prefieren hacer el gran (papel / guión / éxito).

5. Si todo sale bien, la película es un (efecto / éxito / papel).

**3** Escribe oraciones completas para explicar las siguientes expresiones relacionadas con el cine.

**Modelo:**   la actriz y el actor

  *La actriz y el actor actuaron en la película de aventuras.*

1. el camarógrafo

_____

2. el éxito

_____

3. los efectos especiales

_____

4. la guionista

_____

**UNIDAD 6 Lección 1**

**Vocabulario A**

Unidad 6, Lección 1
Vocabulario A
**246**

**¡Avancemos! 2**
Cuaderno para hispanohablantes

# Vocabulario B  *¡Luces, cámara, acción!*

> **¡AVANZA!**  **Goal:**  Talk about movies.

**1** Subraya la palabra que no pertenece al grupo de palabras.

1. comedia, drama, fantasía, éxito

2. estreno, argumento, guión, papel

3. camarógrafo, sonido, guionista, actriz

4. documental, comedia, maquillaje, drama

**2** Escribe la palabra correcta para completar las oraciones sobre el cine.

1. Se usa el micrófono para aumentar _____ .

2. La estrella de la película es la actriz que hace _____ principal.

3. _____ escribe la película.

4. Una película que gana dinero y tiene buena crítica es _____ .

5. La película _____ cuando no gana dinero y tiene mala crítica.

**3** Mira los dibujos y escribe cinco oraciones completas para decir qué tipo de película ve cada persona.

**Modelo:**   *La clase ve un documental.*

1.    2.    3.    4.    5.

1. _____

2. _____

3. _____

4. _____

5. _____

# Vocabulario C  *¡Luces, cámara, acción!*

> **¡AVANZA!**    **Goal:**  Talk about movies.

**1** Escribe oraciones completas para definir las palabras relacionadas con el cine.

**Modelo:**    el micrófono:  *El micrófono*  se usa para aumentar el sonido.

**1.** el argumento

_____

**2.** el éxito

_____

**3.** fracasar

_____

**4.** el guión

_____

**2** Responde las siguientes preguntas relacionadas con el cine con oraciones completas.

**1.** ¿Qué tipo de películas te gustan? Menciona dos.

_____

**2.** ¿Quiénes son tu actor y tu actriz favoritos? ¿Por qué?

_____

**3.** ¿Cuál es tu documental favorito?

_____

**4.** En tu opinión, ¿qué se necesita para que una película tenga éxito?

_____

**3** Escribe cinco oraciones completas sobre el argumento de tu película favorita.

_____

_____

_____

_____

_____

UNIDAD 6 Lección 1

Vocabulario C

Unidad 6, Lección 1
Vocabulario C

**248**

**¡Avancemos! 2**
Cuaderno para hispanohablantes

# Vocabulario adicional

> **¡AVANZA!**   **Goal:** Expand your vocabulary by discussing film genres.

## Géneros cinematográficos

Hay muchos géneros cinematográficos además de las películas de terror, de ciencia ficción y de aventuras. Aquí tienes una lista de otros géneros para cuando quieras comprar o alquilar videos y DVDs en español, o para cuando quieras pedirlos prestados en la biblioteca pública.

| Otros géneros: | | |
|---|---|---|
| de acción | de visa | de intriga o suspenso |
| de guerra | de deportes | de romance |
| de crimen o de gángsters | de desastre | sobrenaturales |
| de historias épicas | musicales | del oeste |

**1** Mira cada dibujo. Escribe en la línea qué clase de película es, de acuerdo con la lista anterior.

1.          2.          3.          4.

Es una película:

1. _____

2. _____

3. _____

4. _____

**2** Escoge géneros de la lista y escribe cuatro oraciones completas para describir cuatro diferentes tipos de películas.

**Modelo:**  *Las películas de terror te dan miedo porque hay fantasmas.*

1. _____

2. _____

3. _____

4. _____

# Gramática A  *Affirmative tú Commands*

**Level 2 Textbook** pp. 315–317

> **¡AVANZA!**  **Goal:** Use the affirmative **tú** commands to tell someone with whom you are familiar to do something.

**1** Subraya la forma correcta del verbo para completar el mandato de tu médico.

1. Bebe / Beban agua mientras haces ejercicio.
2. Coma / Come una dieta balanceada.
3. Haz / Haces ejercicio todos los días.
4. Duerme / Duerma por lo menos ocho horas cada noche.
5. Use / Usa loción protectora cuando estás afuera.
6. Ve / Va al gimnasio frecuentemente.

**2** Completa los mandatos que papá hace cuando está en casa.

1. _____ (Darle) comida al perro.
2. _____ (Decir) la verdad.
3. _____ (Salir) a las siete y media para la escuela.
4. _____ (Poner) la mesa, por favor.
5. _____ (Tener) paciencia con tu hermano.

**3** Escribe lo que tu abuelo te aconseja para vivir una vida feliz. Usa la forma correcta del imperativo.

**Modelo:**  comer / comida saludable  *Come comida saludable.*

1. decir / la verdad /siempre

_____

2. ser / trabajador(a)

_____

3. hacer / la tarea / todos los días

_____

4. ayudar / a tus padres

_____

5. tener / buenos amigos

_____

# Gramática B  *Affirmative **tú** Commands*

> **¡AVANZA!**  **Goal:**  Use the affirmative **tú** commands to tell someone with whom you are familiar to do something.

**1** Escribe los mandatos que el profesor le da a Jorge con un verbo de la lista y la palabra del vocabulario de la lección.

| completar | hacer | leer | escribir | abrir | aprender | escuchar |
|---|---|---|---|---|---|---|

**Modelo:**  el ejercicio    *Completa el ejercicio.*

1. el libro _____

2. la composición _____

3. el disco compacto _____

4. el vocabulario nuevo _____

5. la tarea para mañana _____

6. la puerta _____

**2** Escribe los mandatos para que tu hermanito te ayude a limpiar la casa, según los dibujos.

**Modelo:**     *Pon la mesa.*

    **1.**                            **2.**                                             **3.**                            **4.**

1. _____    3. _____

2. _____    4. _____

**3** Un estudiante de otro país va a venir a tu ciudad y te hace preguntas. Escríbele cinco mandatos para decirle lo que debe hacer durante su visita.

1. _____

2. _____

3. _____

4. _____

5. _____

# Gramática C  Affirmative tú Commands

| ¡AVANZA! | **Goal:** | Use the affirmative **tú** commands to tell someone with whom you are familiar to do something. |
|---|---|---|

**❶** La madre de Carlos le da muchos mandatos pero Carlos ya hizo todo. Escribe la forma correcta del imperativo para completar el mandato de la madre de Carlos.

1. **Madre:** _____ la cara.

   **Carlos:** Ya me la lavé.

2. **Madre:** _____ los dientes.

   **Carlos:** Ya me los cepillé.

3. **Madre:** _____ la cama.

   **Carlos:** Ya la hice.

4. **Madre:** _____ a las siete y media.

   **Carlos:** Ya salí.

**❷** Escribe los mandatos que Carmen les da a sus amigos para limpiar la casa antes de su fiesta de cumpleaños. Sustituye los objetos por los pronombres apropiados.

**Modelo:**   limpiar el comedor   _Límpialo._

1. sacar la basura _____

2. barrer el suelo _____

3. hacer la cama _____

4. pasar la aspiradora _____

5. lavar los platos _____

6. limpiar la cocina _____

**❸** Escribe cinco mandatos para decirle a tu amigo lo que debe hacer para ser buen estudiante.

_____

_____

_____

_____

_____

_____

UNIDAD 6 Lección 1

Gramática C

252

Unidad 6, Lección 1
Gramática C

¡Avancemos! 2
Cuaderno para hispanohablantes

# Gramática A *Negative tú Commands*

| ¡AVANZA! | **Goal:** | Use the negative **tú** commands to tell someone with whom you are familiar not to do something. |

**1** Encierra en un círculo la forma correcta del verbo para decirle a Javier lo que no debe hacer en clase.

1. No (lee / **leas**) mientras la profesora habla.
2. No (ten / **tengas**) prisa por salir de la clase.
3. No le (**des** / da) tu libro a tu amigo.
4. No (**estés** / estás) nervioso.
5. No (eres / **seas**) antipático.
6. No (pierdes / **pierdas**)tu tarea.

**2** Escribe los consejos que te da tu abuela con la forma correcta del imperativo.

1. No decir / mentiras _____
2. No ser / descortés _____
3. No comer / demasiado azúcar _____
4. No acostarse / tarde todas las noches _____
5. No salir / mucho con tus amigos _____

**3** Estos estudiantes hacen cosas que no deben hacer en clase. Escribe lo que les dice la profesora con el mandato negativo del verbo indicado.

**Modelo:** Juana escucha la radio. *No escuches la radio.*

1. Marta habla. _____
2. Gloria duerme. _____
3. Antonio saca su libro. _____
4. Gilberto almuerza. _____
5. Claudia va a la oficina. _____
6. Ernesto bebe agua. _____

# Gramática B  *Negative tú Commands*

> **¡AVANZA!** **Goal:** Use the negative **tú** commands to tell someone with whom you are familiar not to do something.

**1** Escribe los mandatos negativos para decirles a tus amigos lo que no deben hacer.

1. Paco se lava la cara. _____

2. Carla pasa la aspiradora. _____

3. Maria limpia el baño. _____

4. Ana plancha la ropa. _____

**2** Elige el verbo que mejor complete cada oración y escribe el mandato negativo que te da tu madre en casa. Después escribe el mandato positivo de lo que debes hacer.

**Modelo:**   No *estudies* en el comedor.   *Estudia* en tu cuarto.

| tocar | ir | estudiar | poner | ser |
|-------|-----|----------|-------|-----|

1. No _____ tu ropa en la silla. _____ tu ropa en tu cuarto.

2. No _____ irresponsable. _____ responsable.

3. No _____ la guitarra. _____ el piano.

4. No _____ al cine. _____ al teatro.

**3** Dile a tu amigo lo que no debe hacer en estas situaciones. Usa el imperativo negativo.

1.             2.             3.             4.             5.             6.

1. Estoy muy cansado. _____

2. Estoy muy enfermo. _____

3. La puerta está cerrada. _____

4. Estoy en la biblioteca. _____

5. Estoy en el museo. _____

6. No quiero estudiar más. _____

UNIDAD 6 Lección 1

Gramática B

**254**

Unidad 6, Lección 1
Gramática B

**¡Avancemos! 2**
Cuaderno para hispanohablantes

# Gramática C  *Negative **tú** Commands*

> **¡AVANZA!**  **Goal:** Use the negative **tú** commands to tell someone with whom you are familiar not to do something.

**1** Escribe la forma correcta de los mandatos que Alicia le da a Cecilia antes de su viaje. ¡Ojo! Algunos mandatos son afirmativos, algunos son negativos.

1. No _____ sin pasaporte. (viajar)

2. _____ una reservación antes de salir. (hacer)

3. _____ al hotel después de llegar al aeropuerto. (ir)

4. _____ al señor en la recepción que tienes una reservación. (decir)

5. No _____ la llave del hotel. (perder)

6. No _____ las atracciones en autobús. (ver)

**2** Escribe un mandato negativo y un mandato afirmativo para decir lo que Dolores le dice a su hermanita.

**Modelo:**   ¿Digo mentiras? (la verdad).   *No digas mentiras. Di la verdad.*

1. ¿Me cepillo con jabón? (pasta dentífrica)

   _____

2. ¿Me baño en la cocina? (en el baño)

   _____

3. ¿Miro la televisión hasta las once de la noche? (hasta las ocho)

   _____

4. ¿Como mucho chocolate? (más verduras)

   _____

5. ¿Me duermo en el sofá? (en tu cama)

   _____

**3** Escríbele cinco mandatos negativos a un estudiante nuevo de tu escuela. Dile lo que no debe hacer en la escuela.

_____

_____

_____

_____

_____

# Gramática adicional ¿Mayúscula o minúscula?

┌─────────────────────────────────────────────────────────────────────┐
│ **¡AVANZA!**   **Goal:**   Use upper and lower case letters correctly. │
└─────────────────────────────────────────────────────────────────────┘

Estas categorías de palabras en español empiezan con una letra **mayúscula**:

**1.** La primera palabra de una oración o de un título:

   Vivo en un apartamento.        El gato con sombrero.

**2.** Nombres propios y apellidos y nombres geográficos:

   Juanito Suárez        María Vallejos        España        Ciudad de México

**3.** Nombres de fiestas religiosas o civiles:

   Navidad        Pascua        Día de Acción de Gracias

Estas categorías de palabras en español se escriben con una letra **minúscula**:

**1.** Las lenguas y las nacionalidades

   francés        español        mexicano        estadounidense

**2.** Los días de la semana y los meses del año

   lunes        martes        viernes        febrero        abril

**3.** Las religiones

   católico        musulmán        budista

Carolina le escribió una nota a su amigo pero cometió muchos errores. Marca y corrige los errores de mayúscula y minúscula.

┌────────────────────────────────────────────────────────────────────────────┐
│                                                      Lunes, el 3 de Julio     │
│                                                                              │
│  Querido raúl,                                                               │
│                                                                              │
│  ¿Qué tal? ¿te gusta el béisbol? ayer yo fui a un partido de béisbol de los marineros en │
│  seattle. el equipo tiene muchos jugadores Latinos. mi jugador favorito no juega más │
│  porque se retiró en el año 2004. él nació en nueva york pero se crió en puerto rico y habla │
│  Español e Inglés. mañana es nuestro día de independencia. mi familia y yo vamos a ir a │
│  nadar. ¿te gusta nadar?                                                     │
│                                                                              │
│  raúl, ¿leíste el libro clásico «la telaraña de carlota»? este libro que leí para la clase de │
│  inglés me gustó mucho. ¿tienes mucha tarea? ¿qué libros te gustan? ¡escríbeme pronto! │
│                                                                              │
│  carolina                                                                    │
│                                                                              │
└────────────────────────────────────────────────────────────────────────────┘

UNIDAD 6 Lección 1

Gramática adicional

Unidad 6, Lección 1
Gramática adicional

**256**

**¡Avancemos! 2**
Cuaderno para hispanohablantes

# Integración: Hablar

¡AVANZA! **Goal:** Respond to written and oral passages discussing how movies affect you.

Lee con atencion el anuncio de una película.

Fuente 1 Leer

**Las alas
de Ícaro**

Algunos sueños duran una noche, otros toda
la vida…

En la película un joven científico lucha por
alcanzar las alturas después de tener un ac-
cidente en el que pierde una pierna.

NOMINADA a 7 Premios Buñuel

**SELECCIÓN OFICIAL DEL FESTIVAL
DE CINE INDEPENDIENTE**

Escucha el mensaje de Irma para su hermana Leticia. Puedes tomar notas mientras escuchas.
Luego completa la actividad

Fuente 2 Escuchar

## HL CD 2, tracks 9–10

¿Qué boletos debe comprar Irma? ¿Por qué?

Nombre _____ Clase _____ Fecha _____

# Integración: Escribir

> ¡AVANZA! **Goal:** Respond to written and oral passages discussing how movies affect you.

Lee la siguiente reseña que escribió una crítica de cine.

Fuente 1 Leer

**Tiempos de la película**                                    23

### LOS OJOS DEL GATO
Dirigida por Antonio del Campo
Con Brenda Chu, Alby Jones, Ian Maldonado
**(PG 115 minutos)**

Antonio del Campo trajo al cine la primera parte de esta
trilogía (Los ojos del perro) hace más de cinco años y yo
todavía me pregunto por qué. Es que hacer una película
desde la visión de una mascota es como un cuento para
niños. Pero no hay nada en esta película que los niños
de hoy puedan disfrutar. Los efectos especiales no son
nuevos, el argumento es simple y las actuaciones no
son buenas. Brenda Chu, que hace el papel de la dueña
que sufre por su gatita perdida, está totalmente perdida.
Ésta es una prueba más de que las supermodelos deben
quedarse en las revistas y en los desfiles de moda.

Escucha lo que dice Antonio del Campo, el director de la película reseñada arriba. Puedes
tomar notas mientras escuchas. Luego completa la actividad.

Fuente 2 Escuchar

### HL CD 2, tracks 11–12

Escribe un ensayo para comparar lo que dice la reseña y lo que dice el director. Expresa tus
opiniones: ¿Crees que el argumento es bueno? ¿Crees que la película es divertida?

_____
_____
_____
_____
_____
_____

# Lectura A

¡AVANZA! **Goal:** Read about telling others what to do and what not to do.

**①** Lee el diálogo entre tres amigas. Luego responde a las preguntas de comprensión y compara su experiencia con la tuya.

---

**MÓNICA:** ¡Vamos al cine! En los Cines Plexi estrenan una película de ciencia ficción: «Más allá de Plutón II».

**ADELA:** A mí no me gustan las películas de ciencia ficción. Yo prefiero una película de aventuras. Son mas emocionantes.

**MÓNICA:** ¡No digas eso! Tienes que verla, dicen que tiene unos efectos especiales increíbles. Hay aventuras y situaciones emociontes también.

**SARA:** ¡Bah! Todas las películas de ciencia ficción tienen argumentos muy aburridos. Vamos a ver una película de terror. La actriz principal ganó varios premios. El guión es muy interesante y tiene escenas increíbles.

**ADELA:** ¡Huy, no! ¡Vamos a ver «Perdidos en la jungla». Es una película de aventuras muy emocionante que además tiene partes muy cómicas. Me hizo reír mucho.

**MÓNICA:** ¿Ya la viste?

**ADELA:** Sí, me gustó mucho y quiero verla otra vez.

**MÓNICA:** Vamos pero no nos cuentes el final.

**ADELA:** No, yo no digo nada. ¿Vamos?

---

**②** **¿Comprendiste?** Responde a las siguientes preguntas con oraciones completas.

**1.** ¿Qué películas le gustan a Mónica y por qué?

_____

_____

**2.** ¿Por qué a Sara no le gustan las películas de ciencia ficción?

_____

**3.** ¿Cómo trata de convencer Sara a sus amigas para ir a ver la película de terror?

_____

_____

**③** **¿Qué piensas?** ¿Qué tipo de películas te gusta más y por qué?

_____

_____

_____

# Lectura B

| ¡AVANZA! | **Goal:** Read about telling others what to do and what not to do. |

❶ Lee la transcripción de lo que habló una gran directora de cine. Responde a las preguntas de comprensión y habla sobre tu experiencia con el mundo del espectáculo.

### Lo que necesitas para hacer una película

—Buenas tardes, gracias a todos por asistir a esta conferencia. Hoy vamos a hablar de algunas cosas que deben tener en cuenta para hacer una película.

Primero, debemos decidir qué tipo de película queremos hacer: de fantasía, de aventuras, de misterio, etc. Luego, vamos a escribir un guión o a buscar un guionista para escribirlo. Una buena historia es muy importante. Después hay que elegir a los actores. Debemos seleccionar primero a los protagonistas o personajes principales y después a los personajes de apoyo.

Si pueden, busquen una cámara de cine o de video. Claro, también tienen que buscar al camarógrafo o camarógrafa para que filme. Reúnan a los actores y las actrices para el primer ensayo. Mantengan una buena comunicación con todo el equipo. No se enojen si una escena no queda bien la primera vez. Van a ver cómo al final logran buenos resultados.

¡Ya pueden empezar a filmar! Reúnan a todo el equipo y... ¡Luces, cámara, acción...!

Después de tener todas las escenas grabadas, hay que hacer la edición. Editen su película ustedes mismos o busquen a alguien para que las edite. ¡O llámenme a mí! Después sólo falta preparar el estreno de la película. ¡Suerte! ¡Y no se olviden de mandarme una invitación para el estreno!

❷ **¿Comprendiste?** Responde a las siguientes preguntas con oraciones completas:

**1.** Según el texto, ¿qué tienes que hacer antes de buscar a los actores para tu película?

_____

**2.** ¿Qué puedes utilizar para filmar una película?

_____

**3.** Según el texto, qué tienes que hacer para que el trabajo en equipo salga bien?

_____
_____

❸ **¿Qué piensas?** ¿Qué tipo de película te gustaría hacer y por qué?

_____
_____
_____

# Lectura C

**1** Miguel es actor de cine, pero desde hace unas semanas se comporta un poco extraño. Su amigo Rafael está preocupado por él y le envía una carta. Cuando termines de leer, responde las preguntas de comprensión y da tu opinión sobre su experiencia.

Querido Miguel:

Ayer estuve en el ensayo de la película. Quiero hablar contigo porque veo que últimamente estás un poco extraño. Tú sabes que siempre pensé que eres un buen actor y además somos muy buenos amigos. Por favor, no te enojes conmigo por lo que te voy a decir. Me alegro mucho por todos los éxitos que tuviste en tu última película. Ya casi serás toda una estrella. A veces pienso que eso de ser "casi una estrella" puede ser peligroso.

Miguel, por favor, no quieras ser siempre perfecto. Si estás filmando una película de aventuras, no puedes estar siempre limpio y bien peinado. Ya sé que así te ves mejor, pero no es realista. No pienses tanto en tu aspecto personal, piensa más en el papel que estás haciendo.

No pongas esa cara tan seria cuando el director te dice algo. Tampoco te sientas mal ni te enojes si tienes que repetir alguna escena. Eso es normal y una película es un trabajo de equipo. Por eso también te pido que no llegues tarde a los ensayos, pues otras personas que trabajan contigo se molestan. No creas que para mí es fácil decirte todo esto, pero te aprecio mucho y no quiero que vayas a fracasar como actor.

Tú sabes que todas las estrellas, en algún momento, tuvieron uno que otro problema para sobrellevar la fama. Es muy difícil cuando todo el mundo te está mirando y hace comentarios sobre ti, pero no dejes que eso cambie tu forma de ser. Tú siempre fuiste y serás una buena persona.

Y sobre todo, no te olvides de que tienes amigos que te quieren y te apoyan. Mañana quiero invitarte a comer. Por favor no me digas que no. Yo voy a pasar a buscarte y vamos a hablar y a recordar viejos tiempos. ¡Vas a ver cómo después te vas a sentir mucho mejor!

Hasta mañana.

Rafael

**2** **¿Comprendiste?** Responde a las siguientes preguntas.

**1.** ¿Por qué le dice Rafael a Miguel "No te enojes conmigo por lo que voy a decirte"?

_____

_____

**2.** Cuando Miguel hace una película de aventuras, ¿piensa más en sí mismo o en el papel que está haciendo? ¿Cómo lo sabes?

_____

_____

**3.** ¿Cómo se siente Miguel cuando el director de la película le hace una observación?

_____

**4.** ¿Qué quiere conseguir Rafael hablando con Miguel?

_____

_____

_____

**3** **¿Qué piensas?** ¿Crees que es normal que una persona cambie su forma de ser cuando se hace famosa? ¿Por qué? ¿Cómo crees que tú reaccionarías si participaras en una película y te hicieras famoso(a)?

_____

_____

_____

_____

_____

UNIDAD 6 Lección 1

Lectura C

Unidad 6, Lección 1
Lectura C

**262**

**¡Avancemos! 2**
Cuaderno para hispanohablantes

# Escritura A

> **¡AVANZA!** **Goal:** Write about suggestions.

Una chica que conoces quiere hacer un documental y te pide consejos sobre cómo hacerlo.
Escríbele una nota con las recomendaciones más importantes que le harías.

**1** Completa la siguiente información para que la chica la tome como ejemplo para realizar
su documental.

| | |
|---|---|
| **a.** Tema: | |
| **b.** Argumento: | |
| **c.** Objetivo de la película: | |
| **d.** Director(a): | |
| **e.** Lugar donde van a filmar: | |
| **f.** Personas o personajes del documental: | |

**2** Escribe el mensaje para la chica. Hazle sugerencias usando la información de la lista anterior
y mandatos afirmativos y negativos con *tú*. Asegúrate de que: (1) tus consejos son claros y
útiles, (2) incluyes frases para animar a la chica a sacar adelante su proyecto y (3) las formas
verbales son correctas.

_____

_____

_____

_____

_____

_____

_____

**3** Evalúa tu mensaje con la información de la siguiente tabla.

| | **Crédito máximo** | **Crédito parcial** | **Crédito mínimo** |
|---|---|---|---|
| Contenido | Los consejos que das son claros y útiles, incluyes varias frases para animar a la chica. | Los consejos que das son poco claros o útiles, incluyes muy pocas frases para animar a la chica. | Los consejos que das no son ni claros ni útiles y no incluyes frases para animar a la chica. |
| Uso correcto del lenguaje | Hay muy pocos errores o ninguno en el uso de los verbos. | Hay muchos errores en el uso de los verbos. | Hay un gran número de errores en el uso de los verbos. |

# Escritura B

Vas a escribir una bitácora (blog) de opinión sobre una película para una página web.

**1** Organiza la información sobre la película.

| | | |
|---|---|---|
| **1.** Nombre de la película: | **3.** Director(a): | **5.** Clase de película: |
| **2.** Actor y actriz principales: | **4.** Argumento: | **6.** Opinión general: |

**2** Escribe la bitácora para la página Web en un párrafo de seis oraciones. Asegúrate de: 1) incluir la información de la actividad uno; 2) usar expresiones de qué te pareció la película; 3) hacer un párrafo con seis oraciones completas y claras, y 4) hacer buen uso de los verbos y de la ortografía.

_____

_____

_____

_____

_____

**3** Evalúa tu bitácora de acuerdo con la información de la tabla.

| | **Crédito máximo** | **Crédito parcial** | **Crédito mínimo** |
|---|---|---|---|
| Contenido | Tu bitácora incluye la información de la tabla. Usaste expresiones para decir qué opinas de la película. El párrafo contiene seis oraciones completas y claras. | Tu bitácora a veces incluye la información de la tabla. Usaste algunas expresiones para decir qué opinas la película. El párrafo contiene menos de seis oraciones; algunas están incompletas o no son claras. | Tu bitácora rara vez incluye la información de la tabla. No usaste expresiones para decir qué opinas la película. El párrafo contiene menos de cuatro oraciones; la mayoría están incompletas y no son claras. |
| Uso correcto del lenguaje | Tuviste muy pocos errores o ninguno en el uso de los verbos y la ortografía. | Tuviste algunos errores en el uso de los verbos y la ortografía. | Tuviste un gran número de errores en el uso de los verbos y la ortografía. |

# Escritura C

| | |
|---|---|
| ¡AVANZA! | **Goal:** Write about suggestions. |

El director del periódico de la escuela te pidió una colaboración para la sección de entretenimiento: escribir una crítica sobre una película que se estrenó recientemente.

**1** Completa la siguiente ficha sobre la película antes de escribir tu crítica.

| |
|---|
| **a.** Título: |
| **b.** Tipo de película: |
| **c.** Actor/Actriz principal: |
| **d.** Lo mejor de la película: |
| **e.** Algo que no te gustó de la película: |
| **f.** Efecto que tuvo sobre ti la película: |
| **g.** ¿Crees que la película va a ser un éxito o un fracaso? |
| **h.** ¿Recomiendas o no recomiendas verla? ¿Por qué? _____ |

**2** Escribe tu crítica basándote en los datos que anotaste en la ficha. Asegúrate de que (1) das mucha información sobre la película, (2) das razones para explicar tus opiniones sobre la película y (3) el lenguaje y la ortografía son correctos.

_____

_____

_____

_____

_____

**3** Evalúa tu artículo con la información de la siguiente tabla.

| | Crédito máximo | Crédito parcial | Crédito mínimo |
|---|---|---|---|
| Contenido | Das mucha información sobre la película; das razones para apoyar cada una de tus opiniones. | Das alguna información sobre la película y unas cuantas razones para apoyar tus opiniones. | Das muy poca información sobre la película; no das razones para apoyar tus opiniones. |
| Uso correcto del lenguaje | Tuviste muy pocos errores o ninguno en el uso del lenguaje y la ortografía. | Tuviste muchos errores en el uso del lenguaje y la ortografía. | Tuviste un gran número de errores en el uso del lenguaje y la ortografía. |

# Cultura A

>  **Goal:** Know and understand Hispanic life, people, and culture in the United States.

**1** Di si las siguientes afirmaciones son ciertas o falsas.

**1.** En el condado de Los Ángeles un 60% de la población es hispana.    C    F

**2.** La ciudad de Estados Unidos con más hispanos es Nueva York.    C    F

**3.** Luis Álvarez fue un famoso físico de origen hispano.    C    F

**4.** La mayoría de los mexicoamericanos viven en Miami.    C    F

**5.** Río Porciúncula era el antiguo nombre del río Bravo.    C    F

**2** Tamara conoce la importancia de la cultura hispana en Estados Unidos, pero quiere tener datos más concretos. Dale la información que te pide usando oraciones completas.

**1.** Nombra cinco ciudades de Estados Unidos con gran población hispana.

_____

**2.** ¿Qué celebraciones hispanas conoces en Estados Unidos?

_____

**3.** Nombra dos festivales de cine hispano o latino, uno en Estados Unidos y otro en un país hispano.

_____

_____

**4.** ¿Qué comidas de origen hispano son populares en Estados Unidos?

_____

**5.** Nombra a tres personas hispanas famosas en Estados Unidos y di en que se destaca cada una.

_____

**3** ¿A cuál persona famosa de origen hispano más admiras tú? Escribe cinco frases expresando cinco razones por las que admiras a esa persona.

La persona hispana que más admiro es _____ ,

_____

_____

_____

_____

_____

UNIDAD 6 Lección 1

Cultura A

266

Unidad 6, Lección 1
Cultura A

¡**Avancemos! 2**
Cuaderno para hispanohablantes

# Cultura B

| ¡AVANZA! | **Goal:** | Know and understand Hispanic life, people, and culture in the United States. |
|---|---|---|

**1** Elige la opción correcta para completar cada oración.

**1.** La población de origen hispano en Estados Unidos es de aproximadamente

    **a.** 41 millones     **b.** 47 millones     **c.** 51 millones

**2.** ¿Cuáles de las siguientes ciudades con gran población hispana están a orillas del océano Pacífico?

    **a.** San José y San Antonio     **b.** Los Ángeles y San Diego     **c.** Los Ángeles y Miami

**3.** ¿Cuál era/es la profesión de Luis Valdéz?

    **a.** político     **b.** actor     **c.** director de cine

**4.** ¿Qué famoso festival de cine ayudó a fundar Edward James Olmos?

    **a.** El Festival Internacional de Cine Latino de Los Ángeles

    **b.** El Festival Internacional de Cine de Miami

    **c.** El Festival Internacional de Cine de Mar del Plata

**2** Ahora responde a las preguntas de Helen sobre la cultura hispana. Usa oraciones completas.

**1.** ¿Qué fiestas mexicanas se celebran en el condado de Los Ángeles?

_____

**2.** ¿Cuál es la ciudad de Estados Unidos en la que vive un mayor número de hispanos?

_____

**3.** ¿Qué significa la palabra «chicano»?

_____

**4.** ¿Quiénes eran «Los Four»?

_____

**3** Describe una celebración hispana y compárala con una celebración similar norteamericana.

_____

_____

_____

# Cultura C

 **¡AVANZA!**   **Goal:**   Know and understand Hispanic life, people, and culture in the United States.

**1** Completa el crucigrama.

1. Comida hispana (singular)
2. Apellido de famoso activista hispano
3. Ciudad de Texas en la que viven muchos hispanos
4. Comida hispana
5. Apellido de famosa astronauta hispana
6. Apellido de famoso físico hispano
7. Según la leyenda, lugar de origen de los aztecas
8. Personas de Estados Unidos de ascendencia mexicana

**2** Responde a las siguientes preguntas sobre cultura hispana en diferentes épocas.

1. ¿Cuál es la historia del nombre de la ciudad de Los Ángeles?

_____

_____

_____

2. ¿Qué eventos similares hay en el Festival Internacional de Cine Latino de Los Ángeles y el Festival Internacional de Cine de Mar del Plata?

_____

_____

3. ¿Quién es Gilbert «Magú» Luján y cuál fue aporte a la cultura chicana?

_____

_____

_____

**3** ¿Crees que es importante que en Estados Unidos haya festivales de cine en los que participen directores y actores hispanos? ¿Por qué? Escribe un párrafo para expresar tu opinión.

_____

_____

_____

_____

_____

# Vocabulario A  *¡Somos estrellas!*

> **¡AVANZA!**  **Goal:**  Talk about movie premieres and invitations.

**1** Indica la palabra correcta para completar las oraciones de Marcos sobre los preparativos para invitar a sus amigos.

**1.** Espero tener las (direcciones / invitaciones) electrónicas de todos mis amigos.

**2.** Quiero invitar a todos para la (próxima / pasada) semana.

**3.** ¡Voy a estar (estrenando / en línea) todo el día!

**4.** También voy a hablar con los amigos por el (mensajero / teclado) instantáneo.

**5.** Luego voy a llamar a mis otros amigos por el teléfono (singular / celular).

**6.** Si mis amigos no están en casa, voy a dejarles un (ratón / mensaje).

**2** Escoge la palabra correcta para completar las oraciones de Marcos sobre el estreno de su película.

| una gala | corbata | el fin de semana | invitaciones | elegante | las críticas |
|----------|---------|------------------|--------------|----------|--------------|

**1.** Estrenan mi película _____ cuando no hay clases.

**2.** Espero que _____ de la película sean buenas.

**3.** Yo voy a llevar un traje con _____ para el estreno.

**4.** Los otros chicos van a llevar ropa _____ también.

**5.** Después del estreno vamos a tener _____ en un restaurante cerca del cine.

**6.** Quiero mandarles _____ a todos mis amigos.

**3** Contesta las preguntas sobre las invitaciones con oraciones completas.

**1.** Si llamas a una persona y no está, ¿qué le dejas?

_____

**2.** Si tu amigo(a) acepta tu invitación, ¿qué te dice?

_____

**3.** Si tu amigo(a) no acepta tu invitación, ¿qué te dice?

_____

**4.** Si tu amigo(a) no cree que esté invitado, ¿cómo reaccionas?

_____

**5.** Si tu amigo(a) te dice que tu gala va a ser la fiesta del año ¿qué le dices?

_____

# Vocabulario B. *¡Somos estrellas!*

> ¡AVANZA! **Goal:** Talk about movie premieres and invitations.

**1** Escribe una oración completa con cada una de las siguientes expresiones para referirse a invitaciones:

**1.** el fin de semana:

_____

**2.** el mensajero instantáneo:

_____

**3.** la corbata:

_____

**4.** dejar un mensaje:

_____

**5.** las direcciones electrónicas:

_____

**2** Prepara un anuncio de periódico de seis líneas sobre el estreno de tu película. Usa estas tres expresiones para ganar la atención de los lectores:

| Estoy convencido(a) | To (lo) juro | Te lo aseguro |
| --- | --- | --- |

_____

_____

_____

_____

_____

UNIDAD 6 Lección 2

Vocabulario B

Unidad 6, Lección 2
Vocabulario B

**270**

¡**Avancemos! 2**
Cuaderno para hispanohablantes

# Vocabulario C  ¡Somos estrellas!

> **¡AVANZA!**  **Goal:**  Talk about movie premieres and invitations.

**1** Describe el estreno de una película nueva. Describe a los invitados, lo que llevan, lo que tienen en las manos y lo que dicen en las entrevistas.

**1.**  **2.**  **3.**  **4.**  **5.**

1. _____

2. _____

3. _____

4. _____

5. _____

**2** Tu amigo(a) te invita al estreno de su película. Escríbele una nota de cuatro oraciones completas para decirle que sí y para expresar tus emociones sobre el estreno. Empieza y termina tu nota con expresiones de cortesía.

_____

_____

_____

_____

_____

**3** El alcalde de Los Ángeles te invita a un almuerzo para jóvenes directores. Preséntate y explícale por qué quieres ser director(a). No te olvides de invitarle al estreno de tu nueva pelílcula. Escribe oraciones completas.

_____

_____

_____

_____

# Vocabulario adicional

> **¡AVANZA!**   **Goal:**   Expand your vocabulary by using expressions for influencing others.

## Expresiones de influencia

Hay varias expresiones que a veces necesitas usar para influir en las acciones o en las ideas de otras personas. Aquí tienes unas expresiones nuevas para añadirlas a las que ya aprendiste.

| | | | |
|---|---|---|---|
| claramente | *clearly* | desde luego | *of course* |
| claro (que sí) | *of course* | sin duda | *without a doubt* |
| creo que sí / creo que no | *I think so / I don't think so* | (no) estoy de acuerdo | *I (don't) agree* |
| de ninguna manera | *not at all* | evidentemente | *evidently* |
| probablemente | *probably* | naturalmente | *naturally* |

**❶** Escoge cinco expresiones de influencia de la lista. Escribe cinco oraciones completas con al menos una expresión por cada oración.

1. _____

2. _____

3. _____

4. _____

5. _____

**❷** Escribe un diálogo de ocho oraciones entre una persona que conoces muy bien y tú. En la primera oración escribe los pensamientos o deseos de la otra persona. En la segunda escribe tu respuesta a la *persona* con una expresión de la lista. Luego, repite estas instrucciones.

**Modelo:**   **La otra persona:** *Quiero filmar en el parque hoy.*

**Tú:** *Sin duda va a llover.*

1. **La otra persona:** _____

  **Tú:** _____

2. **La otra persona:** _____

  **Tú:** _____

3. **La otra persona:** _____

  **Tú:** _____

4. **La otra persona:** _____

  **Tú:** _____

UNIDAD 6 Lección 2

Vocabulario adicional

Unidad 6, Lección 2
Vocabulario adicional

**272**

**¡Avancemos! 2**
Cuaderno para hispanohablantes

# Gramática A   *A Present Subjunctive with* **Ojalá**

> **¡AVANZA!**   **Goal:**   Use the subjunctive with **Ojalá que** to express hopes.

**1** Subraya la forma correcta del verbo para indicar los deseos del profesor Blanco durante su primer día de clase.

**1.** Ojalá que los estudiantes (estudien / estudian) mucho.

**2.** Ojalá que nosotros nos (llevemos / llevamos) bien.

**3.** Ojalá que (aprendan / aprenden) a hablar español bien.

**4.** Ojalá que los estudiantes ( hacen / hagan) la tarea todos los días.

**2** Usa el subjuntivo y **Ojalá que** para expresar lo que dicen estas personas sobre su película.

**Modelo:**    La actriz: la película / no fracasar
   *Ojalá que la película no fracase.*

**1.**       **2.**       **3.**       **4.**       **5.**

**1.** El actor: yo / ganar / un premio

_____

**2.** La guionista: los actores / practicar / el guión

_____

**3.** El camarógrafo: yo / poder filmar hoy

_____

**4.** La estrella de cine: todos / admirarme

_____

**5.** El director: la película / tener éxito

_____

# Gramática B  *A Present Subjunctive with Ojalá*

Level 2 Textbook pp. 339–343

> **¡AVANZA!**  **Goal:** Use the subjunctive with **Ojalá que** to express hopes.

**1** ¿Qué deseos tienen los estudiantes de la clase de español?

**Modelo:** Ojalá que nosotros _comamos_ (comer) comida hispana.

1. Ojalá que la profesora _____ (hablar) despacio.
2. Ojalá que nosotros _____ (entender) a la profesora.
3. Ojalá que ustedes _____ (sacar) buenas notas.
4. Ojalá que yo _____ (tener) éxito en clase.
5. Ojalá que tú _____ (aprender) a hablar bien.

**2** Elige el verbo correcto para completar cada oración sobre los deseos de estas personas. Escribe la forma correcta del verbo en el subjuntivo.

| escribir | perder | practicar | traer | ver |
|---|---|---|---|---|

1. Ojalá que Catalina me _____ unas tarjetas postales.
2. Ojalá que Enrique y Eva _____ deportes en la playa.
3. Ojalá que mis padres _____ las atracciones de Los Ángeles.
4. Ojalá que yo no _____ mi pasaporte. Lo necesito para viajar.
5. Ojalá que tú me _____ un recuerdo de California.

**3** Escribe una oración con **Ojalá que** y el verbo entre paréntesis para expresar deseos para las siguientes personas.

**Modelo:** María compró seis dulces. (comer)  _Ojalá que María no se los coma todos._

1. No te gusta el sabor de la medicina. (tomar)

   _____

2. Los niños están cansados. (descansar)

   _____

3. No te sientes bien. (poder ir a la fiesta)

   _____

4. Tú y tus hermanos tienen sed. (beber agua)

   _____

5. Mis hermanos y yo no hacemos ejercicios. (hacer)

   _____

# Gramática C *A Present Subjunctive with Ojalá*

> **¡AVANZA!** **Goal:** Use the subjunctive with **Ojalá que** to express hopes.

**1** Julieta está enamorada de Romeo. Escribe por lo menos seis de las esperanzas de Julieta con **Ojalá que** y el subjuntivo de los verbos en las expresiones siguientes.

| | | |
|---|---|---|
| dejar un mensaje | llamarme | mandarme un correo electrónico |
| hablar con otras muchachas | llegar a tiempo | pensar en mí frecuentemente |
| invitarme a salir con él | salir conmigo | ponerse ropa elegante |

*Querido diario*

_____

_____

_____

_____

_____

**2** Imagina que estás en los lugares siguientes. ¿Qué esperanzas o deseos tienen las personas que encuentras allí? Escribe una oración para cada lugar con **Ojalá que** y el subjuntivo.

**Modelo:** Un joven en el cine. *Ojalá que los billetes no cuesten mucho.*

1. Un alumno en la biblioteca _____

2. Dos compañeros en la cafetería _____

3. Los jugadores en el estadio _____

4. Una familia en el jardín zoológico _____

5. Un jefe en la oficina _____

**3** ¿Qué esperanzas tienes para este verano? Escribe cinco oraciones con **Ojalá que** y el subjuntivo.

1. _____

2. _____

3. _____

4. _____

5. _____

# Gramática A  *Irregular Subjunctive with* **Ojalá**

> **¡AVANZA!**　　**Goal:**　Use the subjunctive with **Ojalá que** to express hopes.

**1** Para expresar sus deseos disimuladamente, Sonia dejó la nota siguiente sobre la mesa de su casa. Subraya los verbos que utilizó en el subjuntivo.

Ojalá que mis padres me den una fiesta para mi cumpleaños y ojalá que todos mis amigos vengan a la fiesta. Ojalá que yo reciba muchos regalos y que mi hermano toque sus discos compactos porque a mis amigos les gusta bailar. Ojalá que mamá sepa preparar lasaña porque me gustaría mucho comer mi comida favorita ese día.

**2** Escribe la forma del subjuntivo del verbo entre paréntesis para indicar los deseos de la familia Juárez para el viaje que van a hacer.

**Modelo:**　Ojalá que nosotros __*comamos*__ (comer) unos buenos tacos.

1. Ojalá que _____ (hacer) un viaje a Los Ángeles.

2. Ojalá que nosotros _____ (viajar) en avión.

3. Ojalá que los boletos no _____ (ser) muy caros.

4. Ojalá que papá no _____ (tener) que hacer cola en el aeropuerto.

5. Ojalá que nuestros amigos _____ (estar) esperando en el aeropuerto.

**3** Expresa con el subjuntivo las esperanzas del agente que organizo el viaje a México.

**Modelo:**　Uds / sacar / muchas fotos　　*Ojalá que ustedes saquen muchas fotos.*

1. el hotel / tener / piscina

_____

2. ustedes / hacer / una excursión a las pirámides

_____

3. tú / ir / a pescar

_____

4. todos / montar / a caballo

_____

5. Tú y Tomás / saber / bucear

_____

UNIDAD 6 Lección 2　Gramática A

**276**

Unidad 6, Lección 2
Gramática A

**¡Avancemos! 2**
Cuaderno para hispanohablantes

# Gramática B  *Irregular Subjunctive with Ojalá*

---

**¡AVANZA!**   **Goal:**   Use the subjunctive with **Ojalá que** to express hopes.

---

**①** Ivonne expresa sus deseos sobre las vacaciones de verano que planea su papá. Selecciona el verbo correcto para completar las oraciones.

**1.** Ojalá que mi papá (es / sea) bueno y nos lleve a Cancún.

**2.** Ojalá que mi tío Humberto (pueda / puede) tomar la semana libre para venir con nosotros.

**3.** Ojalá que papá nos (dé / da) dinero para comprar recuerdos.

**4.** Ojalá que mis hermanos y yo (nadamos / nademos) con los delfines.

**5.** Ojalá que nos (hospedemos / hospedamos) en un gran hotel.

**②** Expresa las esperanzas sobre el campeonato de fútbol.

**1.** Ojalá que mucha gente _____ (ir) al partido.

**2.** Ojalá que nuestro equipo _____ (ganar).

**3.** Ojalá que nosotros _____ (llegar) a tiempo al estadio.

**4.** Ojalá que los jugadores _____ (correr) rápido.

**5.** Ojalá que nuestro equipo _____ (meter) muchos goles.

**6.** Ojalá que el partido no _____ (ser) largo.

**7.** Ojalá que tú _____ (estar) en el estadio.

**③** Tu escuela recibió un donativo de cien mil dólares. ¿Qué esperanzas tienes para su uso? Usa los verbos en la caja para escribir cinco oraciones con **ojalá que**.

| dar | estar | haber | ir | saber | ser |
|-----|-------|-------|-----|-------|-----|

**Modelo:**   *Ojalá que los maestros **estén** contentos con el donativo.*

**1.** _____

**2.** _____

**3.** _____

**4.** _____

**5.** _____

# Gramática C  *Irregular Subjunctive with Ojalá*

> **¡AVANZA!**  **Goal:**  Use the subjunctive with **Ojalá que** to express hopes.

**1** Escribe las esperanzas que los padres tienen de sus hijos que no hicieron nada ayer. Usa la forma del subjuntivo del verbo indicado y los pronombres en la oración.

**Modelo:**  Ayer Paco no **hizo** la cama.

Mamá dice: Ojalá que  _él la haga_  hoy.

**1.** Ayer Pablo no **cortó** el césped.

Mamá dice: Ojalá que _____ hoy.

**2.** Ayer Catalina y Pedro no **estuvieron** atentos en la escuela.

Papá dice: Ojalá que _____ atentos hoy.

**3.** Ayer Felipe no **fue** responsable.

Papá dice: Ojalá que _____ hoy.

**4.** Ayer Alicia no **fue** al partido de fútbol.

Mamá dice: Ojalá que _____ hoy.

**2** Escribe por cada pregunta lo que esperas que pase. Usa **Ojalá que** y el subjuntivo.

**Modelo:**  ¿Van a ir al cine tú y tus amigos?  _Ojalá que vayamos al cine._

**1.** ¿Quieres ver una comedia?

_____

**2.** ¿Prefiere tu amigo ver una película de horror?

_____

**3.** ¿Te van a dar tus padres dinero para pagar los boletos?

_____

**4.** ¿Vais a llegar tarde al cine?

_____

**3** ¿Qué deseos o esperanzas tienes para tu futuro? Escribe por lo menos cuatro oraciones con **Ojalá que** y el subjuntivo.

**1.** _____

**2.** _____

**3.** _____

**4.** _____

UNIDAD 6 Lección 2

Gramática C

**278**  Unidad 6, Lección 2
Gramática C

**¡Avancemos! 2**
Cuaderno para hispanohablantes

# Gramática adicional

¡AVANZA! **Goal:** Practice appropriate punctuation.

El uso correcto de los signos de puntuación permite evitar interpretaciones diferentes a la hora de comprender un texto escrito.

Aquí se presentan algunos usos de los siguientes signos de puntuación:

| Dos puntos (:) | En el encabezamiento de mensajes. *Querido papá:* | En el saludo o al comienzo de un discurso. *Señoras y señores:* | Después de la palabra *por ejemplo:* | Para citar las palabras de otros. *El escritor dijo:* |
|---|---|---|---|---|
| Punto y coma (;) | Entre oraciones que se relacionan: *Luisa estudia ciencias; su hermano la espera para salir al cine.* | | Para evitar confusiones con el uso de la coma: *Primero, marque el número de teléfono; después, introduzca su número de cuenta.* | |
| Signos de interrogación (¿?) | Al principio y al final de la oración: *¿Cómo dices?* | **Signos de admiración** (¡!) | Al principio y al final de una expresión de sentimiento: *¡Auxilio! ¡Ay!* | |

**1** Lee las siguientes oraciones y corrige los signos que no son apropiados.

1. Este mecánico arregla bien los carros te aconsejo que le des una propina.

   _____

2. Cuántas veces tengo que repetir el examen?

   _____

3. Ella me dijo, no me llames tan tarde porque los despiertas a todos.

   _____

4. No es posible!

   _____

**2** Lee con atención el siguiente párrafo y escribe la puntuación adecuada en los espacios.

Una tarde fuimos a casa de mi tío Benito. Cuando nos vio gritó con alegría **1.** _____
**2.** _____ Bienvenidos **3.** _____ Detrás de él venía su querido perrito Timo. **4.** _____ Qué
perro tan lindo **5.** _____ Mi tío Benito es un hombre muy generoso **6.** _____ su esposa
también. Mi tío fue piloto y siempre nos da consejos a mi hermana y a mí. Por ejemplo **7.** _____
—Deben destacarse por ser personas comprensivas, pacientes y sinceras. También nos hacen
preguntas como **8.** _____ — **9.** _____ Se comportan bien en todas partes **10.** _____ o
**11.** _____ siempre hacen sus tareas **12.** _____

# Integración: Hablar

> **¡AVANZA!** **Goal:** Respond to written and oral passages about hopes and wishes.

Lee con atención la siguiente invitación electrónica.

Fuente 1 Leer

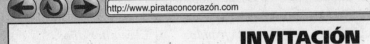

## INVITACIÓN

Estás invitado al estreno de «**Pirata con corazón**». Te invita **Adelaida O'Hare**.
Estimados colegas amantes del cine, espero que puedan asistir al estreno.

| | |
|---|---|
| **Anfitrión:** | Adelaida O'Hare |
| **Lugar:** | Cineplex Pacífico<br>23345 Pacific Highway<br>Los Ángeles, CA |
| **Fecha:** | Abril 20, 7:30 PM |

Adelaida y el equipo de producción tendrán una charla con el público antes de presentar la película. La asistencia es limitada. Por favor haz clic aquí para saber si contamos con tu presencia. Ojalá que puedas venir.

Escucha el mensaje que una actriz de cine le dejó a su agente. Puedes tomar notas mientras escuchas. Luego completa la actividad.

Fuente 2 Escuchar

### HL CD 2, tracks 13–14

¿A dónde debe ir Helen? ¿Cuándo debe ir? ¿Cómo crees que debe ir vestida?

**UNIDAD 6 Lección 2**

Integración: Hablar

**280**

Unidad 6, Lección 2
Integración: Hablar

**¡Avancemos! 2**
Cuaderno para hispanohablantes

# Integración: Escribir

> **¡AVANZA!**  **Goal:** Respond to written and oral passages about hopes and wishes.

Lee el siguiente cartel que promueve un documental estudiantil.

Fuente 1 Leer

### Sueños Universitarios

Explora los deseos de tres amigos con planes para asistir a la Universidad de California. ¿Cuáles son sus esperanzas? ¿Cuáles son sus obstáculos? **Función de estreno:** Hoy después de clases. Auditorio audiovisual de la cafetería. Refrescos y palomitas gratis. ¡Ojalá que vengas!

Escucha el mensaje que Octavio dejó en el teléfono celular de su prima Catalina. Puedes tomar notas mientras escuchas. Luego completa la actividad.

Fuente 2 Escuchar

### HL CD 2, tracks 15–16

En una hoja aparte, imagina que eres Catalina y escribe en un párrafo una respuesta para tu primo Octavio: ¿Estás de acuerdo con él? ¿Crees que deben asistir a la presentación del documental?

_____

_____

_____

_____

_____

# Lectura A

> **¡AVANZA!**   **Goal:** Read about extending invitations.

**1** Lee la carta que Beatriz le mandó a su amiga Rosa. Luego responde a las preguntas de comprensión y compara su experiencia con la tuya.

Querida Rosa:

El viernes es el estreno de nuestra película. Pedro y yo te invitamos a ti y a David al estreno. Después daremos una fiesta en la *Sala Abril*. El sábado va a haber una cena de gala en el hotel *Riomar*. Ojalá que puedan venir y compartir estos momentos tan especiales con nosotros. Como es una fiesta de gala hay que usar ropa formal y elegante. Dile a David que se ponga corbata. Rosa, todavía no he invitado a Isabel y a Rogelio. Perdí mi agenda y no recuerdo ni el teléfono ni la dirección electrónica de ninguno. ¿Sabes cómo puedo ponerme en contacto con ellos?

Estoy muy nerviosa con todos los preparativos. Espero que la película tenga mucho éxito porque todo el equipo trabajó muchísimo. Pedro y yo empezamos a escribir el guión hace más de un año y estamos muy emocionados. Espero noticias tuyas.

Un beso,

Beatriz

**2** **¿Comprendiste?** Responde a las siguientes preguntas con oraciones completas.

**1.** ¿Cuál es la invitación de Beatriz y para quiénes es esa invitación?

_____

**2.** ¿Cómo deben vestirse los invitados que van a la cena? ¿Por qué?

_____

**3.** ¿Por qué Beatriz no puede invitar a Isabel y a Rogelio? ¿Cómo trata de solucionarlo?

_____

_____

**4.** ¿Por qué Rosa desea tanto que la película tenga éxito?

_____

**3** **¿Qué piensas?** ¿Alguna vez participaste en la organización de una fiesta o evento? Explica las razones por las que se organizó esa fiesta. ¿Quiénes te ayudaron? ¿Te pusiste nervioso(a) con la organización? Responde con oraciones completas.

_____

_____

_____

_____

# Lectura B

> **¡AVANZA!**  **Goal:** Read about extending invitations.

**1** Francisco llama a Oscar para darle una buena noticia. Lee la conversación entre ellos. Luego responde a las preguntas de comprensión y compara su experiencia con la tuya.

**FRANCISCO:** ¿Aló? Buenos días. ¿Puedo hablar con Oscar?

**OSCAR:** ¡Claro que sí? Soy yo.

**FRANCISCO:** Disculpa, estoy tan nervioso. ¿Sabes que nuestra película es una de las finalistas del concurso?

**OSCAR:** ¡Claro que sí! Aurora acaba de decírmelo. Eso quiere decir que tenemos que ir todos a la gala del viernes por la noche. Ponte corbata, tenemos que estar elegantes para recoger el premio.

**FRANCISCO:** ¡Ojalá que sea cierto! Pero todavía no se sabe qué película va a ganar.

**OSCAR:** No se va a saber hasta el viernes. Pero el viernes vas a oír: «El premio para la mejor película es para «Una tarde de invierno». Estoy convencido.

**FRANCISCO:** Ojalá que todo pase así pero creo que tienes demasiada imaginación.

**OSCAR:** ¿Imaginación? ¡Te digo la verdad! ¡Vamos a ganar!

**FRANCISCO:** Me encantaría, pero aún no sabemos nada y hay otras películas también muy buenas. Yo prefiero no pensar en eso. Si no ganamos vas a estar muy triste.

**OSCAR:** ¡Vamos a ganar! ¡Te lo aseguro!

**2** **¿Comprendiste?** Responde a las siguientes preguntas con oraciones completas:

**1.** ¿Cuál es la buena noticia que Francisco le da a Oscar?

_____

**2.** ¿Qué opinión tiene Oscar y Francisco de la película?

_____

**3.** ¿Qué tienen que hacer los chicos el viernes? ¿Qué noticia nueva van a conocer allí?

_____

**3** **¿Qué piensas?** ¿Has participado en un concurso? ¿En qué tipo de concurso? ¿Qué fue lo que sucedió? Si no has participado, ¿te gustaría hacerlo? ¿En qué tipo de concurso te gustaría participar? ¿Cómo te sientes antes de saber si ganaste o no? ¿Te gusta ser positivo y pensar que ganaste? ¿Por qué?

_____

_____

_____

_____

# Lectura C

¡AVANZA!  **Goal:**  Read about extending invitations.

**1** Julia quiere ser periodista, pero cada vez que tiene que hacer una entrevista se pone muy nerviosa. Su amiga Ester cree que Julia debe perder el miedo. Lee la conversación entre Julia y Ester. Luego responde a las preguntas de comprensión y da tu opinión sobre la situación de Julia.

---

### Una entrevista importante

**JULIA:** Mañana voy a entrevistar a la famosa actriz Dolores Blanco. Estoy nerviosa porque es mi primera entrevista importante. No puedo fracasar por ser tan nerviosa.

**ESTER:** Tienes que estar tranquila. Dolores es muy simpática y muy buena actriz. Deseo que reciba el premio en la gala de esta noche.

**JULIA:** Ojalá que sea tan simpática como dices. La gala empieza a las seis y media y la entrevista es justo antes de la gala, a las cinco. Espero que Dolores no llegue tarde y que podamos empezar pronto para tener tiempo de hacer todas las preguntas.

**ESTER:** ¿Van a filmar la entrevista para el programa de noticias culturales?

**JULIA:** No creo. No quiero que lo filmen porque las cámaras me ponen nerviosa.

**ESTER:** ¡Qué lástima! Sería bueno que todos pudiéramos verte entrevistando a Dolores Blanco.

**JULIA:** ¿Qué dices? No me gusta salir en la televisión.

**ESTER:** Pero van a haber cámaras por todas partes. Y Guillermo va a tomar fotos.

**JULIA:** ¡Ay, qué nervios!

**ESTER:** Pero ¿por qué estás tan nerviosa? Piensa que la entrevista va a ser un éxito y que todo el mundo te va a felicitar.

**JULIA:** Llevo varios días trabajando en las preguntas que voy a hacerle a Dolores. Voy a escribir todo para que no se me olvide nada importante.

**ESTER:** Te aseguro que vas a hacer un buen trabajo.

**JULIA:** Gracias por tus consejos, amiga.

**ESTER:** Debes tener más confianza en ti misma y empezar a pensar de forma positiva. Olvídate de lo que pueda salir mal y piensa que eres una buena periodista. ¡Es la verdad!

---

**❷ ¿Comprendiste?** Responde a las siguientes preguntas.

**1.** ¿Por qué está nerviosa Julia?

_____
_____

**2.** ¿Qué argumentos usa Ester para tranquilizar a Julia?

_____
_____

**3.** ¿Crees que Julia es una persona seria en su trabajo? ¿Por qué?

_____
_____

**4.** ¿Cómo crees que es Julia en el aspecto personal (seria, atrevida)? ¿En qué te basas para pensar que es así?

_____
_____
_____

**❸ ¿Qué piensas?** Ester le dice a Julia que tiene que pensar de forma positiva. Para ti, ¿qué es pensar en forma positiva? ¿Crees que la actitud de una persona influye en su éxito o su fracaso profesional? Explica tus respuestas con oraciones completas.

_____
_____
_____
_____
_____
_____
_____
_____
_____
_____
_____
_____

# Escritura A

¡AVANZA!     **Goal:**   Express hopes and wishes.

El departamento de español de tu escuela ganó un concurso de cine juvenil. El departamento va a dar una fiesta de gala para celebrar el éxito. A la gala va a asistir una estrella del cine hispano que les va a hablar a los estudiantes sobre cine. Tu responsabilidad es escribir y diseñar la invitación a la gala.

**1** Haz una lista de los puntos que van a ir dentro de la invitación.

**a.** Motivo de la gala _____

**b.** Fecha _____

**c.** Lugar _____

**d.** Invitados especiales _____

**e.** Personas que están invitadas _____

**f.** Programa del evento _____

**2** Crea la invitación con la información de la lista. Usa expresiones para influenciar a los demás y animarlos a asistir a la gala. Asegúrate de que (1) la información de la invitación es completa y clara, (2) la invitación es atractiva y (3) el lenguaje y la ortografía son correctos.

<br>
<br>
<br>
<br>
<br>
<br>

**3** Evalúa tu invitación con la información de la siguiente tabla.

|  | **Crédito máximo** | **Crédito parcial** | **Crédito mínimo** |
|---|---|---|---|
| Contenido | La información es completa, clara y atractiva. El diseño también es atractivo. | La información es completa pero poco clara o atractiva. El diseño no es atractivo. | La información es incompleta y no es clara ni atractiva. El diseño no es atractivo. |
| Uso correcto del lenguaje | Hay muy pocos errores o ninguno en el uso del lenguaje y la ortografía. | Hay muchos errores en el uso del lenguaje y la ortografía. | Hay un gran número de errores en el uso del lenguaje y la ortografía. |

# Escritura B

| ¡AVANZA! | **Goal:** Express hopes and wishes. |
|---|---|

El profesor de la clase de español ha propuesto un debate acerca de dos tipos de películas: ¿Son mejores las películas románticas o las de terror?

**1** Anota qué tipo de película prefieres y los argumentos que vas a usar para convencer a tu profesor y a tus compañeros.

| Tipo de película que te gusta: | |
|---|---|
| **a.** Argumentos para explicar por qué son buenas las películas que te gustan. | **b.** Argumentos para explicar por qué no son buenas las películas que no te gustan. |
| | |
| | |
| | |

**2** Escribe un mensaje con la información anterior. Incluye exclamaciones para hacer tu mensaje más animado. Asegúrate de que (1) tu mensaje es claro y tus argumentos son convincentes, (2) usas exclamaciones para influenciar al auditorio y (3) los modos y verbos son correctos.

_____
_____
_____
_____
_____

**3** Evalúa tu mensaje con la información de la siguiente tabla.

| | **Crédito máximo** | **Crédito parcial** | **Crédito mínimo** |
|---|---|---|---|
| Contenido | El mensaje es claro y los argumentos son convincentes. | Algunas partes del mensaje no son claras; algunos argumentos no son convincentes. | El mensaje no es claro; los argumentos no son convincentes. |
| Uso correcto del lenguaje | Tuviste muy pocos errores o ninguno en el uso de los verbos. El uso de las exclamaciones es adecuado. | Tuviste muchos errores en el uso de los verbos. El uso de las exclamaciones es poco adecuado. | Tuviste un gran número de errores en el uso de los verbos. No incluyes exclamaciones o las que incluyes son inadecuadas. |

# Escritura C

| ¡AVANZA! | **Goal:** Express hopes and wishes. |
|---|---|

Tu hermano mayor se va a graduar de una escuela de cine y el director le solicitó que escriba el discurso de graduación porque él y su grupo de amigos ganaron un premio por un documental. Él sabe que tú eres muy bueno(a) para escribir y te pide que lo ayudes.

**1** Haz un esquema de los puntos más importantes que vas a incluir en su discurso.

    **a.** Quién o quiénes le pidieron que escribiera el discurso _____

    **b.** Algunos recuerdos del último año _____

    _____

    • Personas a las que quiere dar las gracias y motivo por el cual le da las gracias: Profesores

    _____

    • Compañeros (as) (incluye detalles sobre dos compañeros que participaron en la película: nombres, tarea que desempeñaron y qué aportaron a la película)

    _____

    **c.** Expresa las esperanzas para el futuro de cada compañero que mencionó en el punto anterior y para él mismo. _____

    _____

**2** Escribe el discurso basándote en el esquema anterior. Asegúrate de que (1) incluyes todos los puntos del esquema, (2) tu mensaje es claro y fácil de entender y (3) los verbos son correctos.

_____

_____

_____

_____

**3** Evalúa el discurso con la información de la siguiente tabla.

| | **Crédito máximo** | **Crédito parcial** | **Crédito mínimo** |
|---|---|---|---|
| Contenido | Incluiste todos los puntos del esquema; el mensaje es claro y fácil de entender. | En el discurso falta uno de los puntos del esquema; el mensaje es poco claro y no resulta fácil de entender. | En el discurso faltan dos o más de los puntos del esquema; el mensaje no es claro ni fácil de entender. |
| Uso correcto del lenguaje | Tuviste muy pocos errores o ninguno en el uso de los verbos. | Tuviste varios errores en el uso de los verbos. | Tuviste un gran número de errores en el uso de los verbos. |

UNIDAD 6 Lección 2

Escritura C

# Cultura A

> ¡AVANZA!  **Goal:** Know and understand Hispanic life, people, and culture in the United States.

**1** Para ver cuánto sabes del cine hispano, relaciona el nombre de cada actor o actriz con un elemento de la segunda columna.

1. _____ Alexis Bledel
2. _____ Dolores del Río
3. _____ Mario Moreno
4. _____ Rita Moreno
5. _____ Wilmer Valderrama

a. Cantinflas
b. Gilmore Girls
c. «Época de Oro» del cine mexicano
d. That 70's Show
e. West Side Story

**2** Tu amigo(a) tiene que escribir un informe sobre cine y arte hispano y te pide que le ayudes a responder estas preguntas. Escribe oraciones completas.

1. ¿Qué le sirve de inspiración a Patssi Valdez en sus trabajos artísticos?

_____

2. ¿Qué importante premio cinematográfico recibió Rita Moreno en 1961?

_____

3. ¿Durante qué años se desarrolló la «Época de Oro» del cine mexicano?

_____

4. ¿Qué organización otorga el Óscar y el Ariel?

_____

_____

5. ¿Quién le puso el nombre de Óscar a la estatuilla?

_____

_____

**3** ¿Cuál es la actriz o el actor hispano que más admiras? Escribe un resumen de su biografía y los momentos más importantes de su carrera.

_____

_____

_____

_____

_____

_____

_____

# Cultura B

| ¡AVANZA! | **Goal:** | Know and understand Hispanic life, people, and culture in the United States. |
|---|---|---|

**1** Elige la opción correcta para completar cada oración.

**1.** Patssi Valdez trabajó en...

   **a.** arte interpretativo, fotografía, diseño y pintura.

   **b.** arte interpretativo, pintura, fotografía y escultura.

   **c.** arte interpretativo, pintura, música y diseño.

**2.** Rita Moreno recibió el Óscar a la mejor actriz secundaria en el año...

   **a.** 1950.       **b.** 1961.       **c.** 1970.

**3.** La Academia Mexicana de Artes y Ciencias Cinematográficas se creó en...

   **a.** 1929.       **b.** 1940.       **c.** 1946.

**4.** Las cinco profesiones originales de la Academia de Hollywood son...

   **a.** actores, músicos, directores, productores y técnicos.

   **b.** actores, guionistas, directores, presentadores y técnicos.

   **c.** actores, guionistas, directores, productores y técnicos.

**2** Responde a las siguientes preguntas con oraciones completas.

**1.** Escribe dos cosas que tengan en común José Ferrer y Rita Moreno.

_____

_____

**2.** ¿Quiénes fueron algunos de los actores más importantes de la «Época de Oro» del cine mexicano?

_____

**3.** ¿Cómo es el Óscar?

_____

_____

**3** ¿Crees que diferentes medios artísticos pueden complementarse? ¿Cómo?

_____

_____

_____

UNIDAD 6 Lección 2

Unidad 6, Lección 2
Cultura B

**290**

¡Avancemos! 2
Cuaderno para hispanohablantes

# Cultura C

| ¡AVANZA! | **Goal:** | Know and understand Hispanic life, people, and culture in the United States. |
|---|---|---|

**1** Responde de forma breve a las siguientes preguntas sobre cine y arte hispano.

**1.** ¿Dónde nació el actor Wilmer Valderrama?

_____

**2.** ¿Cuál es la nacionalidad de los padres de Alexis Bledel?

_____

**3.** ¿Cómo comenzó Patssi Valdez su carrera artística?

_____

**4.** ¿Con qué película consiguió José Ferrer el Óscar al Mejor Actor?

_____

**2** Responde a las siguientes preguntas sobre algunos premios de las Academias y organizaciones artísticas. Escribe oraciones completas.

**1.** ¿Cómo se relaciona Patssi Valdez con la quinta edición de los Premios Grammy Latino?

_____

_____

**2.** ¿Qué simbolizan los cinco radios del carrete de película que hay en el Óscar?

_____

_____

**3.** ¿Qué representa la estatuilla del Ariel?

_____

_____

**4.** ¿Qué caracterizó la «Época de Oro» del cine mexicano?

_____

_____

**3** ¿Qué otros premios se conceden a creaciones artísticas en Estados Unidos o en otros países? ¿Qué es lo que te parece más interesante de este tipo de premios?

_____

_____

_____

_____

_____

# Comparación cultural: Aficionados al cine y a la televisión

## Lectura y escritura

Después de leer los párrafos sobre las descripciones de Alex, Mariano y Estela de las películas y los programas de televisión, escribe un párrafo sobre lo que te gusta de las películas de la televisión y qué harías si trabajaras en estos campos. Usa la información de la tabla para escribir un párrafo que describe tus preferencias.

### Paso 1

Completa la tabla con los detalles sobre lo que te gusta de las películas y la televisión y qué te gustaría hacer si trabajaras en estos campos.

| Me gusta(n)... | Como trabajo, me gustaría... |
|---|---|
| | |
| | |
| | |
| | |
| | |

### Paso 2

Ahora usa los detalles de la tabla para escribir una oración para cada uno de los temas.

_____

_____

_____

_____

UNIDAD 6

Comparación cultural

**292**

Unidad 6
Comparación cultural

**¡Avancemos! 2**
Cuaderno para hispanohablantes

# Comparación cultural: Aficionados al cine y a la televisión

## Lectura y escritura
*(continuación)*

### Paso 3

Ahora escribe tu párrafo usando las oraciones que escribiste como guía. Incluye una oración de introducción y utiliza palabras como **guionista**, **director(a)**, **camarógrafo(a)**, **editor(a)** y **actor / actriz** para describir lo que te gusta de las películas y la televisión y otros intereses profesionales.

_____

_____

_____

_____

_____

_____

_____

### Lista de verificación

Asegúrate de que...

- [ ] incluyes todos los detalles de la tabla en el párrafo;

- [ ] usas los detalles para describir los aspectos sobre lo que te gusta o te gustaría hacer;

- [ ] utilizas las palabras relacionadas a las carreras en los medios de comunicación y otros nuevas palabras de vocabulario.

### Tabla

Evalúa tu trabajo con la siguiente tabla.

| Criterio de escritura | Excelente | Bueno | Necesita mejorar |
|---|---|---|---|
| **Contenido** | Tu párrafo incluye todos los detalles sobre lo que te gusta sobre las películas y la televisión y las carreras. | Tu párrafo incluye algunos de los detalles de lo que te gusta sobre las películas y la televisión y las carreras. | Tu párrafo incluye muy poca información de lo que te gusta sobre las películas y la televisión y las carreras. |
| **Comunicación** | La mayor parte de tu párrafo está organizada y es fácil de entender. | Partes de tu párrafo están organizadas y fáciles de entender. | Tu párrafo está desorganizado y es difícil de entender. |
| **Precisión** | Tu párrafo tiene pocos errores de gramática y de vocabulario. | Tu párrafo tiene algunos errores de gramática y de vocabulario. | Tu párrafo tiene muchos errores de gramática y de vocabulario. |

**¡Avancemos! 2**
Cuaderno para hispanohablantes

UNIDAD 6
Comparación cultural

Unidad 6
Comparación cultural **293**

# Comparación cultural: Aficionados al cine y a la televisión

## Compara con tu mundo

Ahora escribe un párrafo comparando lo que te gusta de las películas y la televisión con una de las descripciones de los alumnos de la página 357. Organiza tu comparación por temas. Primero compara lo que te gusta de las películas y la televisión, después lo que te gustaría hacer y si trabajaras en estos campos.

### Paso 1

Usa la tabla para organizar la comparación por temas. Escribe los detalles de cada uno de los temas sobre tus intereses en las películas y la televisión y los del (de la) estudiante que escogiste.

| | Mis intereses | Los intereses de _____ |
|---|---|---|
| **el cine y la televisión** | | |
| **trabajar en el cine o televisión** | | |

### Paso 2

Ahora usa los detalles de la tabla para escribir la comparación. Incluye una oración de introducción y escribe sobre cada tema. Utiliza palabras como **guionista**, **director(a)**, **camarógrafo(a)**, **editor(a)** y **actor / actriz** para describir lo que te gusta y lo que harías de las películas y la televisión y los intereses del (de la) estudiante que escogiste.

_____
_____
_____
_____
_____
_____
_____
_____

Unidad 6
Comparación cultural
**294**
¡**Avancemos! 2**
Cuaderno para hispanohablantes

UNIDAD 6
Comparación cultural

# Vocabulario A  *Nuestro periódico escolar*

> **¡AVANZA!**  **Goal:** Discuss opinions, ideas, and school newspapers.

**1** Indica si las oraciones sobre el periódico escolar son verdaderas (V) o falsas (F).

**1.** _____ El (La) periodista es la persona que toma fotos.

**2.** _____ El (La) escritor(a) es la persona que pone las ideas en forma final.

**3.** _____ El (La) fotógrafo(a) es la persona que publica anuncios.

**4.** _____ La editora es la persona que corrige los errores en los artículos.

**5.** _____ El (La) fotógrafo(a) tiene interés en el aspecto visual.

**6.** _____ El periódico se publica para la comunidad política.

**2** Escribes artículos para el periódico escolar. Escoge la palabra correcta para describir el proceso.

**1.** Primero tengo que pensar en una (amistad / idea) interesante.

**2.** Es importante encontrar una (cuestión / opinión) de interés para los jóvenes.

**3.** No quiero expresar sólo mis (presiones / opiniones) sobre el tema.

**4.** Para hacer un buen artículo, es necesario presentar diferentes (errores / puntos de vista).

**5.** Quiero saber la opinión de los estudiantes. Por eso, voy a (entrevistar a / estar de acuerdo con) muchos estudiantes.

**6.** Por último voy a escribir mi (titular / artículo) para el periódico escolar.

**3** Describe palabras relacionadas con el periódico escolar. Escribe oraciones completas con cada palabra.

**1.** El (La) editor(a): _____

**2.** El anuncio: _____

**3.** El (La) escritor(a): _____

**4.** La noticia: _____

**5.** El (La) periodista: _____

**6.** El (La) fotógrafo(a): _____

# Vocabulario B  *Nuestro periódico escolar*

> **¡AVANZA!**  **Goal:** Discuss opinions, ideas, and school newspapers.

**1** Jaime escribe su primer artículo para el periódico y le pide consejos a Laura. Escoge la palabra correcta para completar las oraciones del diálogo.

| | | | | |
|---|---|---|---|---|
| sino también | ideas | explicas | amistad | la cuestión | entrevista |
| puntos de vista | la presión | opiniones | de acuerdo | no soló |

**Jaime:** Laura, ¿me **1.** _____ cómo escribir mi artículo?

**Laura:** Claro. ¿Cuál es el tema o **2.** _____ que presentas?

**Jaime:** Quiero escribir sobre **3.** _____ de grupo en nuestra escuela.

**Laura:** ¿Ya hiciste una lista de tus **4.** _____ principales?

**Jaime:** Sí, pero son mis **5.** _____ personales, lo que creo yo.

**Laura:** Es bueno tener una variedad de **6.** _____ para atraer a los lectores.

**Jaime:** Voy a hacer una **7.** _____ a los alumnos para tener más opiniones.

**Laura:** ¡Excelente! **8.** _____ serán tus opiniones **9.** _____ las de otros alumnos.

**Jaime:** Estoy **10.** _____. Gracias por tu ayuda y por tu **11.** _____.

**2** Mira los siguientes dibujos. Escribe oraciones completas para describir lo que hacen las personas que trabajan para el periódico escolar.

**1.**　　　　　　**2.**　　　　　　**3.**　　　　　　**4.**

1. _____

2. _____

3. _____

4. _____

# Vocabulario C  *Nuestro periódico escolar*

| ¡AVANZA! | **Goal:** Discuss opinions, ideas, and school newspapers. |
|---|---|

**1** Hay una nueva persona en el periódico escolar. Dale algunos consejos sobre aspectos del trabajo con cuatro oraciones completas.

| Es necesario... | Es preferible... | Es bueno... | Es malo... |
|---|---|---|---|

1. _____
2. _____
3. _____
4. _____

**2** Estás interesado(a) en ser periodista en el futuro. Le haces una entrevista a uno(a) de tus periodistas favoritos(as) para conocer aspectos importantes de esta carrera. Escribe las preguntas que le haces y las respuestas que él/ella te da.

**Tú:** _____

**Periodista:** _____

**Tú:** _____

**Periodista:** _____

**Tú:** _____

**Periodista:** _____

**Tú:** _____

**Periodista:** _____

**Tú:** _____

**Periodista:** _____

**3** Escribe un párrafo de cinco oraciones sobre el tema «la presión de grupo». Comenta en fue tanto los aspectos positivos como en los negativos. Luego da tu punto de vista sobre la cuestión.

_____
_____
_____
_____
_____

# Vocabulario adicional

¡AVANZA!  **Goal:**  Expand your vocabulary with additional impersonal expressions of necessity.

## Más expresiones de necesidad

Hay otras frases impersonales que expresan necesidad. Algunas frases a veces exigen el subjuntivo y otras no, pero todas te van a ser útiles. Lo más importante es que cada expresión marca un intento de influir.

| | |
|---|---|
| **Es esencial...** | *It's essential . . .* |
| **Es imperativo...** | *It's imperative . . .* |
| **Es imprescindible...** | *It's indispensable . . .* |
| **Es mejor...** | *It's better . . .* |
| **Es preciso...** | *It's necessary . . .* |
| **Es vital...** | *It's vital . . .* |
| **Hay que...** | *It's necessary . . .* |
| **Se debe...** | *One must . . .* |
| **Se necesita...** | *One needs . . .* |
| **Se requiere...** | *One requires . . .* |
| **Se tiene que...** | *One has to . . .* |

**1** Escoge la expresión correcta de la lista para completar las oraciones generales. En algunos casos puedes escoger entre dos expresiones o más.

1. _____ estudiar para el examen porque va a ser dificilísimo.

2. A veces _____ quedarse en casa que salir con los amigos.

3. _____ mucha paciencia para aprender a nadar.

4. ¡_____ ir por tren y no por avión!

5. _____ acostarse temprano cuando uno(a) es atleta.

**2** Escoge cinco expresiones de la lista para escribir cinco oraciones completas sobre lo que es necesario publicar en un periódico escolar.

1. _____

2. _____

3. _____

4. _____

5. _____

# Gramática A  Verbs in subjunctive with impersonal expressions

> **¡AVANZA!**    **Goal:**  Use impersonal expressions to state opinions.

**1** Lee sobre las opiniones de las personas. Empareja las frases del subjuntivo de la columna de la izquierda con las frases de la columna de la derecha para formar oraciones completas.

1. Es importante que tú _____
2. Es necesario que nosotros _____
3. No es malo que ellos _____
4. Es bueno que la fotógrafa _____
5. Es preferible que yo les _____
6. Es bueno que ustedes _____

a. publiquen los anuncios.
b. describa el problema.
c. entrevistes a tus compañeros.
d. sean periodistas.
e. estemos de acuerdo.
f. lleve la cámara en su bolso.

**2** Lee las oraciones sobre el periódico de una escuela. Escoge la forma correcta del verbo entre paréntesis para completar cada oración.

**Modelo:**    Es bueno que Isabel nos (expliques / explique) todos los hechos.

1. No es necesario que todos (esté / estemos) de acuerdo con el director del periódico.
2. Es preferible que tú (entrevisto / entrevistes) a los maestros.
3. En mi opinión, es bueno que (haya / hayamos) fotografías.
4. Es importante que ellos (escriban / escriba) con claridad.
5. Yo prefiero que Rita (investigue / investiguemos) la noticia a fondo.
6. Tú crees que es malo que yo (publiquemos / publique) la entrevista.

**3** Un grupo de estudiantes se reúne para organizar el periódico escolar. Escribe la forma del subjuntivo del verb entre paréntesis para completar cada oración.

**Modelo:**    Es importante que los titulares  *sean*  (ser) cortos.

1. No es necesario que nosotras _____ (entrevistar) a todos los estudiantes.
2. Es preferible que tú _____ (escribir) sobre los problemas de la escuela.
3. Es importante que el artículo _____ (explicar) a los estudiantes la opinión del director.
4. Es bueno que también _____ (publicar) el periódico en español.
5. No es malo que Jorge y Matilde _____ (ir) a entrevistar a la profesora.
6. Es preferible que nosotros no _____ (decir) su nombre.

# Gramática B  *Verbs in subjunctive with impersonal expressions*

**¡AVANZA!**  **Goal:**  Use impersonal expressions to state opinions.

**1** Unos estudiantes se han reunido para hablar de la organización del periódico escolar. Completa el párrafo con la forma del subjuntivo los verbos que están entre paréntesis.

Ante todo es importante que todos los estudiantes **1.** _____ (tener) acceso a nuestro periódico. Para eso es necesario que Pepa **2.** _____ (terminar) el sitio Web de la escuela y podamos así publicar el periódico en línea. También es importante que nosotros **3.** _____ (presentar) artículos de interés general sobre nuestra escuela, nuestra comunidad y nuestras vidas. Por otro lado, es preferible que los periodistas no **4.** _____ (dar) sus opiniones ni sus puntos de vista personales, y es necesario que el editor **5.** _____ (revisar) siempre todos los artículos antes de publicarlos.

**2** Algunos estudiantes hablan sobre el periódico escolar. Escribe oraciones completas en subjuntivo con las palabras que están entre paréntesis.

**Modelo:**  Es bueno (dar, nosotros) las noticias

*Es bueno que nosotros demos las noticias.*

**1.** Es importante (saber, tú) escribir bien

_____

**2.** Es preferible (investigar, ellos) el problema antes de escribir

_____

**3.** Ellos prefieren (tomar, nosotras) las fotografías hoy

_____

**4.** Es mala idea que (opinar, yo) sobre la cuestión

_____

**5.** Es necesario (explicar, él) la situación a los periodistas

_____

**3** Algunos estudiantes se reúnen para hablar de la organización del periódico escolar. Escribe un breve párrafo y haz uso de verbos en subjuntivo con expresiones impersonales.

**Modelo:**  *Ante todo es importante que los estudiantes tengan acceso al periódico.*

_____

_____

_____

_____

_____

# Gramática C   *Verbs in subjunctive with impersonal expressions*

> **¡AVANZA!**   **Goal:**   Use impersonal expressions to state opinions.

**1** Hay cosas importantes que se deben hacer para publicar un artículo en una revista. Escribe oraciones con la información seguin el modelo.

**Modelo:**   Ellos discuten el artículo. (Es importante)

*Es importante que ellos discutan el artículo.*

**1.** Nosotros conocemos bien nuestra comunidad. (Es necesario)

_____

**2.** Irene entrevista a los diferentes grupos de estudiantes. (Es bueno)

_____

**3.** Yo tomo las fotografías para el artículo sobre la alimentación escolar. (Es preferible)

_____

**4.** Larisa y Luisa investigan las noticias a última hora. (Es malo)

_____

**2** Escribe preguntas para las siguientes oraciones afirmativas. Usa las expresiones impersonales.

**Modelo:**   Leen las noticias cada día. (Es bueno)

*¿Es bueno que lean las noticias cada día?*

**1.** Doy mi opinión personal. (Es importante)

_____

**2.** Hacen una nota sobre un estudiante popular. (Es bueno)

_____

**3.** No incluimos muchos anuncios. (Es bueno)

_____

**4.** Sofía hace entrevistas a los maestros. (Es importante)

_____

**3** Deseas explicarles a los nuevos escritores cómo funciona el periódico escolar: número de artículos, fotografías, anuncios, entrevistas, etc. Escribe un párrafo para dar la explicación. Usa expresiones impersonales que indiquen importancia o necesidad.

_____

_____

_____

_____

_____

# Gramática A *Por and para*

> **¡AVANZA!**　　**Goal:** Use of *por* and *para* according to context.

**①** Algunas personas dan opiniones sobre el periódico. Une las frases que usan la preposición **por** con un orden lógico.

**1.** Por la presión del grupo _____

**2.** Por un lado el titular habla sobre la noticia del día _____

**3.** El editor le dijo al fotógrafo: _____

**4.** La entrevista se hizo por la mañana _____

**5.** Publicaron en el periódico _____

**a.** y por la tarde se presentó en las noticias.

**b.** el anuncio para informar sobre los nuevos computadores que compró la escuela.

**c.** el periodista tuvo que dar esa noticia aunque no estuvo de acuerdo.

**d.** y por otro lado presentan la información en forma ordenada.

**e.** toma las mejores fotos para el anuncio.

**②** Une las frases con **por** o **para** y forma oraciones correctas. Utiliza colores diferentes para cada preposición.

**Modelo:**　Tengo que escribir *para* explicar la cuestión.
　　　　　　　　　　　*por* la mañana.

**1.** Yo digo mi opinión _____ el periódico.

_____ medio del periódico.

**2.** Susana va a Bolivia _____ cuestión de trabajo.

_____ investigar la noticia.

**3.** Haz el artículo _____ el lunes.

_____ tu cuenta.

**4.** Queremos salir al cine _____ ver la última película de aventuras.

_____ la noche, después de cenar.

**5.** José me dio poco dinero _____ poner el anuncio en el periódico.

_____ no estar de acuerdo con el anuncio.

**③** Pronto hay una celebración en la escuela. Completa el párrafo con las preposiciones **por** o **para**.

Un grupo de estudiantes va a publicar un periódico **1.** _____ celebrar los veinticinco años de fundación de la escuela. **2.** _____ ser un año de mucho éxito, toda la comunidad escolar está muy emocionada. **3.** _____ hacer el periódico se reunieron estudiantes que quieren tener experiencia como escritores, editores, investigadores, periodistas y fotógrafos. **4.** _____ hacer esto van a tener una sección de entrevistas y opiniones.

UNIDAD 7 Lección 1
Gramática A

Unidad 7, Lección 1
Gramática A

**302**

**¡Avancemos! 2**
Cuaderno para hispanohablantes

# Gramática B *Por and para*

> **¡AVANZA!**  **Goal:** Use of *por* and *para* according to context.

**1** Lee lo que hacen las personas. Dibuja un círculo alrededor de la preposición que completa la oración.

**Modelo:** El mejor regalo (por / para) Silvia es un libro de fotogtafía.

1. Tengo que comprar el regalo (por / para) tu hermana.

2. Si cruzamos (por / para) el parque, llegaremos en cinco minutos.

3. Necesita libros de investigación (por / para) el proyecto de la escuela.

4. Conozco un buen escritor que vive (por / para) el barrio antiguo.

5. ¿Sabes lo que quiere escribir (por / para) su artículo?

**2** Lee el párrafo sobre lo que quieren hacer los estudiantes. Escribe en la línea la expresión que corresponde para completar el párrafo.

| | | |
|---|---|---|
| **para hacer las entrevistas** | **para explicarle** | **por no estar de acuerdo** |
| **para tomar las fotos** | **por el autor** | **para investigar el tema** |

Martín y Susana quieren publicar un artículo sobre un tema interesante. Martín

quiere ir a la biblioteca **1.** _____ de la amistad.

**2.** _____ con ese tema, Susana ya no quiere participar. Sin

embargo Martín se reúne otra vez con Susana **3.** _____ la

cuestión. Susana acepta ayudar sólo **4.** _____ del artículo. Martín

llama por teléfono a su amigo Carlos **5.** _____ a los profesores y

estudiantes. Martín va a la biblioteca y lee un artículo sobre el tema escrito

**6.** _____ Mario Aranda.

**3** Algunas personas hacen preguntas. Responde las preguntas y usa la preposición **para** o **por** según corresponda.

**Modelo:** ¿A dónde van? (República Dominicana)

*Vamos para la República Dominicana.*

1. ¿Por qué trabajas en el periódico? (aprender)

_____

2. ¿Hacia dónde va el autobús? (la escuela)

_____

3. ¿A qué hora vas a publicar el artículo? (la tarde)

_____

# Gramática C *Por and para*

> **¡AVANZA!**    **Goal:**    Use of *por* and *para* according to context.

**1** Marta llama a su amiga Rita. Usa las preposiciones correctas **por** o **para** completa para el diálogo.

**MARTA:** El próximo mes tenemos una invitación _____ ir al lanzamiento del periódico escolar. Lo hicieron los estudiantes de la escuela de Montebello _____ la comunidad escolar. ¿Te gustaría ir conmigo, mamá y papá ?

**RITA:** ¡Claro que sí! ¿A qué hora es y cómo debemos vestirnos?

**MARTA:** Es _____ la noche. Debemos vestirnos con ropa elegante. _____ eso si quieres nos podemos ver _____ ir a comprar ropa o podemos ordenarla _____ Internet.

**RITA:** No sé. Leí un artículo de opinión _____ casualidad. Dice que _____ comprar _____ la web, sólo necesitas hacer click y tener tu tarjeta de crédito.

**MARTA:** Sí, pero _____ hacerlo tenemos que pedir permiso. No es _____ menores de edad.

**RITA:** Yo no estoy de acuerdo con eso. _____ eso voy a escribir un artículo de opinión _____ enviárselo al editor del periódico.

**2** Responde preguntas relacionadas con el periódico. Contesta con **por** o **para** según corresponda.

**1.** Escribe el nombre de tres avisos publicitarios y di a quiénes van dirigidos.

_____    _____
_____    _____
_____    _____

**2.** Menciona dos razones por las cuales se investigan las noticias.

_____
_____

**3** Tienes un minuto para dar un anuncio en televisión. Escríbelo con tres usos de **por** y tres usos de **para**.

_____
_____
_____
_____
_____

# Gramática adicional

¡AVANZA! **Goal:** Use the verbs *trabajar* and *funcionar*.

Se usa **trabajar** para hablar de alguien que está ocupado en alguna actividad física o intelectual. Ejemplo: Alberto está trabajando en el jardín.

También se usa **trabajar** cuando se habla de alguien que tiene una ocupación, profesión u oficio. Ejemplo: María trabaja en la joyería.

Se usa **funcionar** para hablar de una máquina que realiza las funciones que le son propias. Ejemplo: La lavadora no funciona porque se desconectó.

También se usa **funcionar** para hablar de algo que va, marcha o resulta bien. Ejemplo: El negocio funciona como ella quiere.

**1** Completa las siguientes oraciones con **funcionar** o **trabajar** según corresponda.

1. La televisión nueva _____ estupendamente.

2. Marisol _____ en una cadena de televisión.

3. ¿Sabes cómo _____ el tocadiscos?

4. El padre de Sonia _____ por las noches.

5. Sergio no quiere _____ en la tienda de animales.

6. El periódico escolar _____ mejor desde que llegó Cristina.

7. Jorge y Roberto _____ en la pizzería del barrio.

**2** Escribe cinco oraciones completas con **funcionar** o **trabajar**. Usa los sujetos y predicados del cuadro.

| sujetos | predicados |
|---|---|
| la lavadora, mis computadoras, mi cámara digital, nosotros, mi madre, la cafetera, yo, Laura, tu coche | muy bien, en la pastelería, lentamente, en la misma empresa, en el periódico escolar, mal, en el restaurante |

**Modelo:** Mi madre / en la pastelería.

*Mi madre trabaja en la pastelería.*

1. _____

2. _____

3. _____

4. _____

5. _____

## Integración: Hablar

 **Goal:** Respond to written and oral passages about important school-related issues.

El siguiente artículo es de un periódico estudiantil de una escuela en Santo Domingo, República Dominicana. Léelo con atención.

Fuente 1 Leer

 **GACETA ESCOLAR**

Libro 1 numero 5

### Más población, menos educación

*por Juan Alberto Solís* – Con el crecimiento de la población de Santo Domingo hay más estudiantes en las escuelas. Un documento del Banco Internacional del Desarrollo dice que a diferencia de otros países, donde la educación ha mejorado con la modernización, en las escuelas de la República Dominicana no es igual. El reporte informa que con la preocupación de nuestros gobernantes por hacer más estable la situación política, la educación no es una prioridad.

Yo pienso que el punto de vista de este artículo no considera los últimos años en que los estudiantes de República Dominicana han quedado bien representados en competencias internacionales. En la última competencia educativa del Caribe, nuestras escuelas quedaron en primer lugar. Y tú, ¿qué piensas?

Para los que quieran leer más sobre este tema, dejé una copia del reporte del BID en la biblioteca.

Escucha el mensaje que Candy Salinas dejó en el celular de Juan Alberto. Puedes tomar notas mientras escuchas. Luego completa la actividad.

**HL CD 2, tracks 17–18**

¿Estás de acuerdo con lo que Candy sugiere en el audio? ¿Por qué?

# Integración: Escribir

| | |
|---|---|
| ¡AVANZA! | **Goal:** Respond to written and oral passages about important school-related issues. |

Un periódico local de Santo Domingo, República Dominicana, lanzó esta convocatoria para promover un semanario juvenil. Léelo con atención.

Fuente 1 Leer

El nuevo semanario juvenil **La Isla** convoca a todos los jóvenes dominicanos menores de dieciocho años a participar en el

## PRIMER CONCURSO DE PERIODISMO JOVEN

**Bases:**

1. Pueden participar todos los estudiantes de todas las escuelas dominicanas.
2. Los participantes no pueden cumplir diecinueve años el año en curso.
3. El artículo no debe pasar las doscientas palabras.
4. El artículo debe ser sobre un tema de interés para los jóvenes.
5. Envía tu artículo por correo electrónico a la dirección al final de esta convocatoria antes del 15 de julio.
6. Sólo habrá un premio de $1000 dólares (moneda americana) para el primer lugar.

Ahora vas a escuchar el mensaje que Lisa Carrasco, una estudiante de una secundaria, dejó para el director de su escuela. Toma notas y luego completa la actividad.

Fuente 2 Escuchar

**HL CD 2, tracks 19–20**

Imagina que eres Lisa y escribe un artículo como el que describe la convocatoria. No olvides escribir un título para tu artículo.

_____
_____
_____
_____

# Lectura A

| ¡AVANZA! | **Goal:** Discuss school-related issues. |
|---|---|

**1** Lee la siguiente reflexión que escribió Alejandra Martínez acerca de la amistad para leer en la clase de español. Responde a las preguntas sobre la amistad.

### La amistad

Dicen que «encontrar un buen amigo es encontrar un tesoro». Las personas son individuos sociales; por eso es importante buscar la compañía de otras personas. Cuando esto sucede, surge la amistad. Para que esta sea verdadera, debe haber algo en común entre las dos personas. Por ejemplo, la honestidad, la lealtad, la sinceridad, etc. Por lo tanto, la amistad no tiene precio.

Muchas veces la amistad se da sin buscarla y con el paso del tiempo se desarrollan sentimientos más profundos. En la amistad no existe la palabra «egoísmo». En este sentido, la amistad se da sin esperar nada a cambio. Es muy fácil hacer amigos pero es difícil conservarlos. Por eso, si encuentras un buen amigo, cuídalo.

**2** **¿Comprendiste?** Responde las preguntas sobre la amistad.

**1.** ¿Qué significado tiene la expresión «encontrar un buen amigo es encontrar un tesoro.»?

_____

_____

**2.** ¿Qué deben hacer las personas como individuos sociales?

_____

**3.** ¿Qué debe haber entre las personas para que haya una amistad verdadera?

_____

**4.** En muchos casos, ¿qué efecto tiene el tiempo en una amistad?

_____

**3** **¿Qué piensas?** Escribe el nombre de tu mejor amigo(a). Cuenta desde cuando lo/la conoces y por qué es tu mejor amigo(a).

_____

_____

_____

# Lectura B

¡AVANZA!　　**Goal:** Discuss school-related issues.

**1** El periódico de la escuela necesita más escritores. Lee el siguiente anuncio y luego contesta las preguntas

### Se necesitan escritores

¿Te gusta trabajar en grupo? ¿Tienes gran dedicación y entusiasmo? Entonces tú eres una de las tres personas que buscamos. Ésta es tu oportunidad para tener experiencia como escritor(a). Con este trabajo de diez horas semenales no sólo ganas créditos para tu clase de escritura, sino también un dinero extra. Recuerda que participar en el periódico escolar es importante para desarrollar tus habilidades de escritura. A la hora de escribir es necesario organizar tus pensamientos para poder expresar bien tus ideas y opiniones. La producción de mensajes escritos como artículos de opinión, noticias, anuncios y entrevistas te ayuda a mejorar la interpretación de la vida en general. Si estás interesado, debes ir a la secretaría de la dirección de la escuela y llenar una solicitud. ¡Te esperamos!

**2** **¿Comprendiste?** Responde a las preguntas y piensa si alguna vez has considerado formar parte del periódico escolar.

**1.** ¿Qué tipo de personas se necesitan en el anuncio?

_____

_____

**2.** ¿Por qué es importante participar en el periódico escolar?

_____

**3.** ¿Qué te ayuda a mejorar la interpretación de la vida?

_____

_____

**3** **¿Qué piensas?** Menciona dos temas para escribir en el periódico escolar. Explica por qué escribirías sobre esos temas.

_____

_____

_____

_____

# Lectura C

> **¡AVANZA!**   **Goal:**   Discuss school-related issues.

**1** Lee el siguiente artículo que escribió un profesor de periodismo para los estudiantes de tu escuela. Contesta las preguntas y piensa si te gustaría participar en el periódico escolar y estudiar periodismo.

---

### ¿Te gustaría ser periodista?

Me llamo Guillermo Martínez. Soy periodista. Este artículo es para los estudiantes como tú que están interesados en estudiar periodismo. Yo comencé mi carrera al participar en el periódico de la escuela. Empecé escribiendo algunos artículos de opinión y algunos anuncios. Luego hice investigación sobre temas de actualidad o los que afectaban directamente a los estudiantes. No sólo aprendí a realizar entrevistas sino también a publicar las noticias. Es una actividad fascinante en la que descubres la diversidad de opiniones que existen, lo que te obliga a definir tus puntos de vista. Hoy en día trabajo como director editorial para un importante periódico de mi ciudad.

Para poder publicar un artículo debes realizar varias tareas. Tienes que escoger el tema y hacer una investigación profunda, saber a qué público va dirigido para poder usar el lenguaje adecuado, darle una buena presentación a tu artículo para que llame la atención y para que los lectores se interesen en el tema. Es bueno que los empieces a escribir sobre cuestiones escolares sencillas y hacer entrevistas a tus compañeros. Esas actividades te darán los primeros elementos para soltarte.

Sin embargo, debes tratar de fijarte retos más difíciles conforme pasa el tiempo. Por un lado, habrá quienes encuentren muy satisfactorio hacer entrevistas a personas que no pertenecen a la comunidad escolar. Aquí estarás frente al entrevistado y con tus preguntas tratarás de obtener la información que el público desea conocer. Por otro lado, habrá quienes prefieran escribir desde su escritorio sin enfrentarse directamente a las personas.

Si te gusta la fotografía y el video, la profesión del periodismo también te permite actuar en esos campos. Los fotógrafos y camarógrafos captan imágenes que muchas veces hablan más que las palabras. El periodismo siempre requiere de buenos escritores y editores. Estas personas deciden la estructura que tendrá el periódico. El periodismo es una profesión que requiere trabajo de grupo. El periodismo es un trabajo que te puede llegar a dar muchas satisfacciones en el campo profesional. No en vano lo llaman el cuarto poder del mundo.

---

**2** **¿Comprendiste?** Responde las siguientes preguntas con oraciones completas.

**1.** ¿Cómo empezó su carrera Guillermo Martínez?

_____

_____

_____

**2.** Menciona tres actividades que realizan los periodistas.

_____

_____

**3.** ¿Qué envuelve el pulicar un artículo?

_____

_____

**4.** ¿Crees que el trabajo de los reporteros es individual?

_____

_____

**3** **¿Qué piensas?** ¿Qué opinas del trabajo de un periodista? Si llegaras a trabajar en el periódico de tu escuela, ¿qué trabajo te gustaría hacer y por qué?

_____

_____

_____

_____

# Escritura A

> **¡AVANZA!**   **Goal:**   Make logical and persuasive arguments.

**1** El director de tu escuela te dice que eres una de las tres personas escogidas para ser editor del periódico escolar. Para obtener el trabajo debes completar la tabla de preguntas y después escribir un ensayo sobre el uso del uniforme en la escuela.

  **Porpuesta:** Todos los estudiantes deben usar uniforme en la escuela.

| ¿Por qué es importante el uso del uniforme en la escuela? | ¿Quiénes están de acuerdo y quiénes no están con el uso del uniforme en la escuela? | ¿Qué consecuencias traería el uso del uniforme en la escuela? |
|---|---|---|
|  |  |  |

**2** Escribe un ensayo corto sobre uno de los temas de la lista. Escribe tu ensayo con 1) oraciones completas, claras y lógicas. 2) opiniones tuyas y de otras personas de la comunidad escolar, 3) verbos en subjuntivo y las preposiciones **por** y **para**. 4) buen uso del lenguaje y ortografía correcta.

_____

_____

_____

_____

_____

_____

_____

**3** Evalúa tu respuesta a la Actividad 2 usando la siguiente información.

|  | **Crédito máximo** | **Crédito parcial** | **Crédito mínimo** |
|---|---|---|---|
| Contenido | Tu ensayo contiene oraciones completas, claras y lógicas. Hay opiniones tuyas y de otras personas. | Algunas oraciones no son completas, claras o lógicas; sólo hay opiniones tuyas. | La mayoría de las oraciones no son completas, ni claras ni lógicas; sólo hay muy pocas opiniones tuyas. |
| Uso correcto del lenguaje | Hay un buen uso de los verbos en subjuntivo, del lenguaje y de la ortografía. | Te falta hacer uso de los verbos en subjuntivo. Hay algunos errores en el uso del lenguaje y la ortografía. | Usaste muy pocos verbos en subjuntivo. Tienes muchos errores en el uso del lenguaje y la ortografía. |

# Escritura B

> ¡AVANZA!  **Goal:**  Make logical and persuasive arguments.

**1** Algunos estudios dicen que llevar una buena alimentación y practicar una actividad física es importante para que los estudiantes obtengan un buen nivel en la escuela. Éstos son algunos temas para hacer tus propuestas de acuerdo al modelo.

| Propuesta 1: | Propuesta 2: | Propuesta 3: | Propuesta 4: |
|---|---|---|---|
| **Modelo:** (Educación Física) | (Instalaciones deportivas) | (Horas de descanso) | (Comida) |
| *Se debe aumentar el número de horas para la clase de Educación Física en todos los grados escolares.* | _____ _____ _____ _____ | _____ _____ _____ _____ | _____ _____ _____ _____ |

**2** Escoge una de las propuestas anteriores. Escribe un párrafo para dar tus argumentos a favor o en contra de la porpuesta. Escribe tu párrafo con: 1) oraciones completas y lógicas, 2) opiniones a favor y en contra, 3) verbos en subjuntivo con expresiones impersonales, 4) buen uso del lenguaje y de la ortografía.

_____

_____

_____

_____

_____

_____

_____

_____

**3** Evalúa tu respuesta a la Actividad 2 usando la siguiente información.

|  | Crédito máximo | Crédito parcial | Crédito mínimo |
|---|---|---|---|
| Contenido | Escribiste tus argumentos con oraciones completas y lógicas. Hay opiniones a favor y en contra. | Escribiste algunos argumentos con oraciones completas y lógicas. Hay opiniones a favor pero no en contra o viceversa. | No escribiste los argumentos in con oraciones completas ni lógicas. No hay opiniones ni a favor ni en contra. |
| Uso correcto del lenguaje | Tuviste un buen uso de los verbos, del lenguaje y de la ortografía. | Tienes algunos errores en el uso de los verbos, del lenguaje y de la ortografía. | Tienes muchos errores en el uso de los verbos, del lenguaje y de la ortografía. |

# Escritura C

| ¡AVANZA! | **Goal:** Make logical and persuasive arguments. |
|---|---|

**1** Eres escritor y te piden que escribas una noticia con un tema de interés. Tus lectores son los estudiantes de la escuela y quieres hacer un buen trabajo para ellos. Para facilitar tu trabajo, haz una lista de cuatro temas y subtemas.

| Tema | Subtema 1 | Subtema 2 |
|---|---|---|
|  |  |  |
|  |  |  |
|  |  |  |
|  |  |  |

**2** Escoge uno de los temas y escribe un artículo que contenga:1) seis o más oraciones completas, 2) introducción, desarrollo y conclusión 3) opiniones personales, 4) el subjuntivo y expresiones impersonales, 5) buen uso del lenguaje y ortografía correcta.

_____

_____

_____

_____

_____

_____

_____

_____

_____

_____

_____

**3** Evalúa tu escrito usando la siguiente tabla.

|  | **Crédito máximo** | **Crédito parcial** | **Crédito mínimo** |
|---|---|---|---|
| Contenido | Tu artículo contiene: seis o más oraciones completas; introducción, desarrollo y conclusión; opiniones personales. | Tu artículo contiene: menos de seis oraciones; introducción y desarrollo pero no conclusión; una opinión personal. | Tu artículo contiene: menos de seis oraciones; no contiene las partes del artículo ni opiniones personales. |
| Uso correcto del lenguaje | Hay un uso correcto de los verbos, del lenguaje y de la ortografía. | Hay algunos errores en el uso de los verbos, del lenguaje y de la ortografía. | Hay muchos errores en el uso de los verbos, del lenguaje y de la ortografía. |

# Cultura A

> ¡AVANZA!    **Goal:** Know and understand the life, people, and culture of Dominican Republic.

**1** Antonio acaba de leer un artículo sobre la República Dominicana pero tiene algunas dudas. Ayúdale a decidir cuál es la respuesta correcta a cada pregunta.

**1.** ¿Cuál es la extensión aproximada de la República Dominicana en millas cuadradas?

   **a.** un poco menos de 17 mil    **b.** un poco menos de 19 mil    **c.** un poco menos de 28 mil

**2.** ¿Con qué monumento importante se recuerda a Colón en Santo Domingo?

   **a.** con un faro       **b.** con una estatua       **c.** con una torre

**3.** ¿Cuál es la moneda que se usa actualmente en la República Dominicana?

   **a.** el dólar dominicano    **b.** el dominico    **c.** el peso dominicano

**4.** La palabra «cazabe» en la República Dominicana hace referencia a:

   **a.** un grupo indígena    **b.** un árbol típico    **c.** un alimento típico

**2** Antonio quiere saber más cosas sobre la cultura y los atractivos turísticos de la República Dominicana. Responde a sus preguntas con oraciones completas.

**1.** ¿Qué representaban las antiguas pictografías taínas?

_____

**2.** ¿Dónde está la Ciudad Colonial y cuál es su mayor atractivo?

_____

_____

**3.** ¿Dónde están Los Tres Ojos y qué son?

_____

_____

**4.** ¿Por qué crees que las playas de Santo Domingo atraen a tantos turistas?

_____

_____

**3** Acabas de regresar de un maravilloso viaje turístico a la República Dominicana. Escribe un párrafo corto explicando lo que más te gustó del viaje.

_____

_____

UNIDAD 7 Lección 1    Cultura A

# Cultura B

> **¡AVANZA!**  **Goal:**  Know and understand the life, people, and culture of Dominican Republic.

**1** Responde de forma breve a las siguientes preguntas sobre la República Dominicana.

**1.** ¿Qué deportes acuáticos puedes practicar en la República Dominicana?

_____

**2.** ¿Cómo se llama el barrio antiguo de Santo Domingo?

_____

**3.** ¿Cómo es el monumento dedicado a Colón que está en Santo Domingo y qué tiene de especial?

_____

**4.** ¿Qué le sirve de inspiración en muchas de sus obras al artista dominicano Charlie Simón?

_____

**2** Responde a las siguientes preguntas sobre la cultura de República Dominicana con oraciones completas.

**1.** ¿Quiénes eran los taínos?

_____

_____

**2.** ¿Por qué la República Dominicana tiene un gran interés histórico?

_____

_____

_____

**3.** Observa la fotografía de una calle de la Zona Colonial de Santo Domingo en la página 363 de tu libro. ¿Cómo son los edificios que ves? ¿Conoces algún otro lugar con edificios similares?

_____

_____

_____

**3** Piensa en un lugar turístico que conozcas. Escribe un párrafo para comparar este lugar con la República Dominicana. Escribe todos los detalles posibles.

_____

_____

_____

_____

UNIDAD 7 Lección 1

Cultura B

# Cultura C

| ¡AVANZA! | **Goal:** Know and understand the life, people, and culture of Dominican Republic. |
|---|---|

**1** Responde de forma breve a las siguientes preguntas sobre los datos geográficos e históricos de la República Dominicana.

**1.** ¿Cuántos habitantes tiene, aproximadamente, la República Dominicana?

_____

**2.** ¿Cómo se llama la isla en la que se encuentra la República Dominicana? ¿En qué océano o mar está?

_____

**3.** ¿Qué otro país está en la misma isla que la República Dominicana?

_____

**4.** ¿Vivían los taínos solamente en isla en la que hoy está la República Dominicana?

_____

**2** Responde a las siguientes preguntas sobre algunos aspectos de los dominicanos y su tierra. Usa oraciones completas.

**1.** En general, ¿cómo es la cultura y el carácter de los dominicanos?

_____

_____

**2.** ¿Qué dominicanos famosos conoces? Escribe el nombre de tres personas famosas de la República Dominicana y explica por qué son conocidas.

_____

_____

**3.** ¿Qué le recomendarías visitar en la República Dominicana a una persona que le interesa la historia? ¿Por qué?

_____

_____

_____

**3** Observa las pictografías y la pintura de la p. 378 de tu libro. ¿Qué representan? ¿Cuáles son algunas diferencias entre ellas? ¿Conoces alguna otra manifestación pictórica similar?

_____

_____

_____

_____

# Vocabulario A *Con familia*

| ¡AVANZA! | **Goal:** Describe family members and talk about errands. |
|---|---|

**1** Indica si las oraciones sobre la familia son cíertas (**C**) o falsas (**F**).

1. _____ La madre de mi esposa es mi suegra.

2. _____ El hijo de mi esposo es mi cuñado.

3. _____ Los hijos de mi hermana son mis sobrinos.

4. _____ Mi hermana es la hija de mi madre.

5. _____ Si me llamo Esteban Márquez, mi apellido es Márquez.

6. _____ Mi madre es la madrina de mi hermano.

7. _____ Mis tíos y mis primos son mis parientes.

8. _____ Mi hermana se va a casar con su novio.

**2** Escoge la palabra correcta para completar las oraciones sobre la familia.

| tímida | popular | generosos | impaciente | orgulloso | sinceros | paciente |
|---|---|---|---|---|---|---|

1. Mis abuelos les dan todo su dinero a los pobres. Son muy _____ .

2. A mi hermana no le gusta hablar con personas que no conoce. Es muy _____ .

3. Mi prima puede esperar por horas en el consultorio. Es muy _____ .

4. Mi novio tiene muchos amigos en la escuela. Es muy _____ .

5. Mis sobrinos siempre dicen la verdad. Son muy _____ .

6. Mi padrino no puede esperar a nadie. Es muy _____ .

7. Mi hermanastro tiene una gran dignidad. Es muy _____ .

**3** Contesta las preguntas sobre los lugares que visitas. Escribe cuatro oraciones completas. Usa las palabras del vocabulario.

1. ¿Adónde vas si tienes que sacar dinero?

_____

2. ¿Adónde vas cuando necesitas ver a tu médico(a)?

_____

3. ¿Adónde vas cuando necesitas mandar una carta?

_____

# Vocabulario B *Con familia*

| ¡AVANZA! | **Goal:** Describe family members and talk about errands. |

**1** A Carlos le gusta hablar sobre su familia. Encierra en un círculo la palabra correcta.

**1.** El esposo de mi tía está enfermo. Él tiene una cita en (el correo / el consultorio) mañana en la tarde.

**2.** A mi madrina le gusta trabajar como (entrenadora de deportes / compañera de equipo) en la escuela de mis primos.

**3.** El novio de mi hermana me regaló un (pájaro / pez) cantor el día de mi cumpleaños.

**4.** Mi (apellido / padrino) trabaja en el banco desde hace veinte años, al igual que mi padre.

**2** Describe cómo están relacionados los otros miembros de tu familia y tú.

**Modelo:** La madre de mi padre es mi _abuela_ .

**1.** La esposa de mi hermano es mi _____ .

**2.** Mis _____, que realmente no son mis parientes, son como familia.

**3.** La hija de mi madre es mi _____ .

**4.** Los hijos de mi hermana son mis _____ .

**5.** La joven con quien sale mi hermano es su _____ .

**3** Escribe oraciones completas para decir cómo son los miembros de tu familia. Usa palabras de la caja y sigue el modelo.

| popular | sincero | impaciente | generoso | paciente |

**Modelo:** *Mi suegro no tiene prisa; es paciente en todo.*

**1.** _____
**2.** _____
**3.** _____
**4.** _____

## Vocabulario C  *Con familia*

> **¡AVANZA!**   **Goal:**   Describe family members and talk about errands.

**❶** Describe los quehaceres que tienes este fin de semana. Di adónde vas y por qué. Escribe cinco oraciones completas y usa al menos una palabra del cuadro por cada oración.

| banco | consultorio | correo | cita | dentista / médico |
|---|---|---|---|---|

**Modelo:**   *Voy a la heladería porque mi padre siempre come helado.*

1. _____

2. _____

3. _____

4. _____

5. _____

**❷** Mira los dibujos de la familia Suárez. Describe a cada persona con una oración completa. Usa al menos una palabra por cada oración.

1.   2.   3.   4.

1. _____

2. _____

3. _____

4. _____

**❸** Escribe un párrafo de cinco oraciones completas sobre dos miembros de tu familia. Usa el vocabulario de la lección para describir sus personalidades y la relación entre ellos.

_____

_____

_____

_____

**320**

Unidad 7, Lección 2
Vocabulario C

¡Avancemos! 2
Cuaderno para hispanohablantes

UNIDAD 7 Lección 2

Vocabulario C

# Vocabulario adicional *El estado civil*

> **¡AVANZA!**   **Goal:** Expand your vocabulary with words for marital status.

## El estado civil

El estado civil tiene que ver con el puesto que una persona ocupa en la sociedad en relación con otras personas. Estos términos se usan con la más frecuencia en los asuntos legales. La mayoría se puede usar tanto adjetivos como sustantivos.

| | |
|---|---|
| **soltero(a)** | *unmarried* |
| **casado(a)** | *married* |
| **divorciado(a)** | *divorced* |
| **viudo(a)** | *widower/widow* |
| **unión civil** | *civil union* |

Un término informal del estado civil muy útil es el de la **pareja**. Puede significar *pair* o *couple* o *partner*.

**1** Indica con la letra correspondiente la frase de la derecha sobre el estado civil que corresponde a la palabra o frase de la izquierda.

1. _____ viudo(a)
2. _____ casado(a)
3. _____ soltero(a)
4. _____ unión civil
5. _____ divorciado(a)

   **a.** No se casó nunca.
   **b.** Su esposo(a) se le murió.
   **c.** Tiene esposo o esposa.
   **d.** Ya no está casado.
   **e.** Son una pareja sin certificado oficial.

**2** Escribe la palabra o frase correcta para completar las oraciones sobre el estado civil.

1. Mis padres ya no están casados. Están _____ .

2. Mi tío Alonso nunca se casó y no tiene pareja. Es _____ .

3. Mi abuela Elena se murió hace un año. Mi abuelo ahora es _____

4. Jacinta tiene un esposo que se llama Héctor. Los dos están _____ .

5. Clara y Damián viven juntos. Todo el mundo sabe que son una pareja. Tienen una

   _____ .

# Gramática A *Comparatives*

> **¡AVANZA!**  **Goal:** Compare people in your family.

**1** Alicia describe a las hijas de su madrina. Lee el párrafo que escribió Alicia y subraya los comparativos y las formas posesivas correctas.

Las hijas de mi madrina Rosana son muy diferentes. Ella tiene **1.** (más de / menos de) dos hijas: Mónica (14), Clarisa (16) y Sara (18). Ellas tienen **2.** (más de / menos de) seis años de diferencia entre ellas. Ellas son un poco **3.** (grandes / mayores) que yo (13) pero las cuatro nos entendemos muy bien. En la casa decimos que Mónica es **4.** (más / tan) buena que «el pan». Siempre está dispuesta a ayudar y es **5.** (tan / más) alegre como su madre. Clarisa es un poco **6.** (más / tan) seria que Mónica pero es **7.** (tan / menos) paciente y trabajadora como mi madrina. Sara es la mayor de las tres. Ella es **8.** (tan / más) estudiosa que yo y siempre me da buenos consejos. No nos vemos **9.** (tanto / tan) como nos gustaría pero nos escribimos correos electrónicos a menudo. Mi madrina no tiene una hija favorita pero Mónica es la **10.** (tuya / mía).

**2** Estos son algunos de los miembros de la familia Torres. Escribe cuatro oraciones completas para describir a estas personas. Usa adjetivos de la caja y los comparativos.

| | | | |
|---|---|---|---|
| tímido(a) | simpático(a) | deportista | estudioso(a) |
| mayor | menor | orgulloso(a) | popular |

**Familia Torres**

**Modelo:**   *Isabel es más tímida que Javier.*

**1. Inés y Juan**  **2. Andrés y Slivia**  **3. Pedro**  **4. Mario y Arturo**

1. _____

2. _____

3. _____

4. _____

# Gramática B *Comparatives*

> ¡AVANZA! **Goal:** Compare people in your family.

**1** Lee el párrafo sobre las comparaciones entre miembros de dos familias. Completa las oraciones con los elementos del cuadro.

| mejores | más | menos | tan | mayor | menor | tantos | tantas |
|---------|-----|-------|-----|-------|-------|--------|--------|

Sandro no tiene **1.** _____ hermanas como yo. En casa somos cuatro y yo soy el

**2.** _____ . Luego me siguen mis dos hermanas, Julia y Rosa, y mi hermano

**3.** _____ , José. Por el contrario, Sandro sólo tiene una hermanastra. Ella se llama

Carolina y es **4.** _____ simpática como Sandro. Carolina es **5.** _____ joven

que Sandro y es amiga de mi hermana Julia. Julia es muy amable y tiene **6.** _____

amigos como yo. Ella es **7.** _____ estudiosa que yo y por eso yo tengo

**8.** _____ calificaciones que ella.

**2** Escribe lo que dicen las personas. Usa la información para hacer oraciones con comparativos.

**Modelo:** Juan = inteligente / Luis

*Juan es tan inteligente como Luis.*

**1.** Roberto tiene = dinero / Paco

_____

**2.** Mercedes es + simpática / Mari

_____

**3.** Julián tiene − amigos / Jordi

_____

**4.** Ellas son = organizadas / tú

_____

**5.** La prima de Carlos es − simpática / Simón

_____

**3** Escribe cinco oraciones para describir y comparar a tus parientes. Utiliza los comparativos.

1. _____

2. _____

3. _____

4. _____

5. _____

# Gramática C *Comparatives*

| ¡AVANZA! | **Goal:** Compare people in your family. |
|---|---|

**1** Escribe tres oraciones por cada punto con **más... que, menos... que y tan... como** para comparar las siguientes personas o cosas.

**Modelo:** Patricia / alegre / hermanas

*Patricia es más alegre que sus hermanas. Patricia es menos alegre que sus hermanas. Patricia es tan alegre como sus hermanas.*

**1.** El esposo / serio / la esposa

_____

_____

**2.** El suegro / paciente / hijo

_____

_____

**3.** Bernardo / joven / tú

_____

_____

**4.** Me gusta el tenis / el básquetbol

_____

_____

**5.** Mi cuñada / popular / yo

**2** Un(a) estudiante de intercambio llega a tu escuela y tú le explicas cómo son tus amigos. Usa los comparativos y las características de personalidad y escribe un párrafo de cinco oraciones.

_____

_____

_____

_____

Unidad 7, Lección 2
Gramática C
**324**
¡Avancemos! 2
Cuaderno para hispanohablantes
UNIDAD 7 Lección 2 Gramática C

# Gramática A *Superlatives*

> **¡AVANZA!** **Goal:** Compare people in your family, classmates and places using superlative phrases.

**1** Usa el superlativo para completar las oraciones siguientes.

**Modelo:** (Gustavo 10 lápices / Ernesto 5 lápices / Javier 2 lápices) Gustavo es el que tiene *más lápices de los tres.*

1. (Camisa azul talla pequeña de Manuel / camisa rosa talla mediana de Arturo / camisa roja talla grande de Leonel) La camisa roja de Leonel es la

_____

2. (Mi novia es bonita / La novia de Raúl es más bonita / Tu novia es muy bonita) Mi novia es la

_____

3. (Las calles son difíciles / las avenidas son menos difíciles / las autopistas son muy fáciles para manejar) Las autopistas son las

_____

4. (Mi vestido largo / vestido corto de Ada / vestido cortico de María) Mi vestido es el

_____

5. (Español C / Ciencias B / Matemáticas A+) Antonio tiene la

_____

**2** Analiza la siguiente información y subraya el superlativo correcto.

1. ¿Cómo son tus tres hermanas?
   a. Mi hermana Alba es la más tímida.
   b. Mi hermana Alba es más tímida que yo.

2. ¿Cómo es el buzón de tu apartamento?
   a. Mi buzón es el grande del barrio.
   b. Mi buzón es grande.

3. ¿Cuántos años tienen los hijos de tus abuelos?
   a. Mi madre es mayor que mi tía.
   b. Mi madre es la mayor de todos.

4. ¿Cuál es el mejor restaurante de la ciudad?
   a. El restaurante Manuel es el mejor de toda la ciudad.
   b. El restaurante Alborada es mejor que el restaurante Manuel.

**3** El esposo de tu hermana te hace preguntas sobre tu ciudad. Responde con cuatro oraciones completas y usa el superlativo.

_____

_____

_____

_____

# Gramática B *Superlatives*

| ¡AVANZA! | **Goal:** | Compare people in your family, classmates and places using superlative phrases. |
|---|---|---|

**1** Jorge describe algunos lugares de su comunidad y su familia. Completa las oraciones con los superlativos del cuadro.

| más | mejor | peor | menor |
|---|---|---|---|

Cerca de donde yo vivo hay un parque. Este parque es el **1.** _____ lindo de toda la ciudad. Los fines de semana me gusta pasear con mi perro Rufus y observar los peces **2.** _____ grandes del lago. Rufus es el **3.** _____ perro que he tenido. Es muy paciente y tranquilo. Al lado del parque está el consultorio donde trabaja mi madre. Mi madre es la persona **4.** _____ trabajadora que conozco y tiene el **5.** _____ trabajo del mundo: es doctora. Mi hermano menor también quiere ser doctor, pero él es el **6.** _____ estudiante de su clase. Mi madre siempre le dice que si quiere ser doctor, lo **7.** _____ importante es ser el **8.** _____ estudiante.

**2** Las personas dicen sus opiniones. Forma oraciones en superlativo con las siguientes palabras.

**Modelo:** pariente / generoso / familia *Es el pariente más generoso de la familia.*

**1.** banco / popular / calle _____

**2.** entrenador / simpático / escuela _____

**3.** madrina / impaciente / todas _____

**4.** alumno / trabajador / clase _____

**3** Utiliza los adjetivos del primer cuadro para expresar tus opiniones sobre los lugares del segundo cuadro. Escribe cinco oraciones completas.

**Modelo:** restaurante / caro

*El restaurante Buena Vida es el más caro de la ciudad.*

| elegante | respetable | caro | malo | bueno | bonito |
|---|---|---|---|---|---|

| restaurante | banco | consultorio | cine | tienda | zapatería |
|---|---|---|---|---|---|

**1.** _____

**2.** _____

**3.** _____

**4.** _____

**5.** _____

# Gramática C *Superlatives*

| ¡AVANZA! | **Goal:** | Compare people in your family, classmates and places using superlative phrases. |
|---|---|---|

**1** Escribe tres preguntas sobre los diferentes miembros de una familia. Luego, responde a las preguntas. Utiliza superlativos tanto en las preguntas como en las respuestas.

**Modelo:**

tío Emilio y tía Rosita

*¿Quién es el más elegante de la familia Fonseca, tío Emilio o tía Rosita?*

*El más elegante de la familia Fonseca es el tío Emilio.*

**1. Alicia**

**2. Juan y David**

**3. Óscar**

1. _____
   _____

2. _____
   _____

3. _____
   _____

**2** Un pariente viene a visitarte por primera vez. Tú lo llevas a pasear por los lugares favoritos de tu comunidad. Tu pariente siempre compara los sitios a donde van con los sitios de su ciudad. Escribe un diálogo con seis oraciones completas. Usa los superlativos para comparar.

**Modelo:** *Tu: Este es el centro comercial más grande de la ciudad.*
*Tu pariente: El centro comercial de mi ciudad es más limpio.*

_____

_____

_____

_____

# Gramática adicional  *Transitional words*

> ¡AVANZA!  **Goal:** Use transitional words to express cause and effect.

¿Se usan las expresiones **a causa de, debido a, así que, como consecuencia** y **por eso** para expresar el resultado de una acción o de algo que ha ocurrido.

**Ejemplos:**

No pudimos visitar a mi cuñada Esperanza **a causa de** la tormenta.

Las plantas de mis suegros se secaron **debido a** que no les echaron agua.

Llovió mucho por la mañana y **como consecuencia** perdimos la cita con el doctor.

Juan no llegó a nuestra cita, **así que** me marché.

El chico se comió todo el chocolate y **por eso** no cenó.

**1** Completa las oraciones con la expresión apropiada: **a causa de, debido a, así que, como consecuencia** o **por eso**.

**1.** Pedro tomó el metro _____ del intenso tráfico.

**2.** Llovió toda la tarde, _____ me quedé en casa.

**3.** Llegué temprano a la cita con mi esposo y _____ tuve que esperarlo.

**4.** El conductor perdió el control del carro _____ de que había hielo en la carretera.

**2** Forma oraciones en pretérito con los siguientes elementos y utiliza la expresión adecuada: **a causa de, debido a, así que, como consecuencia** y **por eso**.

**Modelo:**   sonar el teléfono / yo corro

*Sonó el teléfono y por eso yo corrí.*

**1.** Nosotros / ir al cine y / no estudiar

_____

**2.** José / cantar toda la noche / perder la voz

_____

**3.** Yo / viajar en avión / gran distancia

_____

**4.** Yo / tomar vitaminas / no estar enferma

_____

# Integración: Hablar

| ¡AVANZA! | **Goal:** Respond to written and oral passages about one's extended family. |
| --- | --- |

Lee el anuncio clasificado de un periódico de San Pedro de Macorís, República Dominicana.

Fuente 1 Leer

### Mujer dominicana en Nueva York busca parientes

Primos, primas, sobrinos, sobrinas, ¿tu apellido es Viezcas? Hace 45 años mi padre salió de la isla para venirse a Estados Unidos. Ahora buscamos a nuestros parientes para nuestra primera reunión familiar. El árbol genealógico de la familia Viezcas no estará completo hasta que nos conozcamos todos. Contáctame por teléfono o a la siguiente dirección electrónica…

Escucha el mensaje que Mayra Viezcas dejó para responder al anuncio. Puedes tomar notas mientras escuchas. Luego completa la actividad.

Fuente 2 Escuchar

### HL CD 2, tracks 21–22

¿Cómo se sentía Mayra al dejar su mensaje? ¿Qué crees que vaya a ocurrir?

# Integración: Escribir

 **Goal:** Respond to written and oral passages about one's extended family.

Lee el siguiente fragmento que publicó un joven dominicano en su página de Internet.

Fuente 1 Leer

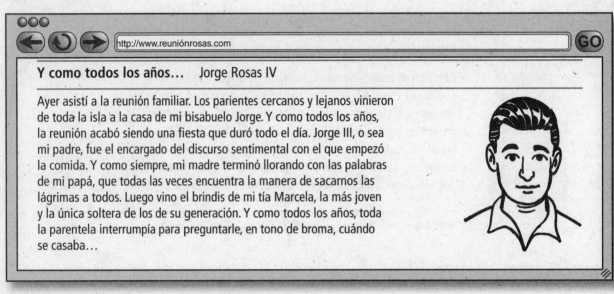

### Y como todos los años... Jorge Rosas IV

Ayer asistí a la reunión familiar. Los parientes cercanos y lejanos vinieron de toda la isla a la casa de mi bisabuelo Jorge. Y como todos los años, la reunión acabó siendo una fiesta que duró todo el día. Jorge III, o sea mi padre, fue el encargado del discurso sentimental con el que empezó la comida. Y como siempre, mi madre terminó llorando con las palabras de mi papá, que todas las veces encuentra la manera de sacarnos las lágrimas a todos. Luego vino el brindis de mi tía Marcela, la más joven y la única soltera de los de su generación. Y como todos los años, toda la parentela interrumpía para preguntarle, en tono de broma, cuándo se casaba...

Escucha el mensaje de Marcela, la tía de Jorge. Toma apuntes y completa la actividad.

Fuente 2 Escuchar

### HL CD 2, tracks 23–24

Imagina que eres Jorge. Escribe un párrafo para contar con detalles qué más pasó durante la reunión familiar.

_____
_____
_____
_____
_____
_____
_____
_____
_____
_____
_____
_____

# Lectura A

¡AVANZA! **Goal:** Talk about family

**1** En la clase de escritura le piden a Sonia que haga una descripción de su familia y de quiénes hacen los quehaceres diarios. Responde las preguntas y piensa cómo se distribuyen los quehaceres en tu casa.

### La familia de Sonia

     Hola. Me llamo Sonia Pérez García. Tengo dos apellidos. El primero es por la familia de mi papá Gustavo y el segundo es por la familia de mi mamá Julieta. En mi casa vivimos mis papás, mis dos hermanos Tomás y Santiago y una pariente de mi mamá que está enferma. Nosotros le decimos cariñosamente Conchita. En mi casa también viven nuestro perrito Pepe, Azul un gato muy dulce, y dos pájaros Cantarrecio y Piolín. Entre todos nos dividimos los quehaceres de la casa. Los sábados mi papá lava la ropa con mi hermano Tomás. Yo le ayudo a mi mamá a preparar la comida y a poner la mesa. Entre los cinco nos repartimos la limpieza de la casa y hacemos las compras. También ayudamos a cuidar a Conchita. Mi hermano Santiago a veces se enoja cuando le toca cortar el césped o cuando en el invierno le toca limpiar la nieve. Mi papá dice que no le gusta limpiar la nieve porque le duelen los brazos. En general, nosotros no discutimos y nos entendemos bien entre toda la familia.

**2** **¿Comprendiste?** Responde las siguientes preguntas con oraciones completas.

**1.** ¿Cuántas personas viven en la casa de la familia de Sonia? ¿Quiénes son?

_____

**2.** ¿Qué mascotas viven en la casa de la familia de Sonia?

_____

_____

**3.** ¿Cómo se reparten los quehaceres de la casa?

_____

_____

**4.** ¿Por qué a veces Santiago se enoja?

_____

_____

**3** **¿Qué piensas?** ¿Cómo se dividen los quehaceres en tu casa? ¿Cuál es el que hacer que más te gusta? ¿Y el que menos te gusta?

_____

_____

# Lectura B

¡AVANZA!    **Goal:**    Talk about family.

**1** En la escuela de Carla se celebra la semana de la familia. Ella fue invitada por el periódico escolar para que escriba un artículo sobre su familia. Lee su artículo, después responde a las preguntas y compara su experiencia con la tuya.

## Mi familia

Mi familia y yo somos de República Dominicana. Llevamos el apellido de mi padre, Castro, y el de mi madre, Sandoval. Somos cinco hijos, tres mujeres y dos hombres.

Mis padres son muy sinceros y generosos, los quiero mucho. Mis hermanos y hermanas son muy alegres, a todos les gusta bailar bachata.

Vivimos en una casa grande cerca de mis cuatro abuelos. Mis abuelos paternos vinieron de España cuando eran muy jóvenes, se conocieron aquí y se casaron. Mis abuelos maternos son dominicanos. Las hermanas de mi padre viven en otro país. Mi tía Nancy vive en Costa Rica con su esposo, y mi tía Gloria vive en España con su esposo y dos hijastros. A mis primos los veo sólo cuando vienen de vacaciones. Los hermanos de mi madre, tíos Felipe y José, viven en Barahona con sus esposas e hijos, y la hermana menor, tía Graciela, vive aquí en Santo Domingo.

Todos estamos muy contentos porque mi hermana Teresa, quien es un poco impaciente, se va a casar el próximo mes con su novio Manuel. Hoy vamos a conocer a sus suegros. Mis padres planearon una fiesta con toda nuestra familia. Estoy feliz porque vamos a estar todos reunidos.

**2** **¿Comprendiste?** Responde a las preguntas con oraciones completas.

**1.** ¿Por qué Carla ve a algunos de sus primos sólo en vacaciones?

_____

**2.** ¿Dónde viven las cuñadas de la madre de Carla?

_____

**3.** Si Carla y Teresa son hermanas, ¿qué serán Carla y Manuel?

_____

**3** **¿Qué piensas?** Explica brevemente cómo es tu familia, quiénes son y cómo es su personalidad. ¿Por qué crees que para algunas personas es difícil tener parientes en el extranjero? ¿Consideras que las familias son diferentes en cada país? Explica tu respuesta.

_____

_____

_____

# Lectura C

┌─────────────────────────────────────────────────────────────────┐
│  ▶¡AVANZA!    **Goal:**   Talk about family.                      │
└─────────────────────────────────────────────────────────────────┘

**1** Lee el siguiente cuento que Lorenzo escribió sobre la forma como se conocieron sus
antepasados. Luego, responde a las preguntas con oraciones completas.

UNIDAD 7 Lección 2

Lectura C

### La vida en Lagos

Cuando mi abuelo Lorenzo murió en 1910, mi abuela Lucita salió de la capital con sus
hijos, rumbo a la sierra. Su esposo había muerto el año anterior y ella no tenía dinero para vivir.
En Lagos, un pequeño pueblo situado entre montañas azules, vivía don Genaro, su generoso
padrino, que le permitió vivir en su casa durante algún tiempo. Si no hubieran recibido su
apoyo, la vida habría sido muy difícil para ellos.

Mi abuela Lucita y sus hijos, Lorenzo y Gonzalo, estaban impacientes por comenzar una
nueva vida y vivir por su cuenta. Pronto, los tres se fueron a trabajar a las huertas. Meses más
tarde mi abuela se mudó a su propia casa. Siempre estuvo muy orgullosa de haberla comprado
con el fruto de su trabajo.

Algunos años después mi tío Gonzalo se casó con una muchacha de apellido Nava. La
novia, mi tía Irma, era una muchacha tímida y bonita. Los novios se conocieron en casa de
la madrina de mi padre, la señora Rosa. La señora Rosa era muy popular en la familia pues
siempre hacía fiestas para que los muchachos y las muchachas se conocieran. Era lo que se dice
una «Celestina».

La abuela Lucita y la señora Rosa fueron amigas durante muchos años. Se querían como
si fueran parientes de verdad. Les encantaba organizar fiestas, sobre todo bodas. Cada vez que
algún familiar soltero llegaba a Lagos, comenzaban a buscarle pareja. Podían hablar durante
horas y horas de los muchachos y las muchachas casaderos del pueblo, y quiénes serían los
próximos en casarse.

Con el tiempo las familias crecieron. Las casas siempre estaban llenas de niños. Muchos
de ellos eran primos. En general, todos los niños llamaban a las personas mayores «tío» o «tía»,
aunque no fueran sobrinos directos, sino solamente para demostrar que se querían y que eran
parte de una gran familia.

Mi tío Gonzalo y mi tía Irma tuvieron tres hijos, que se casaron en Lagos. Héctor, uno
de ellos, se fue a vivir a la capital. Héctor y su esposa siempre nos contaron que las fiestas de
Lagos eran las mejores, porque todos se conocían y la comida era la más rica. Decían que era
más difícil encontrar un novio o novia en una ciudad grande, porque la gente siempre tiene
mucha prisa, camina impaciente de un lugar a otro y trabaja todo el día. En cambio, en Lagos,
las personas se llevan bien y todos se entienden al discutir los temas importantes de la vida,
como las bodas.

Nombre _____ Clase _____ Fecha _____

**2** **¿Comprendiste?** Responde a las siguientes preguntas con oraciones completas.

1. Don Genaro y la abuela Lucita no eran parientes. ¿Cuál era su relación?

   _____

2. ¿Por qué doña Rosa era popular en Lagos?

   _____

   _____

3. ¿Por qué todos los niños llamaban «tío» o «tía» a las personas mayores, aunque no fueran parientes en realidad?

   _____

   _____

4. ¿Cómo se llamaba el papá de Lorenzo?

   _____

   _____

**3** **¿Qué piensas?** Explica brevemente cómo es tu familia y cómo se ha formado en las últimas dos generaciones (tus padres y tus abuelos). ¿Crees que son importantes las relaciones con tus parientes? ¿Por qué? Explica tu respuesta.

   _____
   _____
   _____
   _____
   _____

# Escritura A

¡AVANZA!   **Goal:**   Describe personalities.

**1** Describe tres personas de tu familia. Incluye dos características físicas de cada persona.

| Nombres | Características sobre salientes |
|---|---|
| **Modelo:** *Alfredo (cuñado)* | *alto, pelirrojo,* |
| | |
| | |
| | |

**2** Con la información anterior escribe tres oraciones completas para cada persona. Escribe dos características de la personalidad de cada uno, por ejemplo: «Alfredo es mi cuñado. Él es pelirrojo y es el hombre más alto de mi familia. Nos entendemos muy bien porque es muy sincero y paciente». Tu descripción debe incluir: 1) tres oraciones completas por cada persona, 2) una descripción de unas características y una cualidad sobresaliente, 3) el vocabulario de la lección y 4) buen uso del lenguaje y ortografía.

_____

_____

_____

_____

_____

_____

_____

_____

**3** Evalúa tu descripción usando la siguiente información.

| | **Crédito máximo** | **Crédito parcial** | **Crédito mínimo** |
|---|---|---|---|
| Contenido | Incluiste tres oraciones completas por cada persona, una descripción completa con una cualidad sobresaliente, y el vocabulario de la lección. | Incluiste una o dos oraciones completas por cada persona, una descripción de la persona, y no muchas palabras del vocabulario de la lección. | Las oraciones están incompletas. No incluiste una descripción de la persona, y no hiciste uso del vocabulario de la lección. |
| Uso correcto del lenguaje | Hiciste buen uso del lenguaje y la ortografía. | Tuviste algunos errores en el uso del lenguaje y la ortografía. | Tuviste muchos errores en el uso del lenguaje y la ortografía. |

# Escritura B

| ¡AVANZA! | **Goal:** Describe personalities. |
| --- | --- |

**1** En tu clase de español te piden que hagas una descripción de dos de tus mejores amigos. Completa el siguiente cuadro con los datos.

| Datos | Amigo 1 | Amigo 2 |
| --- | --- | --- |
| **Nombre:** | | |
| **Edad:** | | |
| **Vive con:** | | |
| **¿Cuántos hermanos tiene?** | | |
| **¿Qué le gusta hacer?** | | |
| **¿Cómo es físicamente?** | | |

**2** Haz una breve comparación entre tus amigos. La comparación debe incluir: 1) información de la Actividad 1, 2) comparación de las características de la personalidad, 3) oraciones claras y completas y 4) adjetivos comparativos, buen uso del lenguaje y la ortografía.

**Escribe tu comparación aquí.**

_____

_____

_____

_____

_____

**3** Evalúa tu comparación usando la siguiente información.

| | Crédito máximo | Crédito parcial | Crédito mínimo |
| --- | --- | --- | --- |
| Contenido | Incluiste la información de la Actividad 1, comparaciones de las características de la personalidad y oraciones claras y completas. | Faltó alguna información de la Actividad 1 y comparaciones de las características de la personalidad. Algunas oraciones no son claras ni completas. | Faltó mucha información de la Actividad 1 y comparaciones de las características de la personalidad. En general las oraciones no son claras ni completas. |
| Uso correcto del lenguaje | Usaste los adjetivos comparativos correctamente. Hiciste buen uso del lenguaje y la ortografía. | Algunos de los adjetivos comparativos no son usados correctamente. Hay algunos errores en el uso del lenguaje y la ortografía. | No usaste los adjetivos comparativos. No hiciste buen uso del lenguaje y la ortografía. |

Nombre _____ Clase _____ Fecha _____

# Escritura C

¡AVANZA!    **Goal:**  Describe personalities.

**1** Tus padres organizaron una fiesta para tu cumpleaños. A la fiesta asistieron muchos miembros de tu familia. Escribe en la tabla cinco nombres de los familiares que asistieron a la fiesta, qué relación familiar tienen contigo, qué hacen y una característica personal.

| Nombre y apellido | Relación familiar | ¿Qué hace? | Característica personal |
|---|---|---|---|
| Pablo Suárez | cuñado de mi papá | trabaja en su consultorio | es generoso |
|  |  |  |  |
|  |  |  |  |
|  |  |  |  |
|  |  |  |  |
|  |  |  |  |

**2** Escribe una narración sobre lo que pasó en la fiesta de cumpleaños. Tu narración debe incluir: 1) introducción, desarrollo y conclusión, 2) los nombres y apellidos de cinco de tus familiares, la relación familiar que tienes con ellos, lo que hacen y una característica personal de cada uno, 3) adjetivos comparativos y superlativos y 4) buen uso del lenguaje y ortografía correcta.

_____

_____

**3** Evalúa tu narración usando la siguiente información.

|  | Crédito máximo | Crédito parcial | Crédito mínimo |
|---|---|---|---|
| Contenido | Tu narración incluye: introducción, desarrollo y conclusión, los nombres y los apellidos, la relación familiar con ellos, lo que hacen y una característica de cada uno. | Tu narración no incluye todas las partes requeridas. No incluye todos los puntos de la Actividad 1. | Tu narración no incluye todas las partes requeridas. No incluye ninguno los puntos de la Actividad 1. |
| Uso correcto del lenguaje | Usaste los adjetivos comparativos y superlativos correctamente. Hiciste buen uso del lenguaje y la ortografía. | Algunos de los adjetivos comparativos y superlativos no son usados correctamente. Hay algunos errores en el uso del lenguaje y la ortografía. | No usaste los adjetivos comparativos y superlativos. No hiciste buen uso del lenguaje y la ortografía. |

# Cultura A

> **¡AVANZA!**  **Goal:**  Know and understand the life, people, and culture of Dominican Republic.

**❶** Elige la opción que mejor responda a cada pregunta sobre la cultura dominicana y las costumbres de muchos países hispanos.

**1.** ¿En qué año fue fundada la Universidad Autónoma de Santo Domingo?

   **a.** en 1358        **b.** en 1538        **c.** en 1583

**2.** Cuando se fundó la Universidad Autónoma de Santo Domingo tenía cuatro escuelas, ¿cuáles?

   **a.** teología, derecho, artes y medicina

   **b.** filosofía, derecho, artes y medicina

   **c.** teología, historia, artes y medicina

**3.** ¿En qué momento termina la función de los padrinos de boda?

   **a.** después de la boda    **b.** cuando los esposos tienen su primer hijo    **c.** nunca

**4.** ¿En qué se convierten los padrinos en el momento del bautizo de un niño?

   **a.** en cuñados        **b.** en compadres        **c.** en padrastros

**❷** Responde a las preguntas con oraciones completas sobre la cultura y las costumbres en la República Dominicana y otros países hispanos.

**1.** ¿Cuál es el aporte de Belkis Ramírez a la cultura dominicana?

_____

**2.** ¿Con qué otra importante mujer de la cultura dominicana colaboró Belkis Ramírez y en qué?

_____

**3.** ¿Qué otras materias pueden estudiar los jóvenes en la Universidad Autónoma de Santo Domingo?

_____

**4.** Si los padres de un niño no pueden continuar cuidándolo, ¿quiénes se hacen cargo de ese niño en la sociedad hispana?

_____

**❸** ¿Qué diferencias y semejanzas encuentras entre la típica familia hispana, como la dominicana o la paraguaya, y la típica familia estadounidense?

_____

_____

_____

**UNIDAD 7 Lección 2**

**Cultura A**

Unidad 7, Lección 2
Cultura A

**338**

**¡Avancemos! 2**
Cuaderno para hispanohablantes

# Cultura B

> **¡AVANZA!**  **Goal:** Know and understand the life, people, and culture of Dominican Republic.

**1** Responde brevemente a las siguientes preguntas sobre la República Dominicana y las costumbres en ese país.

**1.** ¿Cuál es la universidad más antigua de las Américas y cuándo se fundó?

_____

_____

**2.** ¿Quién es Julia Álvarez? Nombra una obra suya.

_____

**3.** ¿A qué se refiere la ilustración de Belkis Ramírez en la página 402 de tu libro?

_____

_____

**4.** ¿Cuál es el trabajo de Belkis Ramírez? Da un ejemplo.

_____

_____

**2** Un amigo tuyo no conoce algunas costumbres de las familias hispanas. Responde a sus preguntas usando oraciones completas.

**1.** ¿En qué ocasiones suelen acompañar los compadres a sus ahijados?

_____

_____

**2.** ¿Cuáles es las diferencia entre los padrinos de boda y los padrinos de bautizo?

_____

_____

**3.** ¿Tienen los padrinos de boda alguna función después de la ceremonia? ¿Y los padrinos de bautizo?

_____

_____

_____

**3** Observa la fotografía de la página 389 de tu libro. ¿Dónde están las personas? ¿Qué hacen? ¿Existe alguna costumbre similar en Estados Unidos?

_____

_____

_____

# Cultura C

┌─────────────────────────────────────────────────────────────────┐
│ **¡AVANZA!**   **Goal:**   Know and understand the life, people, and culture of Dominican Republic. │
└─────────────────────────────────────────────────────────────────┘

**1** Responde con oraciones completas a las preguntas sobre las relaciones familiares en los países hispanos.

**1.** ¿A quiénes sueles escoger como padrinos de boda los novios de los países hispanos?

_____

_____

**2.** ¿Cuándo escogen los padres a los padrinos de sus hijos y quiénes suelen ser?

_____

_____

**3.** ¿Cómo es la relación entre los compadres y sus ahijados?

_____

_____

**2** Tu hermana tiene que hacer un informe sobre la cultura de la República Dominicana y te pide ayuda. Responde con oraciones completas a sus preguntas.

**1.** ¿Cuál fue la inspiración de Julia Álvarez para su obra «El cuento del cafecito»?

_____

_____

**2.** ¿Cuál es la importancia de la Universidad Autónoma de Santo Domingo?

_____

_____

**3.** ¿Cómo evolucionaron las enseñanzas que ofrece la Universidad Autónoma de Santo Domingo desde su fundación hasta la actualidad?

_____

_____

_____

**3** ¿En qué tipo de literatura crees que son más importantes las ilustraciones? ¿Por qué? ¿Conoces otras artes que puedan unirse para complementarse y hacerse más interesantes como es el caso de la literatura y la ilustración?

_____

_____

_____

# Comparación cultural: Una persona importante para mí

## Lectura y escritura

Después de leer los párrafos sobre las personas que son importantes para Anahí, Eduardo, y Pedro, escribe un párrafo sobre una persona importante en tu vida. Usa la información de la estrella para escribir un párrafo que describe una persona especial en tu vida.

### Paso 1

Completa la estrella con los detalles sobre una persona especial en tu vida.

### Paso 2

Ahora usa los detalles de la estrella para escribir una oración para cada uno de los temas de la estrella.

_____

_____

_____

_____

_____

# Comparación cultural: Una persona importante para mí

## Lectura y escritura
*(continuación)*

### Paso 3

Ahora escribe un párrafo usando las oraciones que escribiste como guía. Incluye una oración de introducción y utiliza los superlativos **el (la) más** (…), **el (la) menos** (…) y **el (la) mejor** para describir a tu persona especial.

_____

_____

_____

_____

_____

_____

_____

### Lista de verificación

Asegúrate de que...

☐ incluyes todos los detalles de la persona en la estrella en tu párrafo;

☐ usas los detalles para describir a tu persona especial;

☐ utilizas las frases superlativas y las nuevas palabras de vocabulario.

### Tabla

Evalúa tu trabajo con la siguiente tabla.

| Criterio de escritura | Excelente | Bueno | Necesita mejorar |
|---|---|---|---|
| **Contenido** | Tu párrafo incluye todos los detalles sobre tu persona especial. | Tu párrafo incluye algunos de los detalles sobre tu persona especial. | Tu párrafo incluye muy poca información sobre tu persona especial. |
| **Comunicación** | La mayor parte de tu párrafo está organizada y es fácil de entender. | Partes de tu párrafo están organizadas y son fáciles de entender. | Tu párrafo está desorganizado y es difícil de entender. |
| **Precisión** | Tu párrafo tiene pocos errores de gramática y de vocabulario. | Tu párrafo tiene algunos errores de gramática y de vocabulario. | Tu párrafo tiene muchos errores de gramática y de vocabulario. |

# Comparación cultural: Una persona importante para mí

## Compara con tu mundo

Ahora escribe un párrafo comparando tu persona especial con la de uno de los tres estudiantes de la página 137. Organiza tu comparación por tema. Primero compara su relación y su personlidad, tu persona especial, después cuáles son sus trabajos y pasatiempos y por último explica por qué cada persona es importante.

### Paso 1

Usa la tabla para organizar tu comparación por temas. Escribe los detalles de cada uno de los temas sobre tu persona especial y la del (de la) estudiante que escogiste.

| | Mi persona especial | La persona de _____ |
|---|---|---|
| relación | | |
| personalidad | | |
| trabajo / pasatiempo | | |
| Es importante por que (…) | | |

### Paso 2

Ahora usa los detalles de la tabla para escribir la comparación. Incluye una oración de introducción y escribe sobre cada tema. Utiliza las frases comparativas **más que**, **menos que** y **tanto como** y los superlativas [**el (la) más** (…), **el (la) menos** (…) y **el (la) mejor**] para describir a tu persona especial y la del (de la) estudiantes que escogiste.

_____
_____
_____
_____
_____
_____
_____

# Vocabulario A  *El mundo de hoy*

> **¡AVANZA!**  **Goal:**  Discuss the environment, present, and future.

**1** Escribe la letra de la palabra o expresión de la derecha sobre el medio ambiente que corresponde a la palabra o expresión de la izquierda.

1. _____ proteger el medio ambiente
2. _____ el smog
3. _____ la naturaleza
4. _____ el aire puro
5. _____ el reciclaje
6. _____ la destrucción de la selva

a. los vehículos híbridos
b. la deforestación
c. la capa de ozono
d. los recursos naturales
e. conservar
f. el cartón

**2** Escoge la palabra correcta para completar las oraciones sobre el medio ambiente.

1. Es esencial proteger (el medio ambiente / la destrucción) de nuestro mundo.

2. No queremos dañar más el agua y el aire porque son (los basureros / los recursos naturales) más preciosos.

3. Hay plantas y animales que están en peligro de (extinción / reciclaje).

4. Poco a poco perdemos (los vidrios / los árboles) de bosques y selvas.

5. Queremos (respirar / recoger) el aire puro y no el aire contaminado.

6. Es importante que cada persona sea (reciclada / responsable) por la naturaleza.

**3** Menciona tres cosas que tú y los miembros de tu familia hacen para proteger el medio ambiente. Escribe oraciones completas.

1. _____
2. _____
3. _____
4. _____
5. _____

# Vocabulario B El mundo de hoy

| ¡AVANZA! | **Goal:** Discuss the environment, present, and future. |

**1** Escoge la palabra correcta para completar las oraciones sobre el medio ambiente.

| los recursos naturales | respirar | el medio ambiente |
|---|---|---|
| consumidores | conservar | la responsabilidad | la contaminación |

**1.** Es imperativo proteger _____.

**2.** Todos necesitamos _____ como el aire, el agua, los bosque y la selva.

**3.** Debemos _____ lo que tenemos y no destruirlo.

**4.** _____ del aire es un problema serio no sólo en las ciudades sino también en los pueblos.

**5.** Es esencial _____ el aire puro para mantener la salud.

**6.** Somos _____ y gastamos mucho de lo que compramos.

**7.** Tenemos _____ de mejorar nuestro mundo con nuestros actos.

**2** Contesta las preguntas sobre el medio ambiente con oraciones completas.

**1.** ¿Cuál es un método de conservar el medio ambiente?

_____

**2.** ¿Cuál es un recurso que podemos reciclar?

_____

**3.** ¿Qué puedes hacer como individuo para proteger la naturaleza?

_____

**4.** ¿Qué resposabilidades tienen los consumidores por la naturaleza?

_____

**3** Trabajas de voluntario(a) para una organización de conservación. Prepara un cartel de al menos cinco oraciones para explicar lo que el grupo hace y necesita.

_____
_____
_____
_____
_____

# Vocabulario C  *El mundo de hoy*

> **¡AVANZA!**    **Goal:**   Discuss the environment, present, and future.

**1** Mira los dibujos de unas personas que ayudan a proteger el medio ambiente. Escribe oraciones completas para describir lo que hacen.

1. Micaela          2. David          3. Rosa y Petra          4. Miguel

1. _____

2. _____

3. _____

4. _____

**2** Contesta con oraciones completas las preguntas sobre el medio ambiente.

1. ¿Como se llaman los fuegos que destruye grandes extensiones de bosque?

   _____

2. ¿Qué producen las chimeneas de las fábricas y los motores de los automóviles?

   _____

3. ¿Quiénes contaminan el agua?

   _____

4. ¿Quién tiene la responsabilidad de combatir la contaminación?

   _____

**3** El automóvil es importante para la vida en este país. Comenta sobre sus aspectos buenos y malos y cómo están relacionados con el medio ambiente.
Escribe seis oraciones completas.

_____

_____

_____

_____

Nombre _____ Clase _____ Fecha _____

# Vocabulario adicional *Cómo expresar el tiempo futuro*

> **¡AVANZA!**  **Goal:** Expand your vocabulary with words and phrases that refer to the future.

## Cómo expresar el tiempo futuro

Hay varias maneras de referirse al futuro en español. En esta lección aprendes el tiempo futuro de los verbos. Además de esto, hay frases que señalan el tiempo futuro.

| | |
|---|---|
| **mañana** | *tomorrow* |
| **pasado mañana** | *day after tomorrow* |
| **algún día** | *someday* |
| **después** | *afterward* |
| **más tarde** | *later* |
| **esta tarde, esta noche** | *this afternoon, tonight* |
| **esta semana, este mes** | *this week, this month* |
| **la próxima semana, el próximo mes** | *next week, next month* |
| **la semana que viene, el año que viene** | *next week, next year* |

**1** Reemplaza el tiempo futuro en la segunda oración con el tiempo presente de **ir + a** y una expresión del futuro. Usa al menos una expresión en cada oración.

**Modelo:** Hoy es lunes. Iré a la piscina el martes.
*Voy a ir a la piscina mañana.*

**1.** Hoy es jueves. Veré a mi abuelo el sábado.

_____

**2.** Estamos en febrero. Viajaré a Ecuador en marzo.

_____

**3.** Son las tres de la tarde. Estudiaré con Ernesto a las ocho de la noche.

_____

**4.** Hoy es el 2 de abril. Cantaré con el coro el 9 de abril.

_____

**2** Hoy es viernes. Tus padres quieren saber tus planes para el fin de semana. Usa una forma del presente de **ir + a** y al menos una expresión del futuro en cada oración.

**1.** _____

**2.** _____

**3.** _____

**4.** _____

# Gramática A *Other impersonal expressions*

> **¡AVANZA!**  **Goal:** Use the subjunctive or the indicative with impersonal expressions.

**1** Lee estas oraciones e indica si la forma del verbo es indicativo (I) o subjuntivo (S).

**1.** No es cierto que tú sepas los beneficios del reciclaje. _____

**2.** Es cierto que muchos voluntarios ayudan con su trabajo. _____

**3.** Es verdad que nuestro planeta necesita de nuestra responsabilidad. _____

**4.** Es cierto que tus amigos y tú ayudan a recoger la basura en lugares públicos. _____

**5.** No es verdad que los bosques estén en peligro. _____

**6.** Es cierto que tú puedes reciclar aluminio y vidrio. _____

**2** ¿Qué hacen Ramiro y Benita? Completa las oraciones con el indicativo o subjuntivo de los verbos indicados.

**1.** Es cierto que Ramiro _____ (ir) al hospital.

**2.** No es cierto que _____ (estar) enfermo.

**3.** Es verdad que Ramiro _____ (comprar) flores.

**4.** No es verdad que _____ (comprar) chocolates también.

**5.** Es cierto que Ramiro le _____ (dar) las flores a su amiga.

**6.** No es verdad que Benita _____ (estar) gravemente enferma

**7.** Es verdad que Benita _____ (ir) al cine.

**8.** No es verdad que Ramiro _____ (ver) una película con Benita.

**9.** Es cierto que Benita _____ (comprar) una merienda.

**10.** No es cierto que _____ (comprar) un auto también.

# Gramática B  *Other impersonal expressions*

> **¡AVANZA!**   **Goal:**   Use the subjunctive or the indicative with impersonal expressions.

**1** Marcos habla de los problemas del medio ambiente. Subraya la forma correcta del verbo para completar las oraciones.

1. Es cierto que (hay / haya) especies en peligro de extinción.

2. Es verdad que el medio ambiente (es / sea) la responsabilidad de todos.

3. No es cierto que los consumidores (reciclan / reciclen) todo el cartón que compran.

4. No es verdad que la gente no (se preocupa / se preocupe) por la deforestación.

5. No es verdad que mucha gente no (recoja / recoge) la basura.

**2** Uno de tus amigos es muy optimista en cuanto al futuro del medio ambiente. En cambio, otro amigo piensa todo lo contrario. Completa sus opiniones con la forma correcta del subjuntivo.

**Modelo:**   La gente conservará más. / No es cierto que  *la gente conserve más.*

1. La gente respirará aire puro. / No es cierto que _____

2. Yo recogeré la basura. / No es cierto que _____

3. Todas las ciudades reciclarán el vidrio. / No es cierto que _____

4. Todos los países protegerán la naturaleza. / No es cierto que _____

   _____

5. Los consumidores serán más responsables. / No es cierto que _____

   _____

**3** Responde a las siguientes preguntas personales con oraciones completas.

1. ¿Es verdad que el mundo tiene muchos problemas ambientales?

   _____

2. ¿Es cierto que tus amigos van en bicicleta a la escuela para descongestionar el tráfico?

   _____

   _____

3. ¿Es cierto que recibes dinero de tus padres cada vez que reciclas el papel periódico?

   _____

   _____

4. ¿Es verdad que las ciencias te interesan porque deseas proteger la naturaleza?

   _____

   _____

UNIDAD 8 Lección 1

Gramática B

# Gramática C  *Other impersonal expressions*

> ¡AVANZA!  **Goal:**  Use the subjunctive or the indicative with impersonal expressions.

**1** Unos amigos discuten los deportes. ¿Qué dicen? Combina las dos oraciones para formar una sola.

**Modelo:**  No es cierto. Es fácil ser deportista profesional.
*No es cierto que sea fácil ser deportista profesional.*

**1.** Es cierto. Los deportistas compiten en todo.

_____

**2.** No es verdad. Es fácil seguir una dieta balanceada.

_____

**3.** Es verdad. Es bueno hacer ejercicio.

_____

**4.** No es cierto. Nuestro equipo gana todos los partidos.

_____

**5.** Es cierto. Los jugadores quieren ganar el partido.

_____

**2** Usa una palabra de cada columna y escribe cinco oraciones para expresar tus opiniones sobre el medio ambiente.

| | | | |
|---|---|---|---|
| **es cierto** | **yo** | **reciclar** | **la naturaleza** |
| **no es cierto** | **la gente** | **recoger** | **los recursos** |
| **es verdad** | **nosotros** | **conservar** | **el aire puro** |
| **es importante** | **los jóvenes** | **dañar** | **el smog** |
| **es bueno** | **tú** | **respirar** | **la basura** |

**1.** _____

**2.** _____

**3.** _____

**4.** _____

**5.** _____

**3** Expresa tu punto de vista sobre los jóvenes de tu generación. Escribe un mínimo de cinco oraciones.

_____

_____

_____

_____

# Gramática A  *Future Tense of Regular Verbs*

> **¡AVANZA!**   **Goal:**   Talk about future events and activities.

**1** Traza una línea del pronombre personal a la forma del futuro que corresponda. Algunos verbos se pueden usar más de una vez.

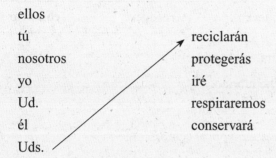

| | |
|---|---|
| ellos | |
| tú | reciclarán |
| nosotros | protegerás |
| yo | iré |
| Ud. | respiraremos |
| él | conservará |
| Uds. | |

**2** Estos estudiantes quieren proteger el medio ambiente. ¿Qué van a hacer? Escribe el verbo correcto para completar las oraciones.

| protegeré | conservarás | recogerán | respirará | trabajaremos |
|---|---|---|---|---|

**1.** Yo siempre _____ la naturaleza.

**2.** Mariana _____ aire puro.

**3.** Alberto y Jesús _____ la basura en el parque.

**4.** Tú _____ el petróleo.

**5.** Nosotros _____ de voluntarios para limpiar la playa y otros parques.

**3** Los amigos de Teresa le dan una fiesta de cumpleaños. ¿Qué planes tienen ellos? Completa las oraciones con la forma correcta del futuro del verbo indicado.

**1.** Yo _____ (invitar) a todos sus amigos.

**2.** Arturo _____ (comprar) las bebidas y la comida.

**3.** Manuel y Marisol _____ (envolver) los regalos.

**4.** Tú _____ (traer) tus discos compactos.

**5.** Nosotros _____ (cantar) «Las mañanitas».

**6.** Teresa _____ (abrir) sus regalos.

**7.** Tú y Carla _____ (bailar).

**8.** ¿ _____ (ir) tú a la fiesta conmigo?

# Gramática B  *Future Tense of Regular Verbs*

| ¡AVANZA! | **Goal:** Talk about future events and activities. |
|---|---|

**1** ¿Qué van a hacer estas personas para proteger el medio ambiente? Usa el verbo lógico y escribe la forma correcta del futuro.

| reciclar | ir | leer | recoger | comprar |
|---|---|---|---|---|

1. Yo _____ la basura en el parque.
2. Tú _____ un coche híbrido.
3. El señor Gómez _____ el vidrio.
4. Los muchachos _____ a pie al centro.
5. Ud. _____ un artículo sobre la destrucción de la capa de ozono.

**2** Lee lo que los estudiantes hicieron ayer y di lo que van a hacer en clase mañana. Escribe la forma correcta del futuro del verbo de la primera oración.

**Modelo:** Ayer Juana no escuchó a la profesora. Mañana ella la  *escuchará* .

1. Ayer yo no escribí la composición para la clase de español. Mañana yo la
_____.

2. Ayer la profesora nos dio tarea. Mañana ella no nos _____ tarea.

3. Ayer tú no estuviste en clase. Mañana tú _____ en clase.

4. Ayer Carmen y Carlota aprendieron unas palabras nuevas. Mañana ellas
_____ una canción en espanol.

5. Ayer mis amigos y yo leímos una revista colombiana. Mañana
_____ un periódico mexicano.

**3** ¿Qué vas a hacer después de la escuela? Responde a estas preguntas con el futuro.

**Modelo:** —¿Vas a estudiar después de la escuela?
— *Sí, (No, no) estudiaré después de la escuela.*

1. ¿Van a practicar deportes tú y tus amigos después de la escuela?
_____

2. ¿Vas a trabajar?
_____

3. ¿Vas a ir a la casa de un amigo?
_____

4. ¿A qué hora vas a regresar a casa?
_____

UNIDAD 8 Lección 1 · Gramática B

Unidad 8, Lección 1
Gramática B
**352**

¡Avancemos! 2
Cuaderno para hispanohablantes

# Gramática C  *Future Tense of Regular Verbs*

> **¡AVANZA!**  **Goal:**  Talk about future events and activities.

**1** Rosa y su familia quieren proteger el medio ambiente. Di lo que todos van a hacer este fin de semana. Escribe la forma correcta del verbo lógico.

**Modelo:**   Mi hermana *escribirá una carta al periódico sobre el reciclaje.*

**1. Jorge y Felipe**  **2. yo**  **3. tú y Felipe**  **4. mi padre**  **5. mi madre**

1. Jorge y Felipe _____

2. Yo _____

3. Tú y Felipe _____

4. Mi padre quiere saber sobre el medio ambiente. Él _____

5. Mi madre conducirá un vehículo híbrido. Ella _____

**2** ¿Qué planes tienes para tu futuro? Usa el futuro de los verbos de la lista u otros para decir lo que vas a hacer después de graduarte. Escribe un mínimo de cinco oraciones.

| | |
|---|---|
| ir a la universidad | trabajar como voluntario |
| resolver problemas ambientales | vivir en casa de tus padres |
| viajar por el mundo | practicar deportes |

_____

_____

_____

_____

_____

_____

# Gramática adicional *Haber vs. Tener*

## Haber vs. Tener

**Tener** quiere decir **poseer**.

> Tengo un coche nuevo.

**Tener que** expresa **una obligación.**

> Tengo que hacer la tarea. Tú tienes que llamar a tu abuelo.

Muchas expresiones usan el verbo **tener.**

| | | |
|---|---|---|
| Tener hambre | Tener sed | Tener frío |
| Tener sueño | Tener miedo | Tener ...años |
| Tener calor | | |

**Haber** quiere decir **existir.**

> Hay un lápiz en la mesa.

**Hay que** quiere decir **es necesario.** Se usa cuando el subjeto no refiere a una persona específica.

> Hay que estudiar mucho para recibir buenas notas.

**1** Completa las oraciones siguientes con la forma correcta de **haber** o **tener** y las expresiones siguientes:

| sed | dos perros | lavar los platos | dieciséis años | cortar el césped | un libro en el sofá |
|---|---|---|---|---|---|

**1.** **2.** **3.** **4.** **5.** **6.**

**1.** _____ en el sofá.

**2.** Marcos _____

**3.** María _____ porque acaba de hacer ejercicio.

**4.** _____ cortar el césped.

**5.** Antonio _____

**6.** Anita _____ dos perros.

# Integración: Hablar

> **¡AVANZA!** **Goal:** Respond to written and oral passages about the environment.

Lee con cuidado la siguiente noticia.

Fuente 1 Leer

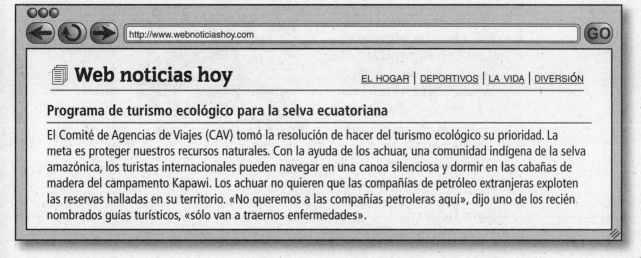

http://www.webnoticiashoy.com **GO**

## Web noticias hoy

EL HOGAR | DEPORTIVOS | LA VIDA | DIVERSIÓN

### Programa de turismo ecológico para la selva ecuatoriana

El Comité de Agencias de Viajes (CAV) tomó la resolución de hacer del turismo ecológico su prioridad. La meta es proteger nuestros recursos naturales. Con la ayuda de los achuar, una comunidad indígena de la selva amazónica, los turistas internacionales pueden navegar en una canoa silenciosa y dormir en las cabañas de madera del campamento Kapawi. Los achuar no quieren que las compañías de petróleo extranjeras exploten las reservas halladas en su territorio. «No queremos a las compañías petroleras aquí», dijo uno de los recién nombrados guías turísticos, «sólo van a traernos enfermedades».

Escucha un fragmento de la transmisión por radio Internet que hizo Lidia Urbano, una empresaria ecuatoriana. Puedes tomar notas mientras escuchas. Luego completa la actividad.

Fuente 2 Escuchar

### HL CD 2, tracks 25–26

¿Cómo comparas los dos puntos de vista anteriores? ¿Cuál es tu opinión?

¡Avancemos! 2
Cuaderno para hispanohablantes

UNIDAD 8 Lección 1
Integración: Hablar

Unidad 8, Lección 1
Integración: Hablar **355**

# Integración: Escribir

 **Goal:** Respond to written and oral passages about the environment.

Lee el siguiente folleto que promueve el ecoturismo en Ecuador.

Fuente 1 Leer

> A pesar de no ser muy grande, Ecuador tiene un territorio muy variado. Selvas, montañas, islas y desiertos forman parte de este gran país. Las Islas Galápagos son quizás uno de los lugares más naturales del planeta. Más de sesenta islas forman este archipiélago que ofrece uno de los más espectaculares paisajes para el buceo.
>
> ## Cómo llegar:
> **Por aire:** Vuelos desde Guayaquil toman una hora y media. **Por agua:** Desde Guayaquil. Las visitas al Parque Nacional cuestan $100 dólares por persona.
>
> Manténgase alejado de la fauna. Los animales no están acostumbrados al trato con humanos.

Escucha el anuncio de radio de un campamento ecoturístico. Toma apuntes y completa la actividad.

Fuente 2 Escuchar

### HL CD 2, tracks 25–26

Escribe un ensayo donde compares las dos opciones para viajar en Ecuador. ¿Cuál te parece mejor? ¿Por qué?

_____
_____
_____
_____
_____
_____
_____
_____

UNIDAD 8 Lección 1

Integración: Escribir

356

Unidad 8, Lección 1
Integración: Escribir

¡Avancemos! 2
Cuaderno para hispanohablantes

# Lectura A

¡AVANZA!    **Goal:** Discuss environmental problems and solutions.

**1** Lee el siguiente artículo sobre la contaminación. Luego responde a las preguntas de comprensión y da tu opinión sobre el tema.

### La contaminación es un problema de todos

Muchas de las actividades diarias producen basuras que ensucian el agua, el aire y el suelo. En los países industrializados la contaminación empezó durante los últimos años del siglo XIX, con las primeras fábricas. En otros países comenzó más tarde. En Ecuador, por ejemplo, los problemas de contaminación comenzaron en la segunda mitad del siglo pasado. Hoy en día, esos problemas son los mismos que los de todos los países de la Tierra.

En las ciudades no podemos respirar aire puro, los humos de las fábricas y de los coches producen el smog. Es cierto que las fábricas y los coches son necesarios, pero no es verdad que tengan que contaminar tanto. Una forma de solucionar la contaminación es el transporte público y usar vehículos híbridos.

Otro problema es la basura. Mucho de lo que tiramos podemos reciclarlo o volverlo a usar. Es importante que, antes de tirar algo, pensemos si se puede reciclar. En muchas comunidades hay programas de reciclaje. Todos debemos estar informados de los programas de reciclaje de nuestras comunidades y colaborar para reducir la basura y conservar los recursos naturales.

**2** **¿Comprendiste?** Responde a las siguientes preguntas con oraciones completas:

**1.** ¿Por qué los problemas de contaminación empezaron antes en unos países que en otros?

_____

_____

**2.** ¿Qué significa el título del artículo?

_____

_____

**3.** ¿Cómo podemos ayudar a resolver el problema de la basura?

_____

_____

**3** **¿Qué piensas?** Además de las posibles consecuencias de la contaminación que se mencionan en el artículo, ¿qué otras cosas crees que pueden pasar en el futuro si no tomamos medidas para acabar con la contaminación? ¿Por qué?

_____

_____

_____

# Lectura B

¡AVANZA!   **Goal:**   Discuss environmental problems and solutions.

**1** Paulina y Susana están hablando de sus planes para el verano. Lee su conversación. Luego responde a las preguntas de comprensión y da tu opinión sobre el tema.

### ¿Vamos a la playa este verano?

Paulina y Susana tienen planes para el verano. Las dos piensan ir a la playa, pero no piensan hacer las mismas cosas. Paulina quiere estar todo el día en la playa nadando y tomando el sol. Por su parte, también Susana quiere estar en la playa, pero además de nadar y tomar el sol va a colaborar en un grupo de voluntarios en un programa para la limpieza de la playa.

Un buen día, al inicio del verano, Susana invita a Paulina a unirse al grupo. Paulina se disculpa y dice que en el verano hace calor y que ella sólo quiere descansar. Susana contraataca: le recuerda que el día es muy largo y hay tiempo para todo, y lo más importante: todos disfrutamos de la playa y debemos colaborar para mantenerla limpia.

Pero Paulina se defiende. Le dice a Susana que ella cuida la naturaleza, no la ensucia ni la daña y pone toda la basura en los basureros. En casa, separa el papel, el cartón y el vidrio para reciclar. Susana le aclara: si todas las personas fueran responsables, no tendrían que limpiar la playa. Muchos no se preocupan del daño que hacen. ¡Es increíble que por la mañana encuentren tantas latas y tanta basura! En un último intento para convencer a su amiga, Susana le explica que en la asociación de voluntarios hay muchos jóvenes que pueden ser sus amigos.

Paulina cede y se anima. Está segura de que los voluntarios serán personas simpáticas y, al mismo tiempo, hará algo importante por la naturaleza. Las dos amigas se despiden alegremente, animadas y optimistas.

**2** **¿Comprendiste?** Responde las siguientes preguntas con oraciones completas.

**1.** ¿Por qué Paulina no quiere colaborar con la limpieza de la playa?

**2.** ¿Qué cosa es increíble para Susana?

**3.** ¿Qué piensa Susana sobre unirse al grupo de voluntarios, cuando cede y se anima?

**3** **¿Qué piensas?** ¿Es importante participar en campañas de limpieza de playas y parques? ¿Por qué? ¿Crees que los voluntarios pueden ayudar a solucionar los problemas de contaminación?

# Lectura C

> **¡AVANZA!**   **Goal:** Discuss environmental problems and solutions.

**1** Lee el artículo una comunidad afectada por los incendios forestales. Luego responde a las preguntas de comprensión y da tu opinión sobre el tema.

### ¡Todos juntos contra el fuego!

Llegó el verano, y como todos los veranos, llegaron los incendios forestales. Este fin de semana los incendios destruyeron grandes áreas de bosques. Se dice que el trabajo de los bomberos no es bueno y que tardan mucho en llegar. No es verdad que tarden en llegar, pero su trabajo no resulta muy efectivo por el viento fuerte. Tampoco es cierto que este verano haya más incendios que el verano pasado, en realidad el número de incendios disminuyó, pero como el bosque está muy seco, se queman áreas muy grandes en poco tiempo.

No es verdad que las autoridades no hagan todo lo que tienen que hacer para controlar los incendios. Este año, como los años anteriores, grupos de voluntarios visitarán las escuelas y asociaciones cívicas darán a todos los ciudadanos información sobre los incendios y aconsejarán qué hacer para evitarlos. También colocaremos carteles en todos los parques para recordarles que no deben hacer fogatas fuera de las áreas preparadas para ello, que no deben tirar fósforos encendidos en el campo y tampoco deben tirar botellas ni vidrios. Los materiales de vidrio, además de ensuciar el campo, puede producir incendios forestales pues los rayos del sol pueden pasar a través de ellos. Si hacen una fogata, asegúrense siempre de que la dejan bien apagada y si observan fuego o humo, por favor avisen a los bomberos o a la policía.

Algunos dicen que los incendios son provocados por el poco cuidado de las personas que acampan en los bosques, no es verdad. Por lo general, las personas que acampan cuidan la naturaleza. Son las personas que van de paso y que ignoran las medidas de precaución las responsables de esto.

Es verdad que todavía hay muchas personas poco informadas. También es verdad que algunos no se toman en serio nuestras recomendaciones, pero la mayor parte de las personas cometen errores por falta de información. Tenemos que acabar con los incendios forestales, si no, ellos acabarán con nuestros bosques. Todos nos veremos afectados por la desaparición del bosque, especialmente las generaciones futuras.

Finalmente, el día 30 de este mes organizaremos una gran fiesta en la que plantaremos 200 árboles y después prepararemos una gran parrillada para todas las personas que asistan a este evento. ¡Todos están invitados! ¡Vengan a pasar un buen rato y colaboren con nosotros!

**2** **¿Comprendiste?** Responde a las siguientes preguntas:

1. ¿Por qué algunas personas dicen que los bomberos no cumplen bien con su trabajo?

   _____

   _____

2. Según el artículo, ¿por qué razones las personas no colaboran con las campañas para prevenir los incendios forestales?

   _____

   _____

3. ¿Por qué los materiales de vidrio son peligrosos para los bosques?

   _____

   _____

4. ¿Qué actividades nuevas programarán las autoridades este verano?

   _____

   _____

   _____

**3** **¿Qué piensas?** ¿Por qué crees que los incendios forestales son un problema tan grave? ¿Cómo colaborarías para evitar los incendios forestales?

_____

_____

_____

_____

# Escritura A

| ¡AVANZA! | **Goal:** Discuss environmental problems and solutions. |
|---|---|

Tu grupo de voluntarios va a trabajar recogiendo basura para reciclar. A ti te toca hacer un cartel para conseguir más participantes.

**1** Anota en el diagrama la información que va a incluir en el cartel.

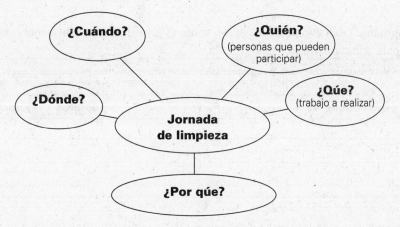

**2** Crea el cartel usando la información del diagrama anterior. Debes incluir al menos seis oraciones completas. Asegúrate de que: 1) el cartel es fácil de entender y es fácil distinguir la información principal, 2) das tres razones que animan a la gente a participar y 3) los verbos son correctos.

**3** Evalúa tu cartel usando la siguiente tabla.

| | Crédito máximo | Crédito parcial | Crédito mínimo |
|---|---|---|---|
| Contenido | El cartel es fácil de entender y contiene la información principal. Das tres razones que animan a la gente a participar. | Algunas partes del cartel no son fáciles de entender y la información principal no está completa. Das dos razones que animan a la gente a participar. | El cartel es difícil de entender y no contiene la información principal. Diste una sola razón o ninguna para animar a la gente a participar. |
| Uso correcto del lenguaje | Hay muy pocos errores o ninguno en el uso de los verbos. | Hay algunos errores en el uso de los verbos. | Hay un gran número de errores en el uso de los verbos. |

# Escritura B

| ¡AVANZA! | **Goal:** Discuss environmental problems and solutions. |

¿Qué problema del medio ambiente es el más grave en tu comunidad? ¿Qué puedes hacer para solucionarlo? Eres miembro de un grupo de voluntarios que tiene un proyecto para solucionar el problema pero necesita ayuda (materiales, dinero, un lugar dónde reunirse, etc). Escribe un comunicado al público para el diario de tu comunidad explicándole la situación y pidiéndole ayuda.

**1** Completa la siguiente tabla con la información sobre el problema, sus consecuencias y qué harán ustedes para solucionarlo.

| Problema: | |
|---|---|
| **consecuencias** | **posibles soluciones** |
| _____ | _____ |
| _____ | _____ |
| _____ | _____ |

**2** Escribe el comunicado basándote en la información de la tabla. Conjuga los verbos en futuro para decir lo que van a hacer. Termina tu carta exponiendo la necesidad que el proyecto se lleve a cabo. Asegúrate de que: 1) la explicación del problema, las consecuencias y las soluciones es clara y lógica, 2) la carta resulta interesante y 3) los verbos son correctos.

_____

_____

_____

_____

_____

_____

**3** Evalúa tu carta usando la siguiente tabla.

| | **Crédito máximo** | **Crédito parcial** | **Crédito mínimo** |
|---|---|---|---|
| Contenido | Todas las explicaciones de la carta son claras y lógicas. La carta resulta interesante. | La mayor parte de las explicaciones de la carta son claras y lógicas. La carta resulta un poco interesante. | Las explicaciones de la carta no son claras o lógicas y la carta no es interesante. |
| Uso correcto del lenguaje | Tuviste muy pocos errores o ninguno en el uso de los verbos. | Tuviste algunos errores en el uso de los verbos. | Tuviste un gran número de errores en el uso de los verbos. |

# Escritura C

| ¡AVANZA! | **Goal:** Discuss environmental problems and solutions. |

Escribe un informe sobre la situación del medio ambiente en tu comunidad. (Un informe debe tener una **introducción** en la que presentas el tema, un **desarrollo** en el que explicas el tema y una **conclusión** en la que hacen una evaluación de lo que explicaste en el desarrollo).

**1** En el esquema siguiente anota tres datos positivos y tres datos negativos sobre el medio ambiente en tu comunidad. Luego compara la importancia de los datos de los dos grupos y saca una conclusión sobre la situación del medio ambiente en tu comunidad.

| Datos positivos | Datos negativos |
|---|---|
| 1. _____ | 1. _____ |
| 2. _____ | 2. _____ |
| 3. _____ | 3. _____ |

| Conclusión |
|---|
| _____ |
| _____ |

**2** Escribe tu informe teniendo en cuenta los datos del diagrama. Usa expresiones impersonales del tipo « Es cierto que... » Asegúrate de que: 1) tu informe tiene tres partes diferenciadas: presentación, desarrollo y conclusión, 2) la información está bien organizada y es fácil de entender y 3) la redacción de las frases y el uso de los verbos son correctos.

_____

_____

_____

**3** Evalúa tu informe usando la siguiente tabla.

|  | Crédito máximo | Crédito parcial | Crédito mínimo |
|---|---|---|---|
| Contenido | Tu informe tiene las tres partes bien diferenciadas y la información está organizada y es fácil de entender. | Tu informe no tiene las tres partes bien diferenciadas y alguna información está desorganizada o no es fácil de entender. | Tu informe no tiene las tres partes bien diferenciadas y la información está desorganizada y no es fácil de entender. |
| Uso correcto del lenguaje | Tuviste muy pocos errores o ninguno la redacción de las frases y el uso de los verbos. | Tuviste algunos errores en la redacción de las frases y el uso de los verbos. | Tuviste un gran número de errores en la redacción de las frases y el uso de los verbos. |

UNIDAD 8 Lección 1

Escritura C

# Cultura A

> ¡AVANZA!  **Goal:**  Know and understand the life, people, and culture of Ecuador.

**1** Tu amigo te pregunta sobre los siguientes ecuatorianos famosos. Relaciona cada persona con la actividad por la que es conocido.

| | | | |
|---|---|---|---|
| **1.** | _____ Diego Serrano | **a.** | atletismo |
| **2.** | _____ Julio Jaramillo | **b.** | artes |
| **3.** | _____ Gilda Holst | **c.** | canto |
| **4.** | _____ Oswaldo Guayasamín | **d.** | actuación |
| **5.** | _____ Jefferson Pérez | **e.** | literatura |

**2** Responde a las siguientes preguntas sobre Ecuador y otros países latinoamericanos.

**1.** ¿Qué se celebra en Quito durante el mes de agosto?

_____

**2.** ¿Quién es Oswaldo Viteri y por qué es conocido?

_____

**3.** ¿Cómo se llama una famosa estación científica de las islas Galápagos y qué programas tiene?

_____

_____

**4.** ¿Cuántas especies de osos hay en Sudamérica? ¿Dónde viven?

_____

**3** ¿Para qué va mucha gente a las islas Galápagos? Haz una lista de cinco animales del mundo que están en vía de extinción y di dónde viven.

_____

_____

_____

_____

_____

UNIDAD 8 Lección 1

Cultura A

Unidad 8, Lección 1
Cultura A

**364**

¡**Avancemos! 2**
Cuaderno para hispanohablantes

# Cultura B

> **¡AVANZA!**    **Goal:**   Know and understand the life, people, and culture of Ecuador.

**1** Un(a) amigo(a) tuyo(a) quiere viajar a Ecuador y te pide información práctica sobre el país. Responde a sus preguntas de forma sencilla.

**1.** ¿Con qué países tiene frontera Ecuador?

_____

**2.** ¿Cuál es la moneda de Ecuador?

_____

**3.** ¿Cuál es la capital de Ecuador?

_____

**4.** ¿Qué islas de Ecuador tienen una fauna muy interesante?

_____

**5.** Escribe el nombre de tres ciudades de Ecuador que no sean la capital.

_____

**2** Tu amigo(a) te hace nuevas preguntas sobre Ecuador porque quiere saber más detalles. Respóndele con oraciones completas.

**1.** ¿Qué animales están en peligro de extinción en Ecuador?

_____

_____

**2.** ¿Qué más sabes de las tortugas gigantes?

_____

**3.** ¿Qué eventos culturales hay en Quito durante el mes de agosto?

_____

_____

**4.** ¿Qué es el Inti Raymi? ¿Dónde y cuándo se celebra?

_____

**3** Inti Raymi es una celebración muy antigua. ¿Cuál es la celebración más antigua que conoces? ¿En qué consiste? ¿Dónde y cuándo tiene lugar? Escríbe un párrafo corto para responder a estas preguntas.

_____

_____

_____

UNIDAD 8 Lección 1

Cultura B

# Cultura C

> **¡AVANZA!**  **Goal:**  Know and understand the life, people, and culture of Ecuador.

**1** En Ecuador existe una ciudad que se asienta sobre la línea imaginaria del Ecuador. Escribe la palabra que corresponde a cada definición y luego coloca las letras en las casillas correspondientes para saber el nombre y la ubicación de esta ciudad.

**1.** Moneda de Ecuador ____ ____ ____ ____ ____
                               5    10    7    4    14

**2.** Lengua indígena ecuatoriana ____ ____ ____ ____ H ____ ____
                                      15    8    6    13      8    4

**3.** Apellido de un famoso actor ecuatoriano ____ ____ ____ ____ ____ ____ ____
                                            11   6   14   14   4   9   10

**4.** Fiesta indígena del sol ____ ____ ____ ____ ____ ____ ____ ____ ____
                          2   9   3   2   14   4   12   1   2

| 1 | 2 | 3 | 4 | 5 | | 5 | 6 | 7 | | 1 | 8 | 9 | 5 | 10 | | 6 | 11 | 3 | 4 |
|---|---|---|---|---|---|---|---|---|---|---|---|---|---|----|---|---|----|---|---|
| 1 | 8 | 12 | | 13 | 6 | 14 | 13 | 4 | | 5 | 6 | | | 15 | 8 | 2 | 3 | 10 | |

**2** Además de artistas y otras personalidades ecuatorianas, hay gentes famosas de otros países que están o estuvieron relacionados con Ecuador. Responde a las siguientes preguntas dando tantos datos como puedas.

**1.** ¿Qué hizo Charles Darwin en Ecuador?

_____

_____

**2.** ¿Qué caracteriza la obra del artista ecuatoriano Viteri?

_____

_____

**3.** ¿Cómo es la máscara del Aya Uma y qué representa?

_____

_____

_____

**3** Lee la Comparación cultural de la página 433 de tu libro. Escribe un párrafo para responder a las preguntas. ¿Conoces alguna otra obra de arte o una obra literaria que combine dos culturas diferentes? Explica cuál es, qué culturas combina y cómo se reflejan esas culturas en la obra.

_____

_____

**366**

Unidad 8, Lección 1
Cultura C

**¡Avancemos! 2**
Cuaderno para hispanohablantes

UNIDAD 8 Lección 1
Cultura C

# Vocabulario A  En el futuro...

> **¡AVANZA!**    **Goal:**  Talk about professions and the future.

**1** Relaciona la palabra de la derecha con la profesión que corresponda a la izquierda.

| | | |
|---|---|---|
| **1.** _____ el/la agente de bolsa | **a.** | el avión |
| **2.** _____ el/la veterinario(a) | **b.** | los edificios |
| **3.** _____ el/la cartero(a) | **c.** | los animales |
| **4.** _____ el/la piloto | **d.** | las cartas |
| **5.** _____ el/la bombero(a) | **e.** | el gobierno |
| **6.** _____ el/la político(a) | **f.** | la cura |
| **7.** _____ el/la arquitecto(a) | **g.** | el dinero |
| **8.** _____ el/la científico(a) | **h.** | las computadoras |
| **9.** _____ el/la programador(a) | **i.** | los incendios |

**2** Completa la respuesta a la pregunta con la palabra correcta.

**Modelo:**    ¿Qué hace un(a) enfermero(a)? Un(a) enfermero(a) ayuda al doctor a cuidar a los  *pacientes.*

**1.** ¿Qué hace un(a) arquitecto(a)? Un(a) arquitecto(a) diseña _____

**2.** ¿Qué hace un(a) artista? Un(a) artista pinta, dibuja o hace _____

**3.** ¿Qué hace un(a) dentista? Un(a) dentista cuida los _____ de los pacientes.

**4.** ¿Qué hace un(a) ingeniero(a)? Un(a) ingeniero(a) construye _____

**5.** ¿Qué hace una(a) veterinaria? Un(a) veterinaria trabaja con _____

**3** Reescribe la oración completa con la profesión u oficio correcto en las siguientes situaciones.

**1.** El hombre/La mujer de negocios se gana la vida investigando nuevas curas.

_____

**2.** El/La agente de bolsa trabaja en informática.

_____

**3.** El/La buceador(a) vuela sobre los océanos.

_____

**4.** El/La policía  investiga un asunto personal y/o de negocio solamente.

_____

**5.** El/La enfermero(a) ejerce la medicina y cura enfermos.

_____

UNIDAD 8 Lección 2   Vocabulario A

# Vocabulario. B *En el futuro...*

> **¡AVANZA!**    **Goal:**   Talk about professions and the future.

**❶** Escoge la palabra correcta para completar las descripciones de profesiones y ocupaciones.

| científico(a)   diseñador(a)   alpinista   buceador(a)   carpintero(a)   abogado(a) |
|---|

**1.** Un(a) _____ descubre curas para las enfermades.

**2.** Un(a) _____ trabaja en el juzgado.

**3.** Un(a) _____ observa los peces y las plantas en el océano.

**4.** Un(a) _____ inventa diferentes estilos de ropa.

**❷** Decide si las oraciones son ciertas (**C**) o falsas (**F**). Reescribe las oraciones falsas con la definición correcta.

**1.** _____ El/la doctor(a) es el/la que reparte las cartas.

_____

**2.** _____ El/la policía es el/la que ayuda al (a la) doctor(a).

_____

**3.** _____ El/la profesor(a) es el/la que enseña en las escuelas.

_____

**4.** _____ El/la carpintero(a) es el/la que tiene que repartir cartas.

_____

**❸** Lee las pistas para responder las preguntas a continuación.

**Modelo:**    Gregorio hace sillas y puertas de madera. ¿Cuál es su profesión?
*Gregorio es carpintero.*

**1.** Rosa y Alberto ayudan a las personas cuando tienen problemas con la ley. ¿Cuál es su profesión?

_____

**2.** Pedro enseña clases de Historia todas las mañanas. ¿Cuál es su profesión?

_____

**3.** La Sra. Pérez trabaja en el hospital y cura a los enfermos. ¿Cuál es su profesión?

_____

**4.** Miguel vuela los aviones y viaja todos los días. ¿Cuál es su profesión?

_____

UNIDAD 8 Lección 2

Vocabulario B

**368**

Unidad 8, Lección 2
Vocabulario B

**¡Avancemos! 2**
Cuaderno para hispanohablantes

# Vocabulario C  *En el futuro...*

> **¡AVANZA!**    **Goal:**   Talk about professions and the future.

**1** Contesta las preguntas sobre las profesiones con la definición correcta.

**1.** ¿Qué tipo de talento tiene un alpinista?

Un(a) alpinista tiene talento para _____

**2.** ¿Qué tipo de talento tiene un(a) carpintero(a)?

Un(a) carpintero tiene talento para _____

**3.** ¿Qué tipo de talento tiene un(a) veterinario(a)?

Un(a) veterinario(a) tiene talento para _____

**4.** ¿Qué tipo de talento tiene un(a) bombero(a)?

Un(a) bombero(a) tiene talento para _____

**2** Mira los dibujos de las personas que están practicando sus profesiones u oficios. Identifica la profesión de cada persona y escribe lo que hace cada una de ellos.

   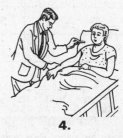

**1.**          **2.**          **3.**          **4.**

**1.** _____

**2.** _____

**3.** _____

**4.** _____

**3** Estás en el año 2030. Tienes un buen trabajo. Escribe una narración con cinco oraciones completas sobre tu profesión. ¿En dónde trabajas? ¿Qué profesión escogiste? ¿Por qué? ¿Tienes éxito en tu profesión?

_____

_____

_____

_____

_____

# Vocabulario adicional  Los cognados falsos, los oficios y las profesiones

> **¡AVANZA!**  **Goal:** Be aware of false cognates when talking about jobs and professions.

## Los cognados falsos, los oficios y las profesiones

Los **cognados falsos** en español son palabras que se parecen a palabras del inglés pero que no tienen el mismo significado. Por ejemplo, **actualmente** no es *actually* sino *at present*. En español *actually* significa **en efecto** o **realmente**. Las siguientes palabras se usan cuando vas a buscar trabajo.

| Palabra en inglés | Cognado falso y significado en inglés | Palabra en español |
|---|---|---|
| *application* | la aplicación *(use [of])* | la solicitud |
| *assist* | asistir *(to attend)* | ayudar |
| *education* | la educación *(politeness)* | los estudios |
| *major* | mayor *(larger; older)* | la especialización |
| *position* | la posición *(place; rank)* | el empleo |
| *realize* | realizar *(to carry out)* | darse cuenta (de) |
| *resume* | el resumen *(summary)* | el currículo |
| *success* | el suceso *(event)* | el éxito |
| *topic* | topic | el tema |

**❶** Completa las oraciones sobre la búsqueda de trabajo con la palabra en español correcta.

**1.** Voy a buscar _____ en una agencia de viajes.

**2.** Tengo que escribir _____ con todos mis datos profesionales.

**3.** Tengo que llenar _____ antes de ir a la entrevista.

**4.** Necesito un buen salario para _____ a mi familia.

**❷** Completa el siguiente párrafo con el vocabulario adicional.

María está muy contenta porque le aprobaron su **1.** _____ para estudiar en la universidad. Ella se lo merece porque su **2.** _____ es muy bueno. Ella terminó sus **3.** _____ en la preparatoria con notas excelentes. Todos los profesores están seguros de que ella tendrá mucho **4.** _____ en el futuro. Sin **5.** _____, María será una brillante profesional muy pronto.

UNIDAD 8 Lección 2

Vocabulario adicional

Unidad 8, Lección 2
Vocabulario adicional
**370**

**¡Avancemos! 2**
Cuaderno para hispanohablantes

# Gramática A  *Future Tense of Some Irregular Verbs*

> **¡AVANZA!**  **Goal:**  Use verbs with irregular future tense.

**1** Subraya las formas del futuro de los verbios siguientes.

1. venir:  venía  vendrá  venga  viene
2. querer:  querremos  queremos  quisimos  queríamos
3. haber:  había  hubo  haya  habrá
4. poder:  podrán  podemos  pudieron  podían
5. hacer:  hiciste  haces  hacías  harás
6. tener:  tengo  tenga  tuve  tendré

**2** Estas personas hablan del trabajo que desean hacer en el futuro. Subraya la forma correcta del futuro de los verbos.

1. Mis amigos y yo querré / querremos trabajar en un hospital.
2. Mi hermano sabré / sabrá ayudar a la gente enferma.
3. Mis amigos no tendremos / tendrán un trabajo peligroso.
4. Mis primos serán / son abogados.
5. Yo haré / hará muchos aviones.

**3** Todos hablan de sus planes profesionales. Completa las oraciones con el futuro de los verbos indicados para describir lo que estas personas van a hacer.

1. Carlos será abogado. Él _____ (tener) que hablar al juez en el tribunal.
2. Ángela será arquitecto. Ella _____ (saber) dibujar bien.
3. Yo seré veterinario. Yo _____ (querer) trabajar con animales.
4. Nosotros seremos científicos. Nosotros _____ (hacer) muchas pruebas.
5. Amalia y Diego serán pilotos. Ellos _____ (poder) pilotar un avión.
6. Yo seré dentista. Yo les _____ (decir) a mis pacientes que deben cepillarse los dientes.

# Gramática B  *Future Tense of Some Irregular Verbs*

> **¡AVANZA!**  **Goal:** Use verbs with irregular future tense.

**1** Ana sueña con un mundo sin problemas. Completa el párrafo con el futuro de los verbos entre paréntesis.

La gente **1.** _____ (saber) proteger el medio ambiente. Los consumidores **2.** _____ (querer) comprar vehículos hibridos. Los jóvenes **3.** _____ (venir) a los parques para limpiarlos. Nosotros **4.** _____ (poder) respirar aire puro. No **5.** _____ (haber) smog en las ciudades grandes. Yo **6.** _____ (haber) todo lo posible para proteger la naturaleza. Todos **7.** _____ (tener) que conservar los recursos naturales.

**2** ¿Cómo será la vida de estas personas en diez años? Escribe una oración con el futuro de los verbos indicados.

**1.** Yo / tener / un trabajo interesante

_____

**2.** Mi mejor amigo / salir / conmigo todos los fines de semana

_____

**3.** Mis padres / querer viajar por el mundo

_____

**4.** Mis amigos y yo / saber hablar español bien

_____

**3** Lisa quiere saber sobre lo que pasa en la universidad de Angela. Convierte las siguientes oraciones en preguntas.

**Modelo:** No puedo sacar los libros de la biblioteca.

*¿Podré sacar los libros de la biblioteca.*

**1.** Hay muchos estudiantes hispanos.

_____

**2.** Los profesores saben y hablan muchos idiomas.

_____

**3.** Los estudiantes quieren visitar hospitales.

_____

**4.** El próximo año va a venir la escritora Isabel Allende.

_____

# Gramática C  *Future Tense of Some Irregular Verbs*

| ¡AVANZA! | **Goal:**  Use verbs with irregular future tense. |
|---|---|

**1** Di lo qué harán estas personas en su viaje al extranjero durante las próximas vacaciones. Escoge palabras de cada columna para escribir cinco oraciones diferentes en el futuro.

| yo | hacer | comer comida nueva |
|---|---|---|
| Jorge | poder | hablar la lengua del país |
| Amalia y Ana | querer | tomar fotos |
| nosotros | saber | una excursión |
| Ud. | tener | por la noche |
| vosotros | salir | nadar en el mar |
| tú | | pasaportes |
| | | regatear |
| | | reservaciones en un hotel |
| | | bonito |

1. _____
2. _____
3. _____
4. _____
5. _____

**2** Te ganaste un millón de dólares. ¿Qué harás con el dinero? Escribe un párrafo de seis oraciones y usa verbos como **hacer**, **poder**, **querer**, **tener**, **comprar**, y **dar** en el futuro.

_____
_____
_____
_____
_____
_____
_____
_____
_____

# Gramática A *Pronouns*

¡AVANZA! **Goal:** Use direct object, indirect object and reflexive pronouns to give advice and discuss routines.

**❶** Une las oraciones a los objetos directos e indirectos que corresponden.

| | |
|---|---|
| **1.** _____ No lo tengo. | **a.** al profesor |
| **2.** _____ No las veo en esta foto. | **b.** mi libro |
| **3.** _____ ¿Los compraste? | **c.** tu mochila |
| **4.** _____ La tengo en clase hoy. | **d.** a las muchachas |
| **5.** _____ ¿Lo conoces? | **e.** los lápices |

**❷** Tu mamá compra ropa de trabajo para todos. Usa los pronombres para indicar lo que compra y para quién lo compra.

**Modelo:** Tu mamá compra zapatos para tu abuelo. Ella *se los compra.*

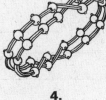

**1.**        **2.**        **3.**        **4.**

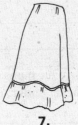

**5.**        **6.**        **7.**        **8.**

**1.** Tu mamá compra un abrigo para tu hermana. Ella _____

**2.** Tu mamá compra unas botas a tu padre. Ella _____

**3.** Tu mamá compra unas gorras para tus hermanos menores. Ella _____

**4.** Tu mamá compra una pulsera para tu abuela. Ella _____

**5.** Tu mamá compra unos chalecos para ti y tu hermano. Ella _____

**6.** Tu mamá compra unas sandalias para ti. Ella _____

**7.** Tu mamá compra una falda para ella. Ella _____

**8.** Tu mamá compra un traje para tu abuelo. Ella _____

# Gramática B *Pronouns*

> **¡AVANZA!** **Goal:** Use direct object, indirect object and reflexive pronouns to give advice and discuss routines.

**1** Reescribe oraciones completas sobre lo que estas personas hacen en su trabajo. Usa pronombres según el modelo.

**Modelo:** La dentista le examina los dientes al paciente. *Ella se los examina.*

**1.** El arquitecto les dibujará su casa nueva a los Ruíz. _____

**2.** La cartera me dio la carta de mis abuelos. _____

**3.** El agente de bolsa venderá las acciones de la companía. _____

**4.** Las profesoras tienen que explicarles las lecciones a los estudiantes. _____
_____

**5.** La diseñadora le diseñó el vestido elegante a la estrella de cine. _____

**6.** El enfermero les dará los medicamentos a los pacientes. _____

**2** Las siguientes personas están en un hospital. Completa los diálogos con pronombres según corresponda.

**Modelo:** El médico a la enfermera: ¿Le tomó la presión al paciente?

—*Sí, se la tomé.*

**1.** La enfermera al visitante: ¿Se comió el almuerzo del paciente?

—No, _____

**2.** Los padres al enfermo: ¿Te hicieron los exámenes?

—Sí, _____

**3.** El visitante a la recepcionista: ¿Me puede mostrar dónde queda la sala de espera?

—Sí, _____

**4.** El paciente a la doctora: ¿me explica el tratamiento?

—Sí, _____

**3** Escribe mandatos afirmativos y usa pronombres para dar las instrucciones de trabajo a las siguientes personas.

**Modelo:** Enrique/ poner/ el casco de seguridad *Póntelo.*

**1.** Enfermera/ traer / las inyecciones _____

**2.** Doctor / operar/ paciente _____

**3.** Carpintero / hacer / los muebles _____

**4.** Veterinario / curar / la vaca _____

**5.** Científico / descubrir / las curas _____

# Gramática C *Pronouns*

| ¡AVANZA! | **Goal:** | Use direct object, indirect object and reflexive pronouns to give advice and discuss routines. |
|---|---|---|

**1** Completa las conversaciones con pronombres según la situación.

**1.** — La profesora: Antonio, dame los cuadernos, por favor.

— Antonio: Por supuesto, _____

**2.** — El/La agente de bolsa ¿me muestras el informe de la bolsa de valores?

— Carla: Sí, _____

**3.** — Roberto y Raúl: Amigas, ¿nos explican las instrucciones?

— Rosa y Sara: Sí, _____

**4.** — El/La Piloto: Copiloto ¿aterriza el avión?

— El copiloto: Sí, _____

**5.** — El señor: Doctor, ¿me hará un examen?

— El doctor: Sí, _____

**2** Todos preparan una fiesta para celebrar la graduación de María. ¿Cómo responden a las preguntas siguientes? Usa pronombres.

**1.** ¿Cuándo vas a mandarles las invitaciones a tus amigos?

(Mañana) _____

**2.** ¿Dónde le comprarás el pastel a María?

(en el centro comercial) _____

**3.** ¿Cuándo te dio los discos compactos Marcos?

(Ayer) _____

**4.** ¿Cuándo van a darte el dinero para los regalos tus amigos?

(el jueves) _____

**5.** ¿Van Uds. A comprarle estas flores a María?

(Sí) _____

**3** Escribe ocho oraciones completas sobre la ocupación o profesión que tendrás en el futuro. Describe lo qué harás y para quién.

_____

_____

_____

_____

_____

UNIDAD 8 Lección 2 · Gramática C

Unidad 8, Lección 2
Gramática C

**376**

¡**Avancemos! 2**
Cuaderno para hispanohablantes

# Gramática adicional *Los sustantivos*

| ¡AVANZA! | **Goal:** Practice use of gendered nouns. |
|---|---|

## El género de los sustantivos

En español los sustantivos son masculinos, femininos, o neutros.
Para cambiar un sustantivo del masculino al femenino hay que seguir estas indicaciones:

Por lo general, cuando el susutantivo masculino termina en la letra **-o**, hay que cambiarlo por **-a**.

> muchacho – muchacha

Por lo general, cuando el sustantivo masculino termina en las letras **l, n, r, s, z**, se le añade la letra **-a** a la palabra.

> francés – francesa
> profesor – profesora

La mayoria de los sustantivos que terminan en **-ista, -nte** no se cambian. Es decir que son neutros. El artículo indica el género del sustantivo.

> el dentista – la dentista
> el estudiante – la estudiante

**1** Escribe la forma feminina de los sustantivos siguientes.

1. el fotógrafo _____
2. el agente _____
3. el buceador _____
4. el guionista _____
5. el inglés _____
6. el abogado _____
7. el vendedor _____
8. el deportista _____
9. el jugador _____
10. el cartero _____
11. el campeón _____
12. el pariente _____
13. el bailarín _____
14. el cantante _____

# Integración: Hablar

Lee el siguiente fragmento de un artículo en una revista ecuatoriana.

Fuente 1 Leer

## La mujer de Quito y el siglo XXI

*Por Aimé Bemberg*

En los primeros cincuenta años del siglo pasado la mujer de Quito se desplazó de la cocina al ámbito profesional. La modernización de esta ciudad y las reformas políticas despertaron el interés de la mujer, que hasta entonces estaba más ocupada en las tareas de la casa. Pero con la preocupación por participar en la sociedad también surgió la preocupación por el hogar que dejaban atrás. La mujer está dividida entre el papel tradicional y su papel como profesional...

Escucha parte de una entrevista a Ruth Fernós, una piloto de avionetas en Guayaquil, Ecuador. Puedes tomar notas mientras escuchas. Luego completa la actividad.

Fuente 2 Escuchar

**HL CD 2, tracks 29–30**

Piensa en las ideas presentadas anteriormente: ¿Por qué hay un conflicto para la mujer moderna entre el papel tradicional y la vida profesional? ¿Qué solución le darías a este problema?

# Integración: Escribir

> **¡AVANZA!** **Goal:** Respond to written and oral passages about the future.

Lee el siguiente anuncio para promocionar una conferencia juvenil en Quito, Ecuador.

Fuente 1 Leer

## II CONFERENCIA INTERNACIONAL DE JÓVENES EMPRESARIOS

**Quito, Ecuador   del 23 al 25 de abril**

¿Tienes una idea empresarial que necesitas discutir? ¿Has inventado un producto que el mercado necesita? ¿Quieres saber qué profesiones serán las más populares en cinco años? Inscríbete en la II Conferencia Internacional de Jóvenes Empresarios y participa por tres días en un congreso que puede cambiar tu futuro. El mundo de los negocios tiene mucho que ofrecer a jóvenes como tú.

**Cuota de inscripción: $20 dólares**

**Para más información y formas de registro visita nuestro sitio de Internet.**

Escucha el mensaje que Francisco Rivera, un joven ecuatoriano, dejó en el contestador de una amiga. Toma apuntes y completa la actividad.

Fuente 2 Escuchar

### HL CD 2, tracks 31–32

Escríbele una carta electrónica a Francisco para ayudarlo a solucionar su problema. Dale toda la información posible.

_____

_____

_____

_____

_____

_____

_____

**¡Avancemos! 2**
Cuaderno para hispanohablantes

UNIDAD 8 Lección 2
Integración: Escribir

Unidad 8, Lección 2
Integración: Escribir **379**

# Lectura A

> ¡AVANZA!    **Goal:**   Predict future events.

**1** Sara y su madre están preocupadas sobre lo que hará Sara en el futuro, pero cada una de ellas tiene una idea diferente sobre qué será lo mejor. Lee el texto, luego responde las preguntas de comprensión y compara la experiencia de Sara con la tuya.

---

### Yo voy a ser artista

Sara quiere ser artista. Desde hace algunos años ella asiste a clases de pintura y sus cuadros son muy buenos. La madre de Sara piensa que su hija pinta muy bien, pero cree que no es una buena idea que Sara sea artista porque será muy difícil ganarse la vida con la pintura. La madre piensa que Sara debe estudiar para tener una "buena profesión", entonces ella podrá encontrar un buen trabajo como profesora y pintar en su tiempo libre. La madre piensa que Sara podría enseñar a pintar a muchos jóvenes y todos dirían que Sara es la mejor profesora. Sara no quiere ni hablar de ello, quiere pintar todo el día; sabe que no puede hacer otra cosa, porque entonces no podrá ser creativa. Ella piensa que será famosa y hará exposiciones. Además, no todo el mundo puede ser artista, para eso se necesitan habilidades especiales y ella las tiene. Durante todo el curso Sara estuvo trabajando muy duro, porque quiere entrar a estudiar en una escuela de arte.

Esta mañana Sara recibió una carta de la escuela de arte. ¡La admitieron! ¡El próximo curso podrá ir a la escuela! La madre se siente orgullosa aunque no es lo que ella quería para su hija.

---

**2** **¿Comprendiste?** Responde las siguientes preguntas con oraciones completas.

**1.** ¿Qué quiere ser Sara y qué opina su madre?

_____

_____

**2.** ¿Por qué Sara cree que ella será una buena artista?

_____

_____

**3.** ¿A qué crees que se refiere la madre de Sara cuando dice una "buena profesión"?

_____

_____

**3** **¿Qué piensas?** Cuando piensas en la profesión que quieres tener ¿piensas primero en hacer lo que te gusta o piensas en ganar buen dinero sin hacer lo que te gusta?¿Por qué?

_____

_____

_____

# Lectura B

| ¡AVANZA! | **Goal:** Predict future events. |

**1** Soledad y Mirta están en el último curso de la escuela secundaria. Mirta ya tiene planes claros para el próximo año, pero Soledad no. Lee las decisiones de las dos compañeras. Luego responde las preguntas de comprensión y compara su experiencia con la tuya.

### Decisiones para el próximo año

Soledad y Mirta son dos chicas que dentro de unos meses se graduarán de la escuela secundaria. Ellas piensan ir a la universidad el próximo año. Soledad todavía no está muy segura de lo que hará, pero habló con la orientadora profesional. Ella dice que a final de curso se organizarán unas jornadas de orientación que pueden ser muy útiles y le recomendó asistir. También le dijo que es una buena idea visitar lugares de trabajo. Soledad visitará la oficina de unos arquitectos, la consulta de una veterinaria y el consultorio de un dentista. Quiere aprovechar bien las visitas y aprender todo lo que pueda sobre cada profesión. Cada día irá a un sitio diferente y así podrá hacerse una idea clara de lo que tendrá que hacer si elije alguna de esas profesiones.

A Mirta le gustan los planes de Soledad y cree que es muy importante tener la cooperación de los padres. En su caso ella adora las computadoras. Mirta quiere ser programadora de computadoras porque es una profesión muy interesante y tiene un buen futuro aunque su madre no entiende nada de eso y su padre prefiere que ella estudie para enfermera, pues él opina que es una profesión "para mujeres". Sin embargo ellos la respetan y por eso la apoyan.

**2** **¿Comprendiste?** Responde las siguientes preguntas con oraciones completas.

**1.** ¿Qué va a hacer Mirta el próximo año y por qué?

_____

_____

**2.** ¿Qué hará Soledad en las próximas semanas?

_____

_____

_____

**3.** ¿Qué piensan los padres de Mirta respecto a la profesión que ella eligió?

_____

_____

**3** **¿Qué piensas?** ¿Qué harás después de la escuela secundaria? ¿Con qué personas comentarás lo que vas a hacer? ¿Por qué hablarás con estas personas y no con otras?

_____

_____

_____

UNIDAD 8 Lección 2

Lectura B

# Lectura C

> **¡AVANZA!** **Goal:** Predict future events.

**1** César habla con Kevin sobre sus planes para el verano. Lee su conversación. Luego responde las preguntas de comprensión y compara su experiencia con la tuya.

## Un verano diferente

**CÉSAR:** ¿Recuerdas el anuncio que buscaba a un estudiante para trabajar en la compañía de diseño gráfico **Arstudio** durante el verano? Pues me presenté y me seleccionaron.

**KEVIN:** ¿De verdad? **Arstudio** es el lugar en el que se hacen diseños y publicidad. ¡Es fantástico! ¿Cuándo empezarás a trabajar?

**CÉSAR:** Empezaré el día primero de julio y trabajaré durante los dos meses de verano.

**KEVIN:** ¿Y ya sabes qué harás allí?

**CÉSAR:** Sí, al principio atenderé el teléfono, haré fotocopias y ayudaré a los diseñadores en lo que me pidan.

**KEVIN:** No parece muy interesante...

**CÉSAR:** Yo creo que será una buena experiencia . Sólo pensar que mi primer trabajo será en **Arstudio**, es maravilloso. Sé que aprenderé mucho sobre diseño.

**KEVIN:** Bueno ya me dirás que piensas al final del verano. No creo que haciendo fotocopias aprendas sobre diseño.

**CÉSAR:** No olvides que trabajaré con profesionales de mucha experiencia y que también me dejarán hacer algunos trabajos sencillos de diseño. Yo sabré aprovechar todas las oportunidades para aprender.

**KEVIN:** ¿Y ellos ya vieron todos los trabajos que hiciste este año?

**CÉSAR:** Todos no, pero algún día llevaré todos los diseños que hice en la escuela y se los mostraré a los diseñadores, así sabré lo que opinan los profesionales de mi trabajo. Si tengo en cuenta sus comentarios podré hacer mejores diseños.

**KEVIN:** Sí, eso es una buena idea. Si les gusta tu trabajo seguramente querrán que participes más en sus proyectos. Oye, ¿ya sabes qué horario de trabajo tendrás?

**CÉSAR:** Sí, trabajaré de lunes a viernes. Entraré a las 8 de la mañana y saldré a las 2 P.M.

**KEVIN:** Que lástima que no tendrás vacaciones y no podremos salir juntos.

**CÉSAR:** Te equivocas, tendré vacaciones y emplearé estas vacaciones en hacer algo que me interesa muchísimo. Estoy seguro de que disfrutaré con la experiencia y el próximo curso comenzaré el año escolar mejor preparado y con más ganas de estudiar.

**KEVIN:** ¡Muy bien! Te felicito. Es una buena idea trabajar en el verano.

**2** ¿**Comprendiste?** Responde las siguientes preguntas con oraciones completas.

**1.** ¿Que noticia le da César a su amigo Kevin?

_____

_____

**2.** ¿Cuales serán las primeras tareas de César en **Arstudio?**

_____

_____

**3.** ¿Qué opina Kevin del trabajo que hará César? ¿Por qué?

_____

_____

**4.** ¿Qué oportunidades tendrá César para mejorar sus conocimientos en el nuevo lugar de trabajo?

_____

_____

_____

**3** ¿**Qué piensas?** Al final de la conversación, Kevin piensa que puede ser una buena idea trabajar en verano ¿Qué opinas tú? ¿Trabajaste o tienes intención de trabajar durante el verano? ¿Cuáles crees que son los aspectos positivos de trabajar durante las vacaciones escolares? ¿Y los negativos?

_____

_____

_____

_____

# Escritura A

**¡AVANZA!**  **Goal:**  Predict future events.

¿Qué sueñas para tu futuro? Describe cómo te imaginas tu vida en unos años.

**1** Anota cuáles son tus sueños respecto a los siguientes puntos:

**a.** Vida profesional _____

**b.** Forma de vestir _____

**c.** Familia _____

**d.** Amistades _____

**e.** Tiempo libre y aficiones _____

**f.** Lugar de residencia _____

**2** Escribe tu descripción usando los verbos en futuro y basándote en la información anterior. Asegúrate de que: 1) tu descripción es clara y bien organizada y 2) los verbos son correctos.

_____
_____
_____
_____
_____
_____
_____
_____

**3** Evalúa tu carta usando la siguiente tabla.

| | Crédito máximo | Crédito parcial | Crédito mínimo |
|---|---|---|---|
| Contenido | La carta es clara y bien organizada. | Algunas partes de la carta son claras y poco organizadas. | La carta no es clara ni organizada. |
| Uso correcto del lenguaje | Tuviste muy pocos errores o ninguno en el uso de los verbos. | Tuviste algunos errores en el uso de los verbos. | Tuviste un gran número de errores en el uso de los verbos. |

# Escritura B

| ¡AVANZA! | **Goal:** Predict future events. |
|---|---|

¿Te conoces bien a ti mismo (a)? Piensa cómo serás en el futuro y escribe una nota en tu diario. Esto te ayudará más adelante a tomar tus decisiones.

**1** Anota los datos que sabes sobre tí mismo(a).

| aspecto físico | gustos y aficiones | habilidades y conocimiento |
|---|---|---|
| 1. _____ | 1. _____ | 1. _____ |
| 2. _____ | 2. _____ | 2. _____ |
| 3. _____ | 3. _____ | 3. _____ |
| 4. _____ | 4. _____ | 4. _____ |

**2** Escribe cómo serás en el futuro, qué profesión tendrás, cómo será tu vida o dónde vivirás, teniendo en cuenta los datos de la tabla anterior. Puedes acompañar tu nota con dibujos o gráficas que ilustren la información escrita. Asegúrate de que: 1) te expresas con claridad sobre tu futuro, 2) tu descripción es interesante y 3) los verbos son correctos.

_____

_____

_____

_____

_____

_____

_____

_____

**3** Evalúa tu nota usando la siguiente tabla.

| | Crédito máximo | Crédito parcial | Crédito mínimo |
|---|---|---|---|
| Contenido | Tu nota es clara e incluye la información de la tabla. | Parte de tu nota es poco clara e incluye alguna información de la tabla. | Tu nota no es clara e incluye muy poca o ninguna información de la tabla. |
| Uso correcto del lenguaje | Tuviste muy pocos errores o ninguno en el uso de los verbos. | Tuviste algunos errores en el uso de los verbos. | Tuviste un gran número de errores en el uso de los verbos. |

# Escritura C

| ¡AVANZA! | **Goal:** Predict future events. |
|---|---|

El periódico de tu escuela te pide que escribas un artículo sobre los planes futuros de un(a) joven, quién se hizo famoso (a) al ganar un concurso musical en la televisión. Primero vas a hablar con esa persona para que te cuente sus planes y luego escribirás el artículo.

**1** Escribe cuatro preguntas que le harás sobre los puntos siguientes:

**a.** Vida profesional

1. _____
2. _____
3. _____
4. _____

**b.** Vida personal

1. _____
2. _____
3. _____
4. _____

**2** Vuelve a leer las preguntas que escribiste, piensa en las posibles respuestas y luego escribe tu artículo. Recuerda que vas a hablar del futuro, por lo tanto, usa verbos en futuro. Asegúrate de que: 1) la información que incluyes en tu artículo es interesante, 2) el artículo es fácil de entender y 3) los verbos son correctos.

_____
_____
_____
_____
_____
_____

**3** Evalúa tu artículo usando la siguiente tabla.

| | **Crédito máximo** | **Crédito parcial** | **Crédito mínimo** |
|---|---|---|---|
| Contenido | El artículo es interesante y fácil de entender. | Partes del artículo son poco interesantes o no son fáciles de entender. | El artículo no es interesante y es difícil de entender. |
| Uso correcto del lenguaje | Hay muy pocos errores o ninguno en el uso de los verbos. | Hay algunos errores en el uso de los verbos. | Hay un gran número de errores en el uso de los verbos. |

# Cultura A

> **¡AVANZA!**  **Goal:**  Know and understand the life, people, and culture of Ecuador.

**1** Elige la opción que mejor completa las siguientes afirmaciones sobre la cultura ecuatoriana.

1. Los participantes en los concursos intercolegiales pueden ganar _____ .

   **a.** dinero, medallas o trofeos.   **b.** trofeos, medallas o becas.   **c.** trofeos, medallas o viajes.

2. Eduardo Kigman es un ecuatoriano que se destaca en _____

   **a.** el arte.   **b.** el deporte.   **c.** la música.

3. Eduardo Kigman nació en _____

   **a.** Quito.   **b.** Ambato.   **c.** Loja.

4. Iván Vallejo escaló las montañas más altas del mundo en este orden: _____

   **a.** los Alpes, los Andes y los Himalayas.   **b.** los Andes, los Himalayas y los Alpes.

   **c.** los Andes, los Alpes y los Himalayas.

5. Uno de los logros de Iván Vallejo fue llegar a la cima del Everest _____

   **a.** en invierno.   **b.** sin oxígeno suplementario.   **c.** sin un equipo de apoyo.

**2** Responde a las siguientes preguntas sobre Yucef Merhi.

1. ¿Cuándo comenzó Yucef Merhi a interesarse por el arte y la tecnología?

   _____

2. ¿Para que utilizó su primer invento?

   _____

3. ¿Para que están programadas las consolas de video juego que Merhi usa en el Super Atari Poetry 2005?

   _____

4. Nombra las profesiones y ocupaciones a las que se dedica Yucef Merhi en la actualidad.

   _____

   _____

**3** Yucef Merhi usa las nuevas tecnologías en el arte. Piensa y escribe cinco formas en las que las nuevas tecnologías pueden ayudarte a ti a ser más creativo(a) o a comprender mejor el arte.

_____

_____

_____

# Cultura B

> **¡AVANZA!**     **Goal:**   Know and understand the life, people, and culture of Ecuador.

**1** Tu amigo(a) está preparando un informe sobre la vida cultural de Ecuador y tiene algunas dudas. Responde a sus preguntas de forma sencilla.

**1.** ¿Qué son los concursos intercolegiales en Ecuador?

_____

**2.** ¿En qué asignaturas compiten los estudiantes en los concursos intercolegiales en Ecuador?

_____

_____

**3.** ¿Cuáles son algunos de los premios de los concursos intercolegiales en Ecuador?

_____

**4.** ¿Por qué es conocido Eduardo Kingman?

_____

**2** Iván Vallejo y Yucef Merhi son dos personas con profesiones poco comunes. Responde a estas preguntas sobre ellos y sus profesiones usando oraciones completas.

**1.** ¿Qué estudió Iván Vallejo?

_____

**2.** ¿Por qué es famoso Iván Vallejo?

_____

**3.** ¿De dónde es Merhi y por qué es famoso?

_____

_____

**4.** ¿Qué elementos utiliza Merhi en sus exposiciones internacionales?

_____

_____

**3** Además de los concursos intercolegiales de Ecuador, ¿qué otros concursos conoces en los que participen estudiantes? ¿Dónde se celebran? ¿En qué consisten? Responde en un párrafo breve.

_____

_____

_____

_____

# Cultura C

> **¡AVANZA!**   **Goal:**   Know and understand the life, people, and culture of Ecuador.

**1** Responde a las preguntas sobre Yusef Merhi y su obra con oraciones completas.

**1.** ¿Cuál fue el primer experimento en el que Merhi combinó tecnología y el arte?

_____

**2.** ¿Para qué usa la tecnología Merhi?

_____

**3.** ¿Qué es el reloj poético?

_____

**4.** ¿Qué hace el Super Atari Poetry 2005?

_____

**2** Responde a las preguntas sobre la cultura de Ecuador y dos ecuatorianos famosos. Usa oraciones completas.

**1.** Los concursos intercolegiales son populares en Ecuador. ¿Cuáles son algunas de las ventajas de estos concursos?

_____

_____

**2.** Eduardo Kingman e Iván Vallejo son dos ecuatorianos famosos. ¿A qué se dedica cada uno de ellos?

_____

**3.** ¿Cuál es una característica que distingue el arte de Kingman?

_____

**4.** ¿Cuáles fueron los dos principales logros de Iván Vallejo al escalar el Everest?

_____

_____

**3** Describe la pintura de Eduardo Kingman en la página 453 de tu libro. ¿Por qué crees que Kingman pintó las manos en ese cuadro? ¿Conoces otro artista que haya pintado el lugar en el que nació o en el que vivió?

_____

_____

_____

_____

# Comparación cultural: Las profesiones y el mundo de hoy

## Lectura y escritura

Después de leer los párrafos sobre las profesiones de Mario, Roberto y Tania, escribe un párrafo sobre una profesión que te permitiría ayudar a otros a proteger el medio ambiente. Usa la información de la tabla para escribir un párrafo que describe tu profesión.

### Paso 1

Completa la tabla con los detalles sobre una profesión que te permitiría ayudar a otros a proteger el medio ambiente.

| Profesión | Qué se hace | Cómo ayuda | Por qué me gusta |
|-----------|-------------|------------|------------------|
|           |             |            |                  |

### Paso 2

Ahora usa los detalles de la tabla para escribir una oración para cada uno de los temas.

_____

_____

_____

_____

_____

_____

# Comparación cultural: Las profesiones y el mundo de hoy

## Lectura y escritura
*(continuación)*

## Paso 3

Ahora escribe tu párrafo usando las oraciones que escribiste como guía. Incluye una oración de introducción y utiliza las frases **es cierto que**, **es verdad que** y **es importante que** para describir tu profesión.

_____
_____
_____
_____
_____
_____
_____

### Lista de verificación

Asegúrate de que...

☐ incluyes todos los detalles sobre tu profesión de la tabla en el párrafo;

☐ usas los detalles para describir cada aspecto importante de la profesión y cómo ayuda a otros o al medio ambiente.

☐ utilizas las expresiones impersonales y las nuevas palabras de vocabulario.

### Tabla

Evalúa tu trabajo con la siguiente tabla.

| Criterio de escritura | Excelente | Bueno | Necesita mejorar |
|---|---|---|---|
| **Contenido** | Tu párrafo incluye todos los detalles sobre tu profesión. | Tu párrafo incluye algunos de los detalles sobre tu profesión. | Tu párrafo incluye muy poca información sobre tu profesión. |
| **Comunicación** | La mayor parte de tu párrafo está organizada y es fácil de entender. | Partes de tu párrafo están organizadas y son fáciles de entender. | Tu párrafo está desorganizado y es difícil de entender. |
| **Precisión** | Tu párrafo tiene pocos errores de gramática y de vocabulario. | Tu párrafo tiene algunos errores de gramática y de vocabulario. | Tu párrafo tiene muchos errores de gramática y de vocabulario. |

# Comparación cultural: Las profesiones y el mundo de hoy

## Compara con tu mundo

Ahora escribe un párrafo comparando tu profesión con la de uno de los tres estudiantes de la página 469. Organiza tu comparación por temas. Primero compara lo que se hace en cada profesión y después cómo cada profesión ayuda a otros o protege el medio ambiente.

### Paso 1

Usa la tabla para organizar tu comparación por temas. Escribe los detalles de cada uno de los temas sobre tu profesión y la del (de la) estudiante que escogiste.

| | Mi profesión | La profesión de _____ |
|---|---|---|
| Nombre de la profesión | | |
| Qué se hace | | |
| Cómo ayuda | | |

### Paso 2

Ahora usa los detalles de la tabla para escribir la comparación. Incluye una oración de introducción y escribe sobre cada tema. Utiliza las frases **es cierto que**, **es verdad que** y **es importante que** para describir tu profesión y la del (de la) estudiantes que escogiste.

_____
_____
_____
_____
_____
_____
_____
_____

UNIDAD 8
Comparación cultural

392

Unidad 8
Comparación cultural

¡Avancemos! 2
Cuaderno para hispanohablantes

## Identify and Describe People

### PEOPLE

| | |
|---|---|
| el (la) director (a) de la escuela | school principal |
| el hombre | man |
| el (la) maestro (a) | teacher |
| la mujer | woman |

### APPEARANCES

| | |
|---|---|
| alto (a) | tall |
| bajo (a) | short |
| pelirrojo (a) | red-haired |
| rubio (a) | blond |

### QUALITIES

| | |
|---|---|
| artístico(a) | artistic |
| atlético(a) | athletic |
| bonito (a) | handsome/pretty |
| cómico (a) | funny |
| desorganizado (a) | disorganized |
| estudioso (a) | studious |
| organizado (a) | organized |
| perezoso (a) | lazy |
| serio (a) | serious |
| simpático (a) | nice |
| trabajador (a) | hardworking |

## Say Where You Go

| | |
|---|---|
| la biblioteca | library |
| el café | café |
| la cafetería | cafeteria |
| la casa del amigo | friend's house |
| el centro | center; downtown |
| el centro comercial | shopping center; mall |
| el cine | movie theater; the movies |
| el concierto | concert |
| la escuela | school |
| el estadio | stadium |
| la fiesta | party |
| el gimnasio | gymnasium |
| la oficina | office |
| el parque | park |
| el partido | . . .game |
| de fútbol | soccer . . . |
| de béisbol | baseball . . . |
| de básquetbol | basketball . . . |
| la piscina | pool |
| el restaurante | restaurant |
| la clase | class; classroom |
| el teatro | theater |
| la tienda | store |

## Describe How You Feel

| | |
|---|---|
| estar... | to be... |
| alegre | happy |
| bien | well; fine |
| contento (a) | happy |
| cansado (a) | tired |
| deprimido (a) | depressed |
| emocionado (a) | excited |
| enfermo (a) | sick |
| enojado (a) | angry |
| mal | bad |
| más o menos | so-so |
| nervioso (a) | nervous |
| ocupado (a) | busy |
| regular | okay |
| tranquilo (a) | calm |
| triste | sad |
| tener... | to be . . . |
| calor | hot |
| frío | cold |
| hambre | hungry |
| miedo | scared |
| sed | thirsty |
| razón | right |

## Food

| | |
|---|---|
| el almuerzo | lunch |
| la carne | meat |
| la cena | dinner |
| la comida | food |
| el desayuno | breakfast |
| la ensalada | salad |
| los frijoles | beans |
| la fruta | fruit |
| la hamburguesa | hamburger |
| la manzana | apple |
| la naranja | orange |
| el pescado | fish |
| el pollo | chicken |
| el postre | dessert |
| el sándwich | sandwich |
| las verduras | vegetables |

## Activities

| | |
|---|---|
| almorzar | to eat lunch |
| beber refrescos | to have soft drinks |
| escribir correos electrónicos | to write e-mails |
| escuchar música | to listen to music |
| estudiar | to study |
| ir de compras | to go shopping |
| jugar al fútbol | to play soccer |
| pasar un rato con los amigos | to spend time with friends |
| leer un libro | to read a book |
| mirar la televisión | to watch television |
| practicar deportes | to practice/play sports |

¡Avancemos!  Lección preliminar  VOCABULARIO

## Discuss Travel Preparations

| | | |
|---|---|---|
| **PLANNING** | | |
| la agencia de viajes | | travel agency |
| el (la) agente de viajes | | travel agent |
| confirmar el vuelo | | to confirm a flight |
| hacer la maleta | | to pack a suitcase |
| hacer un viaje | | to take a trip |
| ir de vacaciones | | to go on vacation |
| llamar a | | to call someone |
| | | (by phone) |
| viajar | | to travel |

### Ask For Information

| | | |
|---|---|---|
| Por favor, ¿dónde queda...? | | Can you please tell me where . . . . is? |

### Around Town

| | | |
|---|---|---|
| la estación de tren | | train station |
| la oficina de turismo | | tourist office |
| la parada de autobús | | bus stop |
| tomar un taxi | | to take a taxi |

## At the Airport

| | | |
|---|---|---|
| **BEFORE DEPARTURE** | | |
| abordar | | to board |
| el aeropuerto | | airport |
| el (la) auxiliar de vuelo | | flight attendant |
| facturar el equipaje | | to check one's luggage |
| hacer cola | | to get in line |
| la pantalla | | monitor; screen |
| el (la) pasajero(a) | | passenger |
| la puerta | | gate |
| la salida | | departure |
| el vuelo | | flight |
| **AFTER ARRIVAL** | | |
| la llegada | | arrival |
| pasar por la aduana | | to go through customs |
| pasar por seguridad | | to go through security |
| el reclamo de equipaje | | baggage claim |

| | | |
|---|---|---|
| **ITEMS** | | |
| el boleto | | ticket |
| el boleto de ida y vuelta | | roundtrip ticket |
| el equipaje | | luggage |
| la identificación | | identification |
| el itinerario | | itinerary |
| la maleta | | suitcase |
| el pasaporte | | passport |
| la tarjeta de embarque | | boarding pass |
| el traje de baño | | bathing suit |

## Going on Vacation

| | | |
|---|---|---|
| **VACATION ACTIVITIES** | | |
| acampar | | to camp |
| dar una caminata | | to hike |
| estar de vacaciones | | to be on vacation |
| hacer una excursión | | to go on a day trip |
| mandar tarjetas postales | | to send postcards |
| montar a caballo | | to ride a horse |
| pescar | | to fish |
| el tiempo libre | | free time |
| tomar fotos | | to take photos |
| el (la) turista | | tourist |
| ver las atracciones | | to go sightseeing |
| visitar un museo | | to visit a museum |
| **VACATION LODGINGS** | | |
| el alojamiento | | lodging |
| el ascensor | | elevator |
| la habitación | | hotel room |
| la habitación individual | | single room |
| la habitación doble | | double room |
| hacer/tener una reservación | | to make/to have a reservation |
| el hostal | | hostel; inn |
| el hotel | | hotel |
| la llave | | key |
| la recepción | | reception desk |

### Describe the Past

| | | |
|---|---|---|
| anteayer | | the day before yesterday |
| el año pasado | | last year |
| el mes pasado | | last month |
| la semana pasada | | last week |

## Expressions

| | | |
|---|---|---|
| Le dejo... en.... | | I'll give . . . to you for . . . . |
| Me gustaría.... | | I would like . . . . |
| ¿Podría ver....? | | Could I see / look at . . . ? |
| ¡Qué...! | | How . . . . |
| ¡Qué caro(a)! | | How expensive! |
| ¡Qué bello(a)! | | How beautiful! |

## Gifts and Souvenirs

| | | |
|---|---|---|
| **ITEMS** | | |
| el anillo | | ring |
| el arete | | earring |
| las artesanías | | handicrafts |
| el collar | | necklace |
| las joyas | | jewelry |
| el recuerdo | | souvenir |
| la tarjeta postal | | postcard |
| **BUYING** | | |
| bello(a) | | beautiful; nice |
| caro(a) | | expensive |
| demasiado(a) | | too; too much |
| el dinero | | cash |
| en efectivo | | |
| el mercado al aire libre | | open-air market |
| regatear | | to bargain |
| la tarjeta de crédito | | credit card |

## Direct Object Pronouns

**Ser** means *to be*. Use ser to identify a person or say where he or she is from.

| Singular | | Plural | |
|---|---|---|---|
| me | me | nos | us |
| te | you (familiar) | os | you (familiar) |
| lo | you (formal), him, it | los | you, them |
| la | you (formal), her, it | las | you, them |

## Indirect Object Pronouns

| Singular | | Plural | |
|---|---|---|---|
| me | me | nos | us |
| te | you (familiar) | os | you (familiar) |
| le | you (formal), him, her | les | you, them |

**Nota gramatical:** When a person is the object of a **verb**, the **personal a** must be used after the **verb** and before the person that is the object. In general, **tener** does not take the **personal a.**
¿Conoce usted **a la professora** de ciencias? *Do you know the science teacher?*

---

## Preterite of –ar Verbs

The **preterite** tense in Spanish tells what happened at a particular moment in the past. You form the **preterite** tense of regular verbs by adding tense endings to the verb stem.

| Visitar *to visit* | |
|---|---|
| yo visité | nosotros(as) visitamos |
| tú visitaste | vosotros(as) visitasteis |
| usted, él, ella visitó | ustedes, ellos(as) visitaron |

## Preterite of ir, ser, hacer, ver, dar

| ir *to go* / ser *to be* | | hacer *to do; make* | |
|---|---|---|---|
| fui | fuimos | hice | hicimos |
| fuiste | fuisteis | hiciste | hicisteis |
| fue | fueron | hizo | hicieron |

| ver *to see* | | dar *to give* | |
|---|---|---|---|
| vi | vimos | di | dimos |
| vi | visteis | diste | disteis |
| vio | vieron | dio | dieron |

**Nota gramatical:** Each interrogative word has a written accent and some have masculine, feminine, and plural forms.

| | | | |
|---|---|---|---|
| adónde *to where* | cuántos *how many* | | |
| cómo *how* | dónde *where* | | |
| cuál (es) *which (ones)* | por qué *why* | | |
| cuándo *when* | qué *what* | | |
| cuánto(a) *how much* | quién (es) *who* | | |

**Qué** can be followed directly by a noun but **cuál** cannot.
¿**Qué** hotel es el mejor? *What hotel is the best?*
¿**Cuál** de las llaves necesito? *Which key do I need?*

## Talk About Sporting Events

| | |
|---|---|
| el campeonato | championship |
| el ciclismo | bicycle racing |
| la competencia | competition |
| competir (i) | to compete |
| estar empatado | to be tied |
| jugar (ue) | to play on a team |
| en equipo | |
| meter un gol | to score a goal |
| el premio | prize; award |

## Sports Equipment

| | |
|---|---|
| la pista | track |
| la red | net |
| el uniforme | uniform |

## Express Emotions

| | |
|---|---|
| ¡Ay, por favor! | Oh, please! |
| ¡Bravo! | Bravo! |
| ¡Dale! | Come on! |
| ¡Uy! | Ugh! |

## Discuss Ways to Stay Healthy

| | |
|---|---|
| Es bueno… | It's good… |
| Es importante… | It's important… |
| Es necesario… | It's necessary… |
| hacer ejercicio | to exercise |
| mantenerse (ie) | to stay in shape |
| en forma | |
| saludable | healthy; healthful |
| seguir (i) una dieta | to follow a |
| balanceada | balanced diet |

## Sports Competitions

| | |
|---|---|
| la Copa Mundial | The World Cup |
| los Juegos | The Olympic Games |
| Olímpicos | |
| los Juegos | The Panamerican |
| Panamericanos | Games |
| la Vuelta a Francia | The Tour de France |

## Describe Athletes

| | |
|---|---|
| activo(a) | active |
| el (la) deportista | sportsman / woman |
| lento(a) | slow |
| musculoso(a) | muscular |
| rápido(a) | fast |

## Talk About Your Daily Routine

| | |
|---|---|
| acostarse (ue) | to go to bed |
| afeitarse | to shave oneself |
| apagar la luz | to turn off the light |
| arreglarse | to get ready |
| bañarse | to take a bath |
| cepillarse | to brush one's teeth |
| los dientes | |
| despertarse (ie) | to wake up |
| dormirse (ue) | to fall asleep |
| ducharse | to take a shower |
| encender (ie) la luz | to turn on the light |
| entrenarse | to train |
| lavarse | to wash oneself |
| levantarse | to get up |
| maquillarse | to put on makeup |
| peinarse | to comb one's hair |
| ponerse la ropa | to put on clothes |
| la rutina | routine |
| secarse | to dry oneself |
| tener prisa | to be in a hurry |
| tener sueño | to be sleepy |

## Personal Care Items

| | |
|---|---|
| el cepillo | brush (toothbrush) |
| (de dientes) | |
| el champú | shampoo |
| la crema de afeitar | shaving cream |
| el desodorante | deodorant |
| el jabón | soap |
| la pasta de dientes | toothpaste |
| el peine | comb |
| el secador de pelo | hair dryer |
| la toalla | towel |

## Parts of the Body

| | |
|---|---|
| la cara | face |
| el codo | elbow |
| el cuello | neck |
| el dedo | finger |
| el dedo del pie | toe |
| el diente | tooth |
| la garganta | throat |
| el hombro | shoulder |
| la muñeca | wrist |
| el oído | inner ear (hearing) |
| la uña | nail |

## Clarify Sequence of Events

| | |
|---|---|
| primero | first |
| entonces | then; so |
| luego | later; then |
| más tarde | later on |
| por fin | finally |

## How Often You Do Things

| | |
|---|---|
| a veces | sometimes |
| frecuentemente | frequently |
| generalmente | in general; generally |
| normalmente | usually; normally |

## Preterite of –er , –ir verbs

The **preterite** tense endings are the same for **–er** and **–ir** verbs.

| | comer *to eat* | | | escribir *to write* | |
|---|---|---|---|---|---|
| | comí | comimos | | escribí | escribimos |
| | comiste | comisteis | | escribiste | escribisteis |
| | comió | comieron | | escribió | escribieron |

## Demonstrative Adjectives and Pronouns

### Demonstrative Adjectives

| | close | | not close | | far away | |
|---|---|---|---|---|---|---|
| | m. | f. | m. | f. | m. | f. |
| Singular | este | esta | ese | esa | aquel | aquella |
| | *this* | *this* | *that* | *that* | *that* | *that* |
| Plural | estos | estas | esos | esas | aquellos | aquellas |
| | *these* | *these* | *those* | *those* | *those* | *those* |

### Demonstrative Pronouns

| | m. | f. | m. | f. | m. | f. |
|---|---|---|---|---|---|---|
| Singular | éste | ésta | ése | ésa | aquél | aquélla |
| Plural | éstos | éstas | ésos | ésas | aquéllos | aquéllas |

**Nota gramatical:** **Adverbs** can be formed by adding **–mente** to the singular feminine form of an adjective.

rápido / rápida: Ricardo corre rápida**mente**. *Ricardo runs rapidly.*

If the adjective has only one form, just add **–mente.**

## Reflexive Verbs

All **reflexive verbs** are expressed with a **reflexive pronoun.** The **pronoun** appears before the conjugated **verb.**

| bañarse *to take a bath* | | |
|---|---|---|
| yo | **me baño** | nosotros(as) **nos bañamos** |
| tú | **te bañas** | vosotros(as) **vos bañáis** |
| usted, él, ella | **se baña** | ustedes, ellos(as) **se bañan** |

## Present Progressive

Use the present tense of **estar** plus the **present participle** to form the **present progressive.**

| estar *to be* | | *becomes* | |
|---|---|---|---|
| estoy | estamos | comprar | comprando |
| estás | estáis | comer | comiendo |
| está | están | escribir | escribiendo |

Estoy **comprando** los boletos.
*I am buying the tickets.*

**Nota gramatical:** When the verb **pensar** is followed by an **infinitive,** it means *to plan* or *to plan on.*

**Pienso acostarme** temprano esta noche. *I plan to go (on going) to bed early tonight.*

## Talk About Shopping

**CLOTHING AND ACCESSORIES**

| | |
|---|---|
| el abrigo | coat |
| las botas | boots |
| el chaleco | vest |
| el cinturón | belt |
| la falda | skirt |
| la gorra | cap |
| la pulsera | bracelet |
| el reloj | watch |
| las sandalias | sandals |
| el suéter | sweater |
| el traje | suit |

**CLOTHING FIT AND FASHION**

| | |
|---|---|
| de cuadros | plaid |
| de rayas | striped |
| estar de moda | to be in style |
| el número | shoe size |
| la talla | clothing size |
| vestirse (i) | to get dressed |
| ¿Cómo me queda(n)? | How does it (do they) fit me? |
| quedar... | to fit . . . |
| bien | well |
| mal | badly |
| flojo(a) | loose |
| apretado(a) | tight |

**WHERE YOU SHOP**

| | |
|---|---|
| el almacén | department store |
| la farmacia | pharmacy |
| Internet | Internet |
| la joyería | jewelry store |
| la librería | bookstore |
| la panadería | bakery |
| la zapatería | shoe store |

**OTHER SHOPPING EXPRESSIONS**

| | |
|---|---|
| Está abierto(a). | It's open. |
| Está cerrado(a). | It's closed. |

## Express Preferences and Opinions

| | |
|---|---|
| Creo que sí. | I think so. |
| Creo que no. | I don't think so. |
| En mi opinión... | In my opinion... |
| Es buena idea / mala idea. | It's a good idea / bad idea. |
| Me parece que... | It seems to me . . . |
| encantar | to delight |
| interesar | to interest |
| importar | to be important |
| recomendar (ie) | to recommend |

## Items at the Market

| | |
|---|---|
| los artículos | goods |
| barato(a) | inexpensive |
| la escultura | sculpture |
| fino(a) | fine |
| una ganga | a bargain |
| la pintura | painting |
| el retrato | portrait |
| único(a) | unique |
| (estar) hecho(a) a mano | (to be) handmade |
| ser de... | to be made of . . . |
| cerámica | ceramic |
| cuero | leather |
| madera | wood |
| metal | metal |
| oro | gold |
| piedra | stone |
| plata | silver |

## Expressions of Courtesy

| | |
|---|---|
| Con mucho gusto. | With pleasure. |
| Con permiso. | Excuse me. |
| De nada. | You're welcome. |
| Disculpe. | Excuse me; I'm sorry. |
| No hay de qué. | Don't mention it. |
| Pase. | Go ahead. |
| Perdóneme. | Forgive me. |

## Ask for Help

| | |
|---|---|
| ¿Me deja ver...? | May I see...? |

## Repaso: Present Tense Irregular yo Verbs

Some present-tense verbs are irregular only in the **yo** form.

| hacer | poner | salir | traer |
|---|---|---|---|
| ha**go** | pon**go** | sal**go** | trai**go** |

| conocer | dar | saber | ver |
|---|---|---|---|
| cono**zco** | **doy** | **sé** | **veo** |

| decir | venir | tener |
|---|---|---|
| di**go** | ven**go** | ten**go** |

## Pronouns after Prepositions

**Pronouns** that follow **prepositions** are different from subject pronouns and object pronouns. Use these **pronouns** after prepositions like **para, de, a,** and **con.**

| Pronouns after Prepositions | |
|---|---|
| **mí** | nosotros(as) |
| **ti** | vosotros(as) |
| él, ella, usted | ellos, ellas, ustedes |

When you use **mí** and **ti** after the preposition **con,** they combine with **con** to form the word **conmigo** and **contigo.**

*Nota gramatical:* Other verbs are conjugated like gustar, such as encantar, interesar, importar, and quedar.

A Marta **le encantan** las pulseras. *The bracelets **delight** Marta.*

---

## Irregular Preterite Verbs

The verbs **estar, poder, poner, saber,** and **tener** have a unique stem in the preterite, but they all take the same endings.

| Verb | Stem | Preterite Endings | |
|---|---|---|---|
| estar | estuv– | –e | –imos |
| poder | pud– | –iste | –isteis |
| poner | pus– | –o | –ieron |
| saber | sup– | | |
| tener | tuv– | | |

*Note that there are no accents on these endings.*

## Preterite of –ir Stem-changing Verbs

Stem changing –ir verbs in the preterite change only in the **usted / él / ella** and the **ustedes / ellos / ellas** forms.

**e → i** in 3rd person singular and plural

**o → u** in 3rd person singular and plural

| pedir *to ask for* | |
|---|---|
| pedí | pedimos |
| pediste | pedisteis |
| pidió | pidieron |

| dormir *to sleep* | |
|---|---|
| dormí | dormimos |
| dormiste | dormisteis |
| durmió | durmieron |

*Nota gramatical:* To describe how long something has been going on, use:

**hace + the period of time + que + the present tense.**

**Hace meses que quiero** comprar esa pintura, pero todavía no tengo el dinero.

*I've been wanting to buy that painting **for months,** but I still don't have the money.*

To ask how long something has been going on, use:

**cuánto tiempo + hace + que + the present tense.**

**¿Cuánto tiempo hace que quieres** comprar esa pintura?

*How long have you been wanting to buy that painting?*

*Nota gramatical:* To describe how long ago something happened, use:

**hace + the period of time + que + the preterite.**

**Hace dos años que fui** a Puerto Rico.

## To Tell a Legend

**CHARACTERS**

| | |
|---|---|
| el (la) dios(a) | god / goddess |
| el emperador | emperor |
| el (la) enemigo(a) | enemy |
| el (la) guerrero(a) | warrior |
| el ejército | army |
| el héroe | hero |
| la heroína | heroine |
| el (la) joven | young man / woman |
| la princesa | princess |

**EVENTS**

| | |
|---|---|
| la batalla | battle |
| la guerra | war |
| casarse | to get married |
| contar (ue) | to tell (a story) |
| llevar | to take; to carry |
| llorar | to cry |
| morir (ue) | to die |
| pelear | to fight |
| regresar | to return |
| transformar | to transform |

**DESCRIPTIONS**

| | |
|---|---|
| azteca | Aztec |
| estar enamorado (a) (de) | to be in love (with) |
| heroico(a) | heroic |
| histórico(a) | historic; historical |
| hermoso(a) | handsome; pretty |
| querido(a) | beloved |
| los celos | jealousy |
| tener celos | to be jealous |
| valiente | brave |

**PLACES**

| | |
|---|---|
| la montaña | mountain |
| el palacio | palace |
| el volcán | volcano |

**PARTS OF A LEGEND**

| | |
|---|---|
| la leyenda | legend |
| el mensaje | lesson; message |
| la narración | narration |
| el personaje | character |

**NARRATE PAST EVENTS**

| | |
|---|---|
| Había una vez... | Once upon a time there was / were... |
| Hace muchos siglos... | Many centuries ago... |
| sobre | about |

## Ancient Civilizations

**CHARACTERISTICS**

| | |
|---|---|
| antiguo(a) | ancient |
| avanzado(a) | advanced |
| el calendario | calendar |
| la civilización | civilization |
| la estatua | statue |
| la herramienta | tool |
| el monumento | monument |
| el objeto | object |
| la pirámide | pyramid |
| la religión | religion |
| las ruinas | ruins |
| el templo | temple |
| la tumba | tomb |

**ACTIVITIES**

| | |
|---|---|
| la agricultura | agriculture |
| cazar | to hunt |
| construir | to build |
| la excavación | excavation |

**PEOPLE**

| | |
|---|---|
| el (la) agricultor(a) | farmer |
| los toltecas | Toltecs |

## Modern Civilizations

**CITY LAYOUT**

| | |
|---|---|
| la avenida | avenue |
| la acera | sidewalk |
| el barrio | neighborhood |
| la catedral | cathedral |
| la ciudad | city |
| la cuadra | city block |
| el edificio | building |
| moderno(a) | modern |
| la plaza | plaza; square |
| el rascacielos | skyscraper |

**ASK FOR AND GIVE DIRECTIONS**

| | |
|---|---|
| ¿Cómo llego a...? | How do I get to...? |
| cruzar | to cross |
| doblar... | to turn... |
| a la derecha | to the right |
| a la izquierda | to the left |
| seguir (i) derecho | to go straight |
| desde | from |
| hasta | to |
| entre | between |
| frente a | across from |
| (en) la esquina | (on) the corner |
| el semáforo | traffic light |

## The Imperfect Tense

The **imperfect** is used to describe something that was not perfected or not completed in the past. Regular verbs in the **imperfect** take these endings:

| estar | hacer | salir |
|---|---|---|
| estaba | hacía | salía |
| estabas | hacías | salías |
| estaba | hacía | salía |
| estábamos | hacíamos | salíamos |
| estabais | hacíais | salíais |
| estaban | hacían | salían |

## Preterite and Imperfect

Use the **preterite** if the action started and ended at a definite time.

La guerra **empezó** en 1846.
*The war began in 1846.*

Use the **imperfect** to talk about past actions without saying when they began or ended.

Los guerros no **tenían** miedo del enemigo.
*The warriors were not afraid of the enemy.*

You can apply both tenses to talk about two overlapping events.

Cuando la guerra **terminó**, Santa Ana **era** presidente de México.
*When the war ended, Santa Ana was president of Mexico.*

**Nota gramatical:** To form most **past participles**, drop the infinitive ending and add **–ado** for **–ar** verbs or **–ido** for **–er** and **–ir** verbs.

| | |
|---|---|
| **cerrar** La oficina está **cerrada.** | *The office is **closed.*** |
| **perder** Estamos **perdidos.** | *We're **lost.*** |
| **vestir** Carmen está bien **vestida** hoy. | *Carmen is well **dressed** today.* |

If the verb is reflexive, drop the **se** from the infinitive

peinarse → peinado

## Preterite of –car, –gar, and –zar verbs

In the preterite, verbs that end in **–car**, **–gar**, and **–zar** are spelled differently in the **yo** form to maintain the pronunciation.

| buscar | **c** | becomes | **qu** | (yo) busqué |
|---|---|---|---|---|
| pagar | **g** | becomes | **gu** | (yo) pagué |
| empezar | **z** | becomes | **c** | (yo) empecé |

## More Verbs with Irregular Preterite Stems

The verbs **venir, querer, decir,** and **traer** have irregular **preterite stems.**

| Verb | Stem | Irregular Preterite Endings | |
|---|---|---|---|
| | | **–e** | **–imos** |
| venir | **vin–** | **–iste** | **–isteis** |
| querer | **quis–** | **–o** | **–ieron** |

| Verb | Stem | ustedes/ ellos/ ellas |
|---|---|---|
| decir | **dij–** | dijeron |
| traer | **traj–** | trajeron |

**Nota gramatical:** Verbs such as **leer** and **construir** change the **i** to **y** in the **él/ella/usted** and **ellos/ellas/ustedes** forms of the preterite.

| **leer:** | leí | leímos | **construir:** | contruí | construimos |
|---|---|---|---|---|---|
| | leíste | leísteis | | construiste | construisteis |
| | leyó | leyeron | | contruyó | construyeron |

## Ingredients

| | |
|---|---|
| el aceite | oil |
| el ajo | garlic |
| el azúcar | sugar |
| la cebolla | onion |
| las espinacas | spinach |
| la fresa | strawberry |
| la lechuga | lettuce |
| el limón | lemon |
| la mayonesa | mayonnaise |
| la mostaza | mustard |
| la pimienta | pepper |
| la sal | salt |
| el vinagre | vinegar |
| la zanahoria | carrot |
| el ingrediente | ingredient |
| el supermercado | supermarket |

## Describe Food

| | |
|---|---|
| el sabor | flavor |
| agrio(a) | sour |
| caliente | hot (temperature) |
| delicioso(a) | delicious |
| dulce | sweet |
| fresco(a) | fresh |
| picante | spicy; hot |
| sabroso(a) | tasty |
| salado(a) | salty |
| ¡Qué asco! | How disgusting! |

## Discuss Food Preparation

| | |
|---|---|
| añadir | to add |
| batir | to beat |
| freír (i) | to fry |
| hervir (ie) | to boil |
| mezclar | to mix |
| probar (ue) | to taste |
| la receta | recipe |

| | |
|---|---|
| la tortilla de patatas | potato omelet |

## Having Meals

| | |
|---|---|
| cenar | to have dinner |
| desayunar | to have breakfast |
| la merienda | afternoon snack |

## Phrases used in Restaurants

**ORDERING**

| | |
|---|---|
| ¿Cuál es la especialidad de la casa? | What is the specialty of the house? |
| ¿Me puede traer...? | Can you bring me...? |
| Y para comer (beber)... | And to eat (drink)... |
| ¡Buen provecho! | Enjoy! |

**COMPLIMENTS**

| | |
|---|---|
| ¡Excelente! | Excellent! |
| Muy atento(a). | Very attentive. |
| Muy amable. | Very kind. |
| Gracias por atenderme. | Thank you for your service. |

## Restaurant Dishes

| | |
|---|---|
| el caldo | broth |
| la chuleta de cerdo | pork chop |
| el entremés | appetizer |
| los espaguetis | spaghetti |
| la especialidad | specialty |
| el filete a la parrilla | grilled steak |
| el flan | custard |
| el gazpacho | cold tomato soup |
| la paella | traditional Spanish rice dish |
| el plato vegetariano | vegetarian dish |
| el pollo asado | roasted chicken |
| la tarta de chocolate | chocolate cake |
| el té | tea |

## Dessert Places

| | |
|---|---|
| la heladería | ice cream shop |
| la pastelería | pastry shop |

## Setting the Table

| | |
|---|---|
| la cuchara | spoon |
| el cuchillo | knife |
| la servilleta | napkin |
| el tenedor | fork |
| el vaso | glass |

## Food Preparation

| | |
|---|---|
| batido(a) | beaten |
| cocido(a) | cooked |
| crudo(a) | raw |
| frito(a) | fried |
| hervido(a) | boiled |
| mezclado(a) | mixed |
| molido(a) | ground |

## Usted/Ustedes Commands

Ustedes **commands** take the **yo** form of verbs in the present tense.

| Infinitive | Present Tense | usted | ustedes |
|---|---|---|---|
| probar (ue) | yo prueb**o** | prueb**e** | prueb**en** |
| comer | yo com**o** | com**a** | com**an** |
| añadir | yo añad**o** | añad**a** | añad**an** |

## Pronoun Placement with Commands

In **Affirmative Commands,** object pronouns are attached to the end of the **verb.**
**Llévenos** al supermercado.     *Take us to the supermarket.*
In **Negative Commands,** object pronouns are before the verb and after **no.**
**No le venda** esta camisa.     *Don't sell her this shirt.*

*Nota gramatical:* To add emphasis to some adjectives, you can attach the ending
**–ísimo(a, os, as).**
bello(a)   ¡Esta cocina es **bellísima!**     *This kitchen is **very (extremely)** beautiful!*
When the last consonant in the adjective is c, g, or z, spelling changes are required.

c→**qu**     rico→ri**quí**simo
g→**gu**     lar**go**→lar**guí**simo
z→**c**     feliz→feli**cí**simo

## Affirmative and Negative Words

| Affirmative Words | | Negative Words | |
|---|---|---|---|
| algo | something | nada | nothing |
| alguien | someone | nadie | no one |
| algún / | some | ningún/ | none, not any |
| alguno(a) | | ninguno(a) | |
| o... o | either... or | ni... ni | neither... nor |
| siempre | always | nunca | never |
| también | also | tampoco | neither, either |

## Double Object Pronouns

With both object pronouns, indirect object pronoun goes first.

indirect object ⌐ ⌐direct object
La camarera **nos lo** trajo.
*The waitress brought it to us.*

Pronouns can also go before the conjugated verb, or can attach to the infinitive or **–ndo** form.

before
**Me los** vas a pedir.   *or*   Vas a **pedírmelos.**
attached

## Making Movies

### ON THE SET

| | |
|---|---|
| el argumento | plot |
| editar | to edit |
| los efectos especiales | special effects |
| la escena | scene |
| esperar | to wait (for) |
| filmar | to film |
| fracasar | to fail |
| el guión | screenplay |
| hacer un papel | to play a role |
| el maquillaje | makeup |
| el sonido | sound |
| tener éxito | to be successful |

### EQUIPMENT

| | |
|---|---|
| la cámara de cine | movie camera |
| la cámara digital | digital camera |
| la cámara de video | video camera |
| el software | software |
| el micrófono | microphone |

### PEOPLE INVOLVED WITH MOVIES

| | |
|---|---|
| el actor | actor |
| la actriz | actress |
| el (la) camarógrafo(a) | cameraman / camerawoman |
| el (la) director(a) | director |
| la estrella de cine | movie star |
| la gente | people |
| el (la) guionista | screenwriter |
| famoso(a) | famous |

## Types of Movies

| | |
|---|---|
| la animación | animation |
| la comedia | comedy |
| el documental | documentary |
| el drama | drama |

| | |
|---|---|
| la película... | ...film |
| de aventuras | action |
| de ciencia ficción | science fiction |
| de fantasía | fantasy |
| de terror | horror |

## How Movies Affect You

| | |
|---|---|
| Me hace reír. | It makes me laugh. |
| Me hace llorar. | It makes me cry. |
| Me da miedo. | It scares me. |

## Extending and Responding to Invitations

### BY E-MAIL

| | |
|---|---|
| la dirección electrónica | e-mail address |
| estar en línea | to be online |
| hacer clic en | to click on |
| el icono | icon |
| el mensajero instantáneo | instant messaging |
| el ratón | mouse |
| el teclado | keyboard |

### ON THE TELEPHONE

| | |
|---|---|
| dejar un mensaje | to leave a message |
| el teléfono celular | cellular phone |
| ¿Aló?; ¿Bueno?; ¿Diga? | Hello? |
| ¿Está...? | Is . . . there? |
| No, no está. | No, he's / she's not. |
| Un momento. | One moment. |
| ¿Puedo hablar con...? | May I speak to . . .? |

### CONVINCING OTHERS

| | |
|---|---|
| ¡Cómo no! | Of course! |
| ¡Te lo juro! | I swear to you! |
| ¡Estoy convencido(a)! | I'm convinced! |
| ¡Te digo la verdad! | I'm telling you the truth! |
| Te lo aseguro. | I assure you. |

### THE INVITATION

| | |
|---|---|
| la invitación | invitation |
| el fin de semana | weekend |
| el (la) próximo(a) | next |

## ACCEPTING AND DECLINING

| | |
|---|---|
| ¡Claro que sí! | Of course! |
| Sí, me encantaría. | Yes, I would love to. |
| ¡Qué lástima! | What a shame! |

## The Movie Premiere

| | |
|---|---|
| la corbata | tie |
| el corbatín | bow tie |
| la gala | gala; formal party |
| la ropa elegante | formalwear |
| estrenar | to premiere |
| el estreno | premiere |
| la crítica | review |

## Express Hopes and Wishes

| | |
|---|---|
| ¡Ojalá! | I hope so! |

## Acceptance Speech Phrases

| | |
|---|---|
| Estoy muy emocionado(a). | I'm overcome with emotion. |
| Quisiera dar las gracias a... | I would like to thank.... |

## Affirmative **Tú** Commands

Regular **affirmative tú commands** are the same as the **usted / él / ella** form in present tense.

−**ar** verbs = −**e** endings     −**er**, −**ir** verbs = −**a** endings

Él **escribe** el guión y **filma** la película.     **Escribe** el guión y **filma** la película.
*He writes the script and films the movie.*     *Write the script and film the movie.*

Some irregular **tú commands** are based on the present-tense **yo** form.

### Irregular Tú Commands

|  | (yo form) | (tú command) |
|---|---|---|
| decir | digo | **di** |
| poner | pongo | **pon** |
| salir | salgo | **sal** |
| tener | tengo | **ten** |
| venir | vengo | **ven** |

## Negative **Tú** Commands

**Negative tú commands** begin with "**no**" and change verb ending.

−**ar** verbs:     −**o** → −**es**
−**er** and −**ir** verbs:     −**o** → −**as**

| Infinitive | Present Tense | Negative tú command |
|---|---|---|
| mirar | yo miro | No mires |
| comer | yo como | No comas |
| escribir | yo escribo | No escribas |

**Nota gramatical:** When you want to say *Let's...*, use **vamos** + **a** + **infinitive.**
**¡Vamos a ver** una película!     *Let's see a movie!*

---

## Present Subjunctive with **Ojalá**

Use **ojalá que...** with the **present subjunctive** to express hopes and wishes.

−**ar** verbs = −**e** endings     −**er**, −**ir** verbs = −**a** endings

| hablar | tener | escribir |
|---|---|---|
| hable | tenga | escriba |
| hables | tengas | escribas |
| hable | tenga | escriba |
| hablemos | tengamos | escribamos |
| habléis | tengáis | escribáis |
| hablen | tengan | escriban |

## More Subjunctive Verbs with **Ojalá**

The verbs **dar, estar, ir, saber,** and **ser** are irregular in the subjunctive.

| dar | estar | ir | saber | ser |
|---|---|---|---|---|
| dé | esté | vaya | sepa | sea |
| des | estés | vayas | sepas | seas |
| dé | esté | vaya | sepa | sea |
| demos | estemos | vayamos | sepamos | seamos |
| deis | estéis | vayáis | sepáis | seáis |
| den | estén | vayan | sepan | sean |

**Nota gramatical:** When forming the present subjunctive of verbs ending in −**car**, −**gar**, or −**zar**, change the spelling of the verb stem.

| sacar | **c** becomes **qu** | sa**qu**e, sa**qu**es... |
| pagar | **g** becomes **gu** | pa**gu**e, pa**gu**es... |
| empezar | **z** becomes **c** | empie**c**e, empie**c**es... |

## Discussing Important Issues

| la cuestión | question; issue |
| la opinión | opinion |
| el punto de vista | point of view |
| por un lado... | on the one hand... |
| y por otro lado... | on the other hand... |
| por eso | for that reason; that's why |
| sin embargo | however |
| no sólo... sino también | not only . . . but also |
| estar / no estar de acuerdo con | to agree / disagree with |

## School-related Issues

| la amistad | friendship |
| la comunidad | community |
| escolar | school (adj.); school-related |
| la presión de grupo | peer pressure |
| la vida | life |

## Expressing Opinions

| Es importante que... | It's important that . . . |
| Es bueno que... | It's good that . . . |
| Es malo que... | It's not good that . . . |
| Es preferible que... | It's preferable that . . . |
| Es necesario que... | It's necessary that . . . |

## The School Newspaper

### CONTENTS

| el anuncio | advertisement |
| el artículo | article |
| la entrevista | interview |
| la información | information |
| las noticias | news |
| el periódico | newspaper |
| el titular | headline |

### ROLES

| el (la) editor(a) | editor |
| el (la) escritor(a) | writer |
| el (la) fotógrafo(a) | photographer |
| el (la) periodista | reporter |

### FUNCTIONS

| investigar | to investigate |
| entrevistar | to interview |
| publicar | to publish |
| explicar | to explain |
| describir | to describe |
| presentar | to present |

## The Extended Family

| el apellido | last name |
| la esposa | wife |
| el esposo | husband |
| la suegra | mother-in-law |
| el suegro | father-in-law |
| la cuñada | sister-in-law |
| el cuñado | brother-in-law |
| el (la) niño(a) | child |
| la novia | girlfriend, fiancé |
| el novio | boyfriend, fiancé |
| la sobrina | niece |
| el sobrino | nephew |
| la madrina | godmother |
| el padrino | godfather |
| el (la) pariente | relative |

## Relationships with Others

| discutir | to argue |
| enojarse | to get angry |
| entenderse (ie) bien | to understand each other well |
| entenderse (ie) mal | to misunderstand each other |
| estar orgulloso(a) (de) | to be proud (of) |
| llevarse bien | to get along well |
| llevarse mal | to not get along |

## Personality Characteristics

| generoso(a) | generous |
| impaciente | impatient |
| paciente | patient |
| popular | popular |
| sincero(a) | sincere |
| tímido(a) | shy |

## Other Important People

| el (la) entrenador(a) | coach |
| de deportes | |
| el (la) compañero(a) | teammate |
| de equipo | |

## Pets

| el pájaro | bird |
| el pez | fish |

## Doing Errands

| el banco | bank |
| el consultorio | doctor's / dentist's office |
| el correo | post office |
| irse | to go; to leave |
| quedarse | to stay |
| tener una cita | to have an appointment |

## Subjunctive with Impersonal Expressions

When an **Impersonal expressions** gives an opinion that something should happen, the verbs that follow are in the **subjunctive.**

**Fact:** Mis amigos y yo **estudiamos** para los exámenes.
*My friends and I study for the exams.*

**Opinion: Es importante que** todos **estudiemos** para los exámenes.
*It's important that we all study for the exams.*

In the second example, the speaker thinks it is important that everybody study, but is uncertain that everyone will.

## Por and Para

**Por** indicates cause rather than purpose

**Para** moves you towards the word, or destination, that follows.

*Nota gramatical:* The subjunctive form of haber is **haya.**

Es importante que **haya** entrevistas con los estudiantes en el periódico escolar.
*It's important that there be interviews with students in the school papers.*

---

## Repaso: Comparatives

Use the following phrases with an **adjective** to compare *qualities*. Use them with a **noun** to compare *quantites*.

| **más...que** | **menos...que** | **tan...como** |
|---|---|---|
| *more...than* | *less...than* | *as...as* |

Tengo **menos dinero que** Tania.
*I have less money than Tania.*

When a comparison doesn't involve qualities or quantities, use these phrases.

| **más que...** | **menos que...** | **tanto como...** |
|---|---|---|
| *more than...* | *less than...* | *as much as...* |

Viajo **tanto como** tú.
*I travel as much as you.*

## Superlatives

When you want to say that something has the *most* or the *least* of a certain quality, use a definite article with **más** or **menos.**

| el (la) más | *the most* |
|---|---|
| los (las) más | |
| el (la) menos | *the least* |
| los (las) menos | |

When the **noun** is part of the superlative phrase, place it *between* the article and the superlative word.

*Nota gramatical:* The long forms of possessive adjectives agree in gender and number with the nouns they describe. They either follow the noun for emphasis or are used without a noun as a pronoun.

Juan es un **amigo mío.** *Juan is a friend of mine.*

*Nota gramatical:* To compare numbers with más and menos, you use **de** instead of **que.**

Susana tiene **más de** diez peces. *Susana has more than ten fish.*

## The Environment and Conservation

### NATURAL RESOURCES

| | |
|---|---|
| el árbol | tree |
| el aire puro | clean air |
| el bosque | forest; woods |
| la naturaleza | nature |
| el petróleo | oil |
| los recursos naturales | natural resources |
| la selva | jungle |

### ENVIRONMENTAL ISSUES

| | |
|---|---|
| la capa de ozono | ozone layer |
| la contaminación | pollution; contamination |
| dañar | to damage |
| la deforestación | deforestation |
| la destrucción | destruction |
| las especies en peligro de extinción | endangered species |
| los incendios forestales | forest fires |
| el medio ambiente | environment |
| el mundo | world |
| respirar | to breathe |
| el smog | smog |

### RECYCLING

| | |
|---|---|
| el basurero | trash can |
| el cartón | cardboard |
| el (la) consumidor(a) | consumer |
| el reciclaje | recycling |
| los vehículos híbridos | hybrid vehicles |
| el vidrio | glass |

### ENVIRONMENTAL RESPONSIBILITIES

| | |
|---|---|
| conservar | to conserve |
| proteger | to protect |
| reciclar | to recycle |
| recoger | to pick up |
| la responsabilidad | responsibility |
| responsable | responsible |

### Community Service

| | |
|---|---|
| el (la) voluntario(a) | volunteer |
| trabajar de voluntario(a) | to volunteer |

### Expressing Truth and Doubt

| | |
|---|---|
| Es cierto que... | It is true that . . . |
| Es verdad que... | It is true that . . . |
| No es cierto que... | It is not true that . . . |
| No es verdad que... | It is not true that . . . |

### Other Words and Phrases

| | |
|---|---|
| apenas | barely |
| poco a poco | little by little |
| sumamente | extremely |

## Careers and Professions

| | |
|---|---|
| el (la) abogado(a) | lawyer |
| el (la) agente de bolsa | stockbroker |
| el (la) arquitecto(a) | architect |
| el (la) artista | artist |
| el (la) bombero(a) | firefighter |
| el (la) carpintero(a) | carpenter |
| el (la) cartero(a) | postman / postwoman |
| el (la) científico(a) | scientist |
| el (la) dentista | dentist |
| el (la) detective | detective |
| el (la) diseñador(a) | designer |
| el (la) doctor(a) | doctor |
| el (la) enfermero(a) | nurse |
| el hombre / la mujer de negocios | businessman / businesswoman |
| el (la) ingeniero(a) | engineer |
| el (la) piloto | pilot |
| el (la) policía | policeman / policewoman |
| el (la) político(a) | politician |
| el (la) profesor(a) | teacher; professor |
| el (la) programador(a) | programmer |
| el (la) veterinario(a) | veterinarian |

### Pastimes

| | |
|---|---|
| el (la) alpinista | mountain climber |
| escalar montañas | to climb mountains |
| el (la) buceador(a) | scuba diver |

### Talk About the Future

| | |
|---|---|
| Algún día... | Some day . . . |
| En el futuro... | In the future . . . |

### Discuss Career Choices

| | |
|---|---|
| ganarse la vida como... | to earn a living as . . . |
| el oficio | occupation |
| la profesión | profession |
| ¿Qué profesión te gustaría tener? | What do you want to be? |

### Discuss Scientific Advances

| | |
|---|---|
| el conocimiento | knowledge |
| la cura | cure |
| descubrir | to discover |
| mejorar | to improve |
| el robot | robot |

## Other Impersonal Expressions

Impersonal expressions with **cierto** and **verdad** express certainty in the **affirmative** and take the **present tense.**

**Es cierto que respiramos** aire puro.
*It's certain that we breathe clean air.*

Impersonal expressions that imply **doubt** or **disbelief** take the *subjunctive.*

**No es cierto que respiremos** aire puro.
*It's not true that we breathe clean air.*

## Future Tense of Regular Verbs

Attach **endings** to the infinitive to form the **future tense** of regular verbs. The endings are the same for **–ar, –er** and **–ir** verbs.

| Infinitive | | Future Tense Endings | |
|---|---|---|---|
| trabajar | | **–é** | **–emos** |
| recoger | + | **–ás** | **–éis** |
| escribir | | **–á** | **–án** |

¿**Recorgerán** la basura en el parque mañana?
*Will they pick up trash in the park tomorrow?*

**Nota gramatical:** To keep the pronunciation of the verb stem the same, the verbs **recoger** and **proteger** change the **g** to **j** before the vowels **o** and **a.**

¿Recojás basura en las calles? Sí, yo la recojo.

---

## Future Tense of Irregular Verbs

Irregular verbs in the future tense use the same endings as regular verbs, but infinitive stem changes. .

Some infinitives lose a letter
**saber** becomes **sabr-**

Some infinitives change a letter
**poner** becomes **pondr-**

| saber *to know* | | poner *to know* | |
|---|---|---|---|
| sabré | | pondré | |
| sabrás | | pondrás | |
| sabrá | | pondrá | |
| sabremos | | pondremos | |
| sabréis | | pondréis | |
| sabrán | | pondrán | |

## Repaso: Pronouns

| Reflexive | | Indirect Object | | Direct Object | |
|---|---|---|---|---|---|
| me | nos | me | nos | me | nos |
| te | os | te | os | te | os |
| se | se | le | les | lo/ la | los |

· **Reflexive pronouns** appear with reflexive verbs. Together they refer to the same person, place, or thing as the subject.
· **Indirect object** pronouns answer *to whom?* or *for whom?* about the verb.
· **Direct object** pronouns answer *whom?* or *what?* about the verb.

**Nota gramatical:** The **impersonal** se can be used with a verb when the subject of a sentence does not refer to any specific person.

Aquí **se** habla español. *Spanish is spoken here.*